배경지식이
문해력
이다

7단계

중학 1 ~ 2학년 권장

배경지식이 문해력이다

7단계

중학 1 ~ 2학년 권장

교과서를 혼자 읽지 못하는 우리 아이?
평생을 살아가는 힘, '문해력'을 키워 주세요!

'배경지식이 문해력이다'

배경지식 학습으로 문해력 키우기

1 교과서 개념 학습의 배경지식이 되는 내용으로 문해력을 키울 수 있습니다.

어려운 뜻의 개념어를 학습자의 눈높이에 맞게 이해하기 쉽게 풀어서 설명하였습니다.

2 학년별&교과별 성취 수준에 맞는 개념어로 구성하였습니다.

각 학년 주요 교과인 국어, 수학, 사회, 과학 교과서의 학습 기준이 되는 성취 기준을 바탕으로 한 개념어 학습이 가능합니다.

3 하나의 개념어를 중심으로 개념을 확장하며 학습할 수 있습니다.

개념어 중심의 학습 내용에서 한 발짝 더 나아간 개념 설명을 제시하여 배경지식을 폭넓게 확장할 수 있습니다.

4 학습 내용을 시각화한 마인드맵과 확인 문제를 통해 배경지식을 체계적으로 익힐 수 있습니다.

개념어와 관련된 학습 내용을 간단한 구조의 마인드맵으로 구성하였습니다.
여러 가지 유형의 확인 문제로 배경지식을 제대로 학습하였는지 확인할 수 있습니다.

5 학습 내용과 함께 인성 동화를 제시하여 인성적인 측면을 강조하였습니다.

9가지 인성 덕목인 효, 예절, 정직, 책임, 존중, 배려, 협동, 소통, 용기를 주제로 한 동화를 구성하여 인성 발달에 도움이 되도록 하였습니다.

EBS 〈당신의 문해력〉 교재 시리즈는 약속합니다.

교과서를 잘 읽고 더 나아가 많은 책과 온갖 글을 읽는 능력을 갖출 수 있도록
문해력을 이루는 **핵심 분야별, 학습 단계별** 교재를 준비하였습니다.
한 권 **5회×4주 학습**으로
아이의 공부하는 힘, 평생을 살아가는 힘을 EBS와 함께 키울 수 있습니다.

어휘가 문해력이다

어휘 실력이 교과서를 읽고 이해할 수 있는지를 결정하는 척도입니다.
〈어휘가 문해력이다〉는 교과서 진도를 나가기 전에 꼭 예습해야 하는 교재입니다.
20일이면 한 학기 교과서 필수 어휘를 완성할 수 있습니다.
국어, 수학, 사회, 과학 교과서 수록 필수 어휘들을 교과서 진도에 맞춰
날짜별, 과목별로 공부하세요.

쓰기가 문해력이다

쓰기는 자기 생각을 표현하는 미래 역량입니다.
서술형, 논술형 평가의 비중은 점점 커지고 있습니다.
객관식과 단답형만으로는 아이들의 생각과 미래를 살펴볼 수 없기 때문입니다.
막막한 쓰기 공부. 이제 단어와 문장부터 하나씩 써 보며 차근차근 학습하는
〈쓰기가 문해력이다〉와 함께 쓰기 지구력을 키워 보세요.

ERI 독해가 문해력이다

독해를 잘하려면 체계적이고 객관적인 단계별 공부가 필수입니다.
기계적으로 읽고 문제만 푸는 독해 학습은 체격만 키우고 체력은 미달인 아이를 만듭니다.
〈ERI 독해가 문해력이다〉는 특허받은 독해 지수 산출 프로그램을 적용하여 글의 난이도를
체계화하였습니다.
단어ㆍ문장ㆍ배경지식 수준에 따라 설계된 단계별 독해 학습을 시작하세요.

배경지식이 문해력이다

배경지식은 문해력의 중요한 뿌리입니다.
하루 두 장, 교과서의 핵심 개념을 글과 재미있는 삽화로 익히고 한눈에 정리할 수 있습니다.
시간이 부족하여 다양한 책을 읽지 못하더라도 교과서의 중요 지식만큼은 놓치지 않도록
〈배경지식이 문해력이다〉로 학습하세요.

디지털독해가 문해력이다

디지털독해력은 다양한 디지털 매체 속 정보를 읽어내는 힘입니다.
아이들이 접하는 디지털 매체는 매일 수많은 정보를 만들어 내기 때문에
디지털 매체의 정보를 판단하는 문해력은 현대 사회의 필수 능력입니다.
〈디지털독해가 문해력이다〉로 교과서 내용을 중심으로 디지털 매체 속 정보를 확인하고
다양한 과제를 해결해 보세요.

교재의 구성과 특징

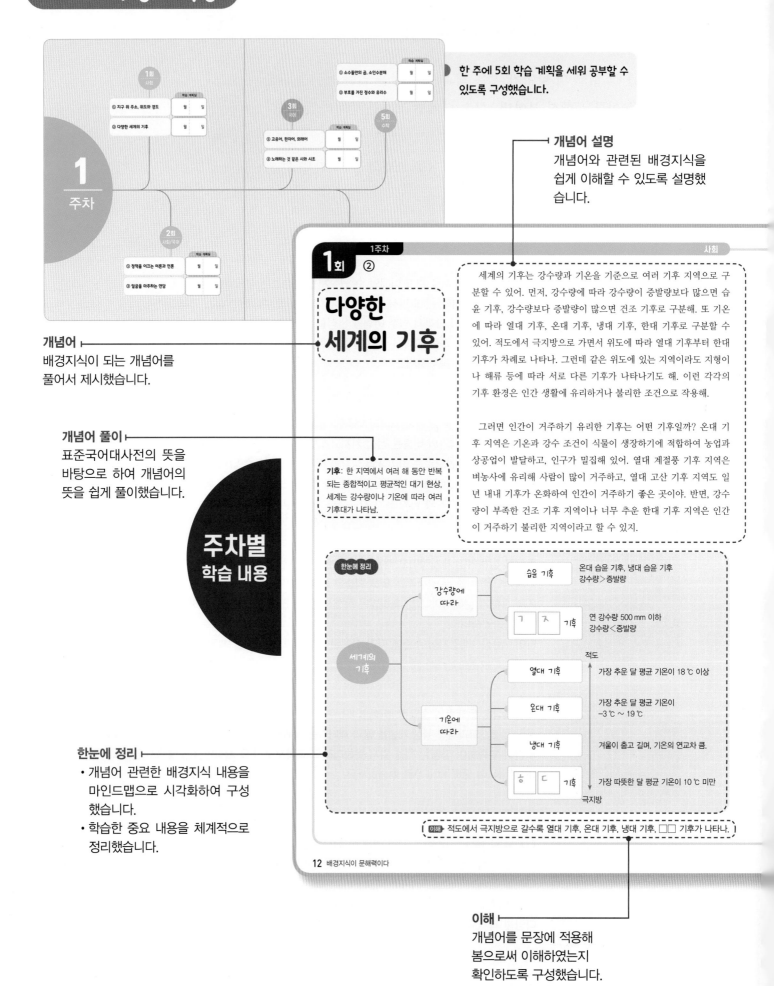

1주차

- 1회 사회
  - ① 지구 위 주소, 위도와 경도
  - ② 다양한 세계의 기후
- 2회 사회/국어
  - ① 정책을 이끄는 여론과 언론
  - ② 얼굴을 마주하는 면담
- 3회 국어
  - ① 고유어, 한자어, 외래어
  - ② 노래하는 것 같은 시와 시조
- 4회
  - ① 소수들만의 곱, 소인수분해
  - ② 부호를 가진 정수와 유리수
- 5회 수학

한 주에 5회 학습 계획을 세워 공부할 수 있도록 구성했습니다.

개념어 설명
개념어와 관련된 배경지식을 쉽게 이해할 수 있도록 설명했습니다.

개념어
배경지식이 되는 개념어를 풀어서 제시했습니다.

개념어 풀이
표준국어대사전의 뜻을 바탕으로 하여 개념어의 뜻을 쉽게 풀이했습니다.

주차별 학습 내용

1회 ② 다양한 세계의 기후

1주차 / 사회

세계의 기후는 강수량과 기온을 기준으로 여러 기후 지역으로 구분할 수 있어. 먼저, 강수량에 따라 강수량이 증발량보다 많으면 습윤 기후, 강수량보다 증발량이 많으면 건조 기후로 구분해. 또 기온에 따라 열대 기후, 온대 기후, 냉대 기후, 한대 기후로 구분할 수 있어. 적도에서 극지방으로 가면서 위도에 따라 열대 기후부터 한대 기후가 차례로 나타나. 그런데 같은 위도에 있는 지역이라도 지형이나 해류 등에 따라 서로 다른 기후가 나타나기도 해. 이런 각각의 기후 환경은 인간 생활에 유리하거나 불리한 조건으로 작용해.

그러면 인간이 거주하기 유리한 기후는 어떤 기후일까? 온대 기후 지역은 기온과 강수 조건이 식물이 생장하기에 적합하여 농업과 상공업이 발달하고, 인구가 밀집해 있어. 열대 계절풍 기후 지역은 벼농사에 유리해 사람이 많이 거주하고, 열대 고산 기후 지역도 일 년 내내 기후가 온화하여 인간이 거주하기 좋은 곳이야. 반면, 강수량이 부족한 건조 기후 지역이나 너무 추운 한대 기후 지역은 인간이 거주하기 불리한 지역이라고 할 수 있지.

기후: 한 지역에서 여러 해 동안 반복되는 종합적이고 평균적인 대기 현상. 세계는 강수량이나 기온에 따라 여러 기후가 나타남.

한눈에 정리

세계의 기후
- 강수량에 따라
  - 습윤 기후 → 온대 습윤 기후, 냉대 습윤 기후 / 강수량 > 증발량
  - ㄱ ㅈ 기후 → 연 강수량 500 mm 이하 / 강수량 < 증발량
- 기온에 따라
  - 열대 기후 → 적도 / 가장 추운 달 평균 기온이 18 ℃ 이상
  - 온대 기후 → 가장 추운 달 평균 기온이 −3 ℃ ~ 19 ℃
  - 냉대 기후 → 겨울이 춥고 길며, 기온의 연교차 큼.
  - ㅎ ㄷ 기후 → 극지방 / 가장 따뜻한 달 평균 기온이 10 ℃ 미만

이해 적도에서 극지방으로 갈수록 열대 기후, 온대 기후, 냉대 기후, □□ 기후가 나타나.

12 배경지식이 문해력이다

한눈에 정리
- 개념어 관련한 배경지식 내용을 마인드맵으로 시각화하여 구성했습니다.
- 학습한 중요 내용을 체계적으로 정리했습니다.

이해
개념어를 문장에 적용해 봄으로써 이해하였는지 확인하도록 구성했습니다.

개념어 학습

개념어 학습과 보충 학습으로 배경지식을
확장할 수 있게 구성했습니다.

문제

간단한 유형의 학습 내용
관련 문제를 제시했습니다.

▶ 정답과 해설 4쪽

건조 기후 지역 사람들의 생활 모습

사막 기후 지역

사막 기후 지역은 연 강수량이 250 mm 미만인 지역으로 강수량이 부족하지. 그래서 오아시스나 하천 주변에서 주로 거주하지. 오늘날에는 과학 기술의 발달로 안정적인 물 공급이 가능해서 사막에서도 농작물을 경작할 수 있게 되었어. 또 라스베이거스나 두바이 같은 현대적인 도시도 건설되었지.

스텝 기후 지역

사막 주변에 주로 분포하는 스텝 기후 지역은 연 강수량 250 mm~500 mm 미만인 지역이야. 이 지역에서는 짧은 우기 동안 초원이 형성되지. 그래서 아프리카와 아시아 일부 스텝 기후 지역에서는 물과 풀을 찾아 가축과 함께 이동하며 생활하는 유목 생활을 해. 몽골 유목민들은 이 동할 때 쉽게 분해하고, 새로 지을 때도 쉽게 조립할 수 있는 '게르'라는 이동식 가옥에서 생활하지.

하루 종일 해가 지지 않거나 해가 뜨지 않는 기후 지역이 있다고?

한대 기후 중에서 짧은 여름 동안 기온이 영상으로 오르는 기후를 '툰드라 기후'라고 해. 툰드라 기후는 북극해 주변인 유라시아 대륙 북부, 북아메리카 대륙 북부, 그린란드에서 나타나. 이 지역들은 고위도에 위치하기 때문에 여름(하지 전후)에는 해가 지지 않는 '백야'가, 또 겨울(동지 전후)에는 하루 종일 해가 뜨지 않는 '극야'가 나타나지.

◉ 알맞은 말에 ○표를 하세요.

세계의 기후는 (기온 , 강수량)에 따라 습윤 기후와 건조 기후로 나눌 수 있다. 또 (기온 , 강수량)에 따라 열대 기후, 온대 기후, 냉대 기후, 한대 기후로 구분할 수 있다.

◉ 알맞은 내용에 ○표를 하세요.

연 강수량 250 mm~500 mm 미만인 곳은 사막 기후 지역이다.	☐
사막 기후 지역에서는 안정적인 물 공급이 불가능해 사람이 살지 않는다.	☐
몽골 유목민들은 이동할 때 쉽게 분해하고, 조립할 수 있는 게르에서 생활한다.	☐

◉ 알맞게 선으로 이으세요.

백야 •   • 동지를 전후하여 하루 종일 해가 뜨지 않는 현상

극야 •

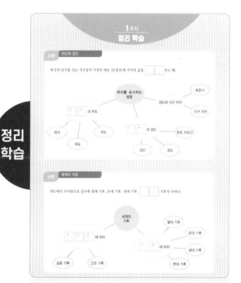

한 주 동안 학습한 내용을 다양한 문제
유형으로 확인할 수 있도록 구성했습니다.

확인 문제

정리 학습

한 주의 학습 내용을 빈칸 학습을 통해
정리할 수 있도록 구성했습니다.

슬램덩크가 해냈어요

슬램덩크, 모여랏!

인성 동화

9가지 인성 덕목(효, 예절, 정직, 책임,
존중, 배려, 협동, 소통, 용기)을 담아
생활 속 이야기로 구성했습니다.

차례

1회
사회

② 얼굴을 마주하는 면담

1

주차

1회
사회

① 지구 위 주소, 위도와 경도

학습 계획일

월 　 일

② 다양한 세계의 기후

월 　 일

2회
사회/국어

① 정책을 이끄는 여론과 언론

학습 계획일

월 　 일

② 얼굴을 마주하는 면담

월 　 일

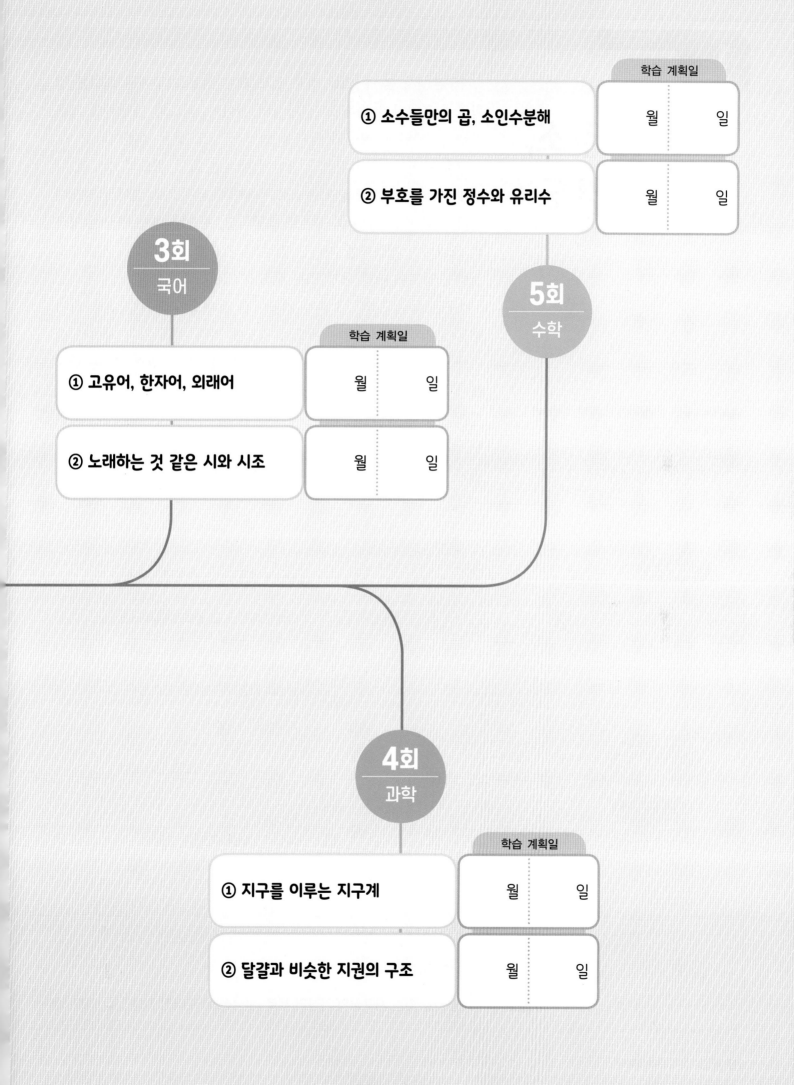

① 소수들만의 곱, 소인수분해

학습 계획일
월   일

② 부호를 가진 정수와 유리수

월   일

3회
국어

① 고유어, 한자어, 외래어

학습 계획일
월   일

② 노래하는 것 같은 시와 시조

월   일

5회
수학

4회
과학

① 지구를 이루는 지구계

학습 계획일
월   일

② 달걀과 비슷한 지권의 구조

월   일

지구 위 주소, 위도와 경도

위도: 지구상의 가상의 가로 선인 위선에 주어진 값.
경도: 북극과 남극을 잇는 지구의 가상 세로 선인 경선에 주어진 값.

지구본에서 볼 수 있는 가로 선과 세로 선은 지구에서 위치를 정확하게 표현하기 위해 그은 가상의 선이야. 적도와 평행하게 그은 가로 선은 위선, 북극과 남극을 연결한 세로 선은 경선이라고 해. 위치를 표현할 때는 위선과 경선에 매겨진 값인 위도와 경도로 나타내지. 위도는 적도를 기준으로 북쪽이나 남쪽으로 떨어진 정도에 따라 북위 또는 남위 0°~90°로 표현하고, 경도는 본초 자오선(영국의 그리니치 천문대를 지나는 경선)을 기준으로 동쪽이나 서쪽으로 떨어진 정도에 따라 동경 또는 서경 0°~180°로 표현해.

지구는 둥글고 약 23.5°가 기울어진 상태로 공전과 자전을 하기 때문에 지역이 위치하는 위도와 경도에 따라 여러 가지 차이가 생기게 돼. 위도가 0°인 적도를 기준으로 남북으로 멀어질수록 태양 복사 에너지를 받는 양이 적어져서 위도에 따라 열대, 온대, 냉대, 한대 기후로 나뉘지. 지구는 하루에 한 번 서쪽에서 동쪽으로 한 바퀴 돌기 때문에 경도에 따라 시간 차와 낮과 밤의 차가 생겨. 우리나라가 오후 2시일 때 지구 반대편의 아르헨티나는 오전 2시인 거지.

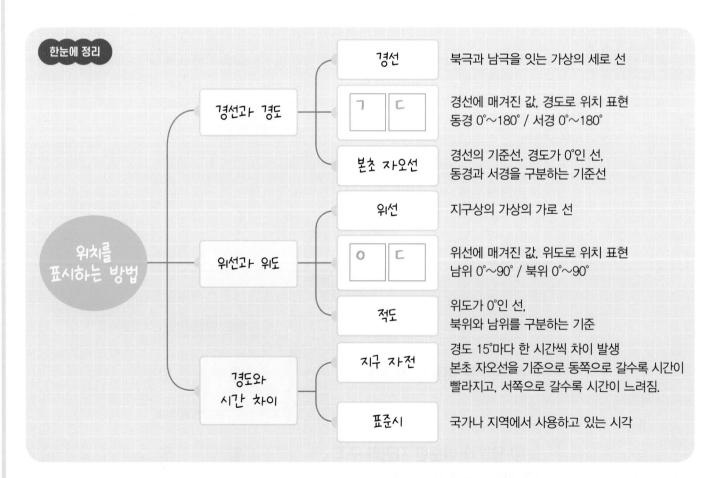

이해 북극과 남극을 잇는 지구상의 가상의 세로 선(경선)에 주어진 값을 □□라고 해.

위도와 경도 더 알아보기

위선과 위도, 경선과 경도

위선과 경선은 위치를 나타내기 쉽게 지구상에 가상으로 나타낸 선이야.

우리나라는 위도상으로는 북위 37도, 경도상으로는 동경 127도에 위치해 있어.

위선   경선   북극   적도

경도와 시차

하루에 한 번 서쪽에서 동쪽으로 회전하는 지구의 자전으로 인해 경도에 따라 시간이 달라져. 지구는 하루 24시간 동안 360°를 자전하기 때문에 경도 15°마다 한 시간씩 차이가 생기는데 이것을 '시차'라고 해.

위도에 따른 기후와 계절 차이

지구는 둥글기 때문에 위도에 따라 태양 복사 에너지를 받는 양이 달라서 기온이 다르게 나타나. 태양 복사 에너지를 가장 많이 받는 적도 부근 지역은 일 년 내내 기온이 높고, 극지방으로 갈수록 태양 복사 에너지를 적게 받아 기온이 낮아져. 또 지구는 자전축이 23.5°가 기울어진 채 태양 주위를 공전하기 때문에 계절에 따라 태양의 고도와 낮의 길이가 달라지지. 그래서 북반구와 남반구는 계절이 정반대로 나타나는데 북반구의 중위도에 있는 우리나라가 여름일 때 남반구의 중위도에 있는 뉴질랜드는 겨울인 거지.

본초 자오선이 뭐야?

본초 자오선은 '경도의 기준'이 되는 선이야. 즉 경도가 0°인 경선을 말해. 경도에 따라 다른 시차로 생기는 혼란을 해결하기 위해 1884년 국제 회의에서 경도의 기준이 되는 선을 정하는 회의가 열렸어. 이때 영국의 그리니치 천문대를 지나는 경선을 본초 자오선으로 정했어.

◉ 알맞게 선으로 이으세요.

위도 •

경도 •

• 본초 자오선을 기준으로 동쪽과 서쪽의 위치를 나타내는 것으로, 동경과 서경으로 나타낸다.

• 적도를 기준으로 남쪽과 북쪽의 위치를 나타내는 것으로, 남위와 북위로 나타낸다.

◉ 알맞은 말에 ○표를 하세요.

적도 부근이 가장 (덥고 , 춥고), 극지방으로 갈수록 (추워 , 더워)진다.

◉ 다음 중 경도의 기준이 되는 선을 무엇이라고 하는지 쓰세요.

위선   경선   본초 자오선

1회 ②

다양한 세계의 기후

기후: 한 지역에서 여러 해 동안 반복되는 종합적이고 평균적인 대기 현상, 세계는 강수량이나 기온에 따라 여러 기후대가 나타남.

세계의 기후는 강수량과 기온을 기준으로 여러 기후 지역으로 구분할 수 있어. 먼저, 강수량에 따라 강수량이 증발량보다 많으면 습윤 기후, 강수량보다 증발량이 많으면 건조 기후로 구분해. 또 기온에 따라 열대 기후, 온대 기후, 냉대 기후, 한대 기후로 구분할 수 있어. 적도에서 극지방으로 가면서 위도에 따라 열대 기후부터 한대 기후가 차례로 나타나. 그런데 같은 위도에 있는 지역이라도 지형이나 해류 등에 따라 서로 다른 기후가 나타나기도 해. 이런 각각의 기후 환경은 인간 생활에 유리하거나 불리한 조건으로 작용해.

그러면 인간이 거주하기 유리한 기후는 어떤 기후일까? 온대 기후 지역은 기온과 강수 조건이 식물이 생장하기에 적합하여 농업과 상공업이 발달하고, 인구가 밀집해 있어. 열대 계절풍 기후 지역은 벼농사에 유리해 사람이 많이 거주하고, 열대 고산 기후 지역도 일 년 내내 기후가 온화하여 인간이 거주하기 좋은 곳이야. 반면, 강수량이 부족한 건조 기후 지역이나 너무 추운 한대 기후 지역은 인간이 거주하기 불리한 지역이라고 할 수 있지.

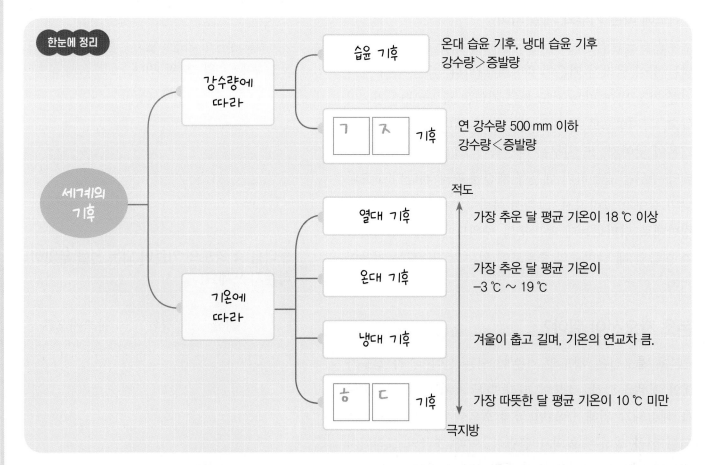

한눈에 정리

세계의 기후
- 강수량에 따라
  - 습윤 기후 — 온대 습윤 기후, 냉대 습윤 기후 / 강수량＞증발량
  - ㄱ ㅈ 기후 — 연 강수량 500 mm 이하 / 강수량＜증발량
- 기온에 따라 (적도 → 극지방)
  - 열대 기후 — 가장 추운 달 평균 기온이 18 ℃ 이상
  - 온대 기후 — 가장 추운 달 평균 기온이 −3 ℃ ~ 19 ℃
  - 냉대 기후 — 겨울이 춥고 길며, 기온의 연교차 큼.
  - ㅎ ㄷ 기후 — 가장 따뜻한 달 평균 기온이 10 ℃ 미만

이해▶ 적도에서 극지방으로 갈수록 열대 기후, 온대 기후, 냉대 기후, □□ 기후가 나타나.

▶ 정답과 해설 **4쪽**

건조 기후 지역 사람들의 생활 모습 /////////////

사막 기후 지역

사막 기후 지역은 연 강수량이 250 mm 미만인 지역으로 강수량이 부족하지. 그래서 오아시스나 하천 주변에서 주로 거주하지. 오늘날에는 과학 기술의 발달로 안정적인 물 공급이 가능해서 사막에서도 농작물을 경작할 수 있게 되었어. 또 라스베이거스나 두바이 같은 현대적인 도시도 건설되었지.

스텝 기후 지역

사막 주변에 주로 분포하는 스텝 기후 지역은 연 강수량 250 mm~500 mm 미만인 지역이야. 이 지역에서는 짧은 우기 동안 초원이 형성되지. 그래서 아프리카와 아시아 일부 스텝 기후 지역에서는 물과 풀을 찾아 가축과 함께 이동하며 생활하는 유목 생활을 해. 몽골 유목민들은 이동할 때 쉽게 분해하고, 새로 지을 때도 쉽게 조립할 수 있는 '게르'라는 이동식 가옥에서 생활하지.

하루 종일 해가 지지 않거나 해가 뜨지 않는 기후 지역이 있다고?

한대 기후 중에서 짧은 여름 동안 기온이 영상으로 오르는 기후를 '툰드라 기후'라고 해. 툰드라 기후는 북극해 주변인 유라시아 대륙 북부, 북아메리카 대륙 북부, 그린란드에서 나타나. 이 지역들은 고위도에 위치하기 때문에 여름(하지 전후)에는 해가 지지 않는 '백야'가, 또 겨울(동지 전후)에는 하루 종일 해가 뜨지 않는 '극야'가 나타나지.

◉ **알맞은 말에 ○표를 하세요.**

> 세계의 기후는 (기온 , 강수량)에 따라 습윤 기후와 건조 기후로 나눌 수 있다. 또 (기온 , 강수량)에 따라 열대 기후, 온대 기후, 냉대 기후, 한대 기후로 구분할 수 있다.

◉ **알맞은 내용에 ○표를 하세요.**

> 연 강수량 250 mm~500 mm 미만인 곳은 사막 기후 지역이다. ☐

> 사막 기후 지역에서는 안정적인 물 공급이 불가능해 사람이 살지 않는다. ☐

> 몽골 유목민들은 이동할 때 쉽게 분해하고, 조립할 수 있는 게르에서 생활한다. ☐

◉ **알맞게 선으로 이으세요.**

백야	•	•	동지를 전후하여 하루 종일 해가 뜨지 않는 현상
극야	•	•	하지를 전후하여 하루 종일 해가 지지 않는 현상

2회 ①

정책을 이끄는 여론과 언론

여론: 어떤 사회적 문제에 대해 대다수의 국민들이 가지는 생각이나 의견.
언론: 개인이 말이나 글로 자기의 생각을 발표하는 일 또는 매체를 통하여 어떤 사실을 밝혀 알리거나 어떤 문제에 대하여 여론을 형성하는 활동.

현대 사회에서 국민이 가지는 생각이나 의견이 하나로 모아져 형성된 여론은 정부의 정책에 대한 국민의 지지 정도를 가늠하는 척도로 사용되지. 따라서 정부의 정책이 정당성을 얻기 위해서는 이러한 여론의 지지가 필요해. 이렇게 여론은 정부 정책의 방향에 큰 영향을 미쳐. 하지만 여론이 반드시 모든 국정 운영의 기준이 되어야 하는 것은 아니야. 왜냐하면 한 사회의 구성원 대다수가 가진 의견이라고 해서 반드시 옳은 것은 아니기 때문이야.

사람들은 사회적으로 고립되는 것을 두려워하기 때문에 대다수가 가진 의견에 맞추려는 경향이 있어. 언론은 이러한 지배적 의견을 대중에게 알리는 기능을 통해 여론 형성에 영향을 미치지.

민주 정치가 잘 운용되기 위해서는 다수의 의견인 여론뿐만 아니라 소수의 의견과 관심사도 균형적으로 반영되어야 해. 여기서 언론의 역할이 중요하게 작용하지. 언론은 항상 책임감을 갖고 공정한 보도를 하기 위해 노력해야 하고, 이러한 언론의 자유가 철저하게 보장되어 국민들이 올바른 판단을 내릴 수 있도록 해야 해.

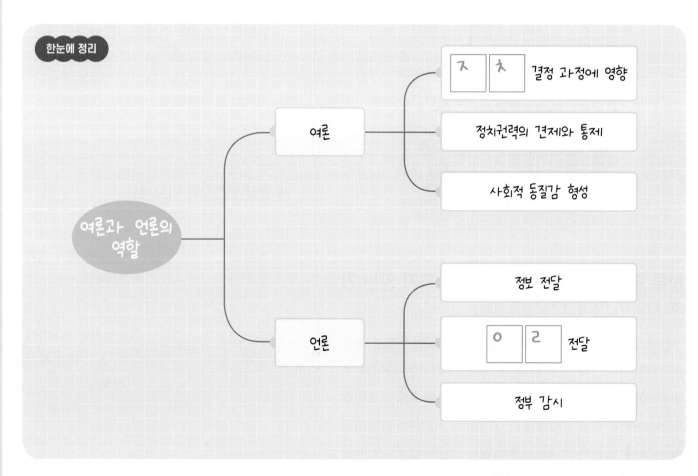

한눈에 정리

여론과 언론의 역할
- 여론
  - ㅈ ㅊ 결정 과정에 영향
  - 정치권력의 견제와 통제
  - 사회적 동질감 형성
- 언론
  - 정보 전달
  - ㅇ ㄹ 전달
  - 정부 감시

이해 ▶ □□은 국민들에게 정보를 제공하고, 정보를 바탕으로 □□을 형성하는 주도적 역할을 담당해.

여론의 기능

사회 구성원의 공통된 의견인 여론은 민주 사회에서 사회적 쟁점이나 정치적 의사 결정에 영향을 미치고, 정책 결정 과정에도 영향을 미치게 돼. 또 정책을 결정·시행하는 집단은 여론의 동의와 지지를 받아야 정당성을 확보할 수 있어. 그래서 여론은 정치권력을 비판 및 견제, 통제하는 기능을 수행할 수 있어. 그리고 여론을 통해 자신과 같은 의견을 가진 사람이 많다는 것을 느끼며 사회적 동질감을 형성하게 돼.

언론의 기능

지구 온난화에 '슈퍼 태풍' 현실로

언론은 사회 구성원들에게 정부가 무엇을 하는지, 세계 각국에서 어떤 일이 일어나는지 등의 객관적이고 정확한 정보를 전달해서 여론이 형성될 수 있도록 해. 또 언론은 국회나 정부에 여론을 전달하는 역할도 해. 그리고 언론은 사회를 비판적으로 바라보고 정부를 감시하는 역할을 하지.

우리나라 헌법에서 언론의 자유를 보장한 까닭은?

언론이 사실을 자유롭게 보도할 수 있어야 국민들이 올바른 판단을 내릴 수 있기 때문이야.

언론의 자유는 민주 정치의 필수적인 표현의 자유로, 언론 기관은 자유롭게 말하고 싶은 것을 말할 수 있고 정부는 여기에 간섭할 수 없어. 자유를 보장받은 언론은 항상 책임감을 갖고 공정한 보도를 하기 위해 노력해야 해.

◉ 여론의 역할에 대한 설명으로 알맞지 <u>않은</u> 것을 찾아 ○표를 하세요.

여론은 정책 결정 과정과는 상관이 없다.

여론은 정치권력을 견제하고 통제하는 기능을 한다.

여론은 사회적 동질감을 형성하게 한다.

◉ 다음은 무엇의 역할인지 알맞은 것에 ○표를 하세요.

정보 전달　　여론 전달　　정부 감시

여론　　　　언론

◉ 다음 빈칸에 알맞은 말을 쓰세요.

우리나라는 (　　　)에 언론의 자유를 규정하여 이를 보장하고 있다.

2회 ②

얼굴을 마주하는 면담

면담: 서로 만나서 얼굴을 마주하고 이야기하는 것.

정보를 얻는 여러 가지 방법 중에서 알고 싶은 내용을 자세하고 정확하게 알 수 있는 방법이 바로 면담이야. 면담은 알고 싶은 내용을 알아보기 위하여 얼굴을 마주하고 이야기하는 것이야. 그래서 면담은 궁금한 점이 있으면 바로 질문을 통해서 쉽고 빠르게 알 수 있다는 장점이 있어. 또 직접 만나 대화를 주고받는 과정에서 정보를 얻고, 직접 경험한 이야기를 들으며 생생함을 느낄 수 있어.

면담을 할 때에는 주의해야 할 점이 있어. 면담을 시작하기 전에 반드시 상대방에게 면담의 목적을 알려 주어야 해. 질문은 간단하면서 정확하게 하고, 예의 바르게 행동하며, 주제에 어긋난 질문을 하지 않아야 해. 미리 면담자에 대한 조사를 충분히 하면 정보 수집을 더 자세히 할 수 있고, 카메라나 녹음기 등을 준비하면 면담한 내용을 정리하기 편리하겠지? 이렇게 면담을 진행하기 위해서는 면담 대상자에게 허락 받기, 약속 정하기, 질문 만들기와 같은 준비 과정을 거치는 게 좋아.

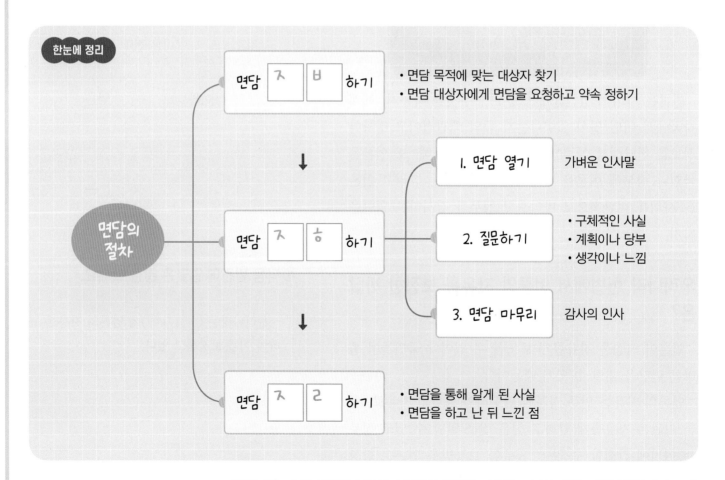

한눈에 정리

면담의 절차

면담 ㅈ ㅂ 하기
- 면담 목적에 맞는 대상자 찾기
- 면담 대상자에게 면담을 요청하고 약속 정하기

면담 ㅈ ㅎ 하기

1. 면담 열기 — 가벼운 인사말

2. 질문하기
- 구체적인 사실
- 계획이나 당부
- 생각이나 느낌

3. 면담 마무리 — 감사의 인사

면담 ㅈ ㄹ 하기
- 면담을 통해 알게 된 사실
- 면담을 하고 난 뒤 느낀 점

이해 ▶ 알고 싶은 내용을 알아보기 위하여 얼굴을 마주하고 이야기하는 것을 □□이라고 해.

면담할 때 주의할 점

면담을 진행하기 전에

우선 면담 목적에 맞는 면담 대상자를 정할 때는 인터넷 누리집이나 관련 도서 검색을 통해 해당 분야에 대한 전문성이나 지식 정도, 전공 분야, 경력, 연령 등을 고려해야 해. 면담 대상자가 정해지면 대상자에게 면담을 요청하고 약속을 정해야 해. 약속은 전화나 전자 우편을 이용하거나 직접 찾아가서 정할 수도 있어. 대상자에게는 면담의 목적을 사전에 반드시 알려 주어야 하고, 면담에 필요한 질문과 자료를 미리 준비해야 해.

면담 대상자와 대화할 때

면담에 참여하는 사람은 침착하고 자연스러운 자세로 면담에 임해야 하며 예절에 맞는 말을 사용해야 해. 그리고 면담 대상자가 말하는 도중에 끼어들어 말하지 않고 면담 주제에서 벗어난 질문은 하지 않아야 해.

면담의 목적과 정보 수집 방법

면담은 목적에 따라 설득, 정보 수집, 상담 면담으로 나눌 수 있어.

설득을 위한 면담은 면담자가 면담을 원하는 사람을 설득함으로써 문제를 해결하고자 하는 거야. 정보 수집을 위한 면담과 상담을 위한 면담은 면담자가 면담을 원하는 사람의 조언을 통해 문제를 해결하고자 하는 거야. 면담의 성공과 실패를 좌우하는 것은 '질문'이므로 면담의 목적을 이루려면 적절하고 구체적인 질문을 미리 생각해 두는 게 좋아.

정보 수집 방법에 있어서 책과 면담은 차이가 있어.

책은 정보를 얻기 전에 따로 준비 과정이 필요하지 않지만 주어진 내용 이외의 정보는 얻기 어렵지만 잘 이해되지 않는 부분은 언제든 다시 펼쳐 확인할 수 있어.

면담은 직접 만나서 정보를 얻어야 해서 미리 질문을 준비하고 면담 대상자와 약속을 정해야 해. 대화를 주고받는 과정에서 정보를 얻을 수 있고 생생함을 느낄 수 있어.

◉ 다음은 면담의 절차 중 어느 단계에서 해야 할 일인지 빈칸에 알맞은 말을 쓰세요.

면담 열기 → 질문하기 → 면담 마무리

면담 (　　　　　　　)하기

◉ 알맞은 말에 ○표를 하세요.

면담 대상자를 찾기 전에 해야 할 일은 면담의 (목적 , 시간)을 알아야 하는 것이다.

◉ 면담이 가진 정보 수집 방법으로 알맞은 것에 ○표를 하세요.

주어진 내용 이외의 정보는 얻기 어렵다.

대화를 주고받는 과정에서 정보를 얻을 수 있다.

3회 ①

고유어,
한자어,
외래어

고유어: 본디부터 있던 말이나 그것에 기초하여 새로 만들어진 말.
한자어: 한자를 바탕으로 만들어진 말.
외래어: 다른 나라에서 들어와 우리말처럼 쓰이는 말.

고유어는 본디부터 있던 말이나 그것에 기초하여 새로 만들어진 말로 '순우리말' 또는 '토박이말'이라고도 불러. 고유어는 예로부터 우리의 문화와 정서를 표현해 온 말이고 일상생활에서도 자주 쓰여 왔어.

한자어는 한자를 바탕으로 하여 만들어진 낱말로 우리나라 어휘의 반 이상을 차지하고 있어. 삼국 시대에 사람 이름과 땅 이름 등을 한자로 나타내면서 우리말에 한자어가 많이 들어오게 되었지.

다른 나라 말이 우리말이 되면 외래어라고 해. 외래어란 다른 나라에서 들어와 우리말처럼 쓰이는 말이야. 외래어의 예로는 '텔레비전, 라디오, 컴퓨터, 스키' 등을 들 수 있어. 외래어는 어떻게 생겨날까? 다른 나라의 문화와 문물이 들어오면서 그에 따른 말도 함께 들어와. 이럴 때 그 말을 고유어나 한자어로 바꾸어 쓰기도 하고, '텔레비전, 컴퓨터'와 같이 그 말을 그대로 받아들여 쓰기도 해. 다른 나라에서 들어온 말을 그대로 받아들여 쓰면 외래어가 되는 거지.

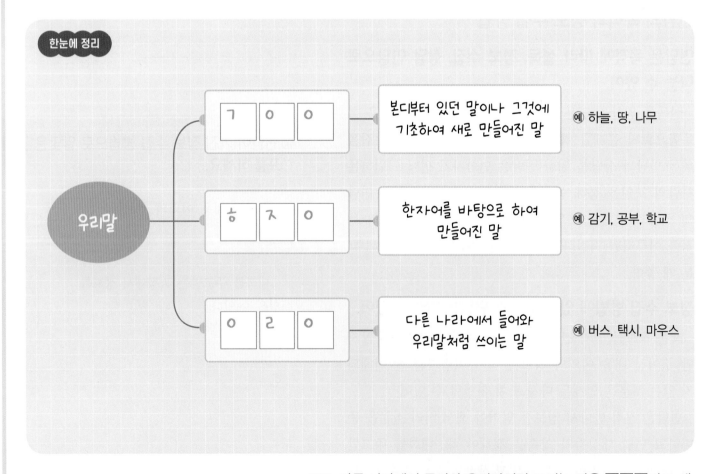

한눈에 정리

우리말
- ㄱ ㅇ ㅇ — 본디부터 있던 말이나 그것에 기초하여 새로 만들어진 말 — 예 하늘, 땅, 나무
- ㅎ ㅈ ㅇ — 한자어를 바탕으로 하여 만들어진 말 — 예 감기, 공부, 학교
- ㅇ ㄹ ㅇ — 다른 나라에서 들어와 우리말처럼 쓰이는 말 — 예 버스, 택시, 마우스

이해 ▶ 다른 나라에서 들어와 우리말처럼 쓰이는 말을 □□□라고 해.

유행어, 은어, 비속어의 특성

'유행어'란 비교적 짧은 시기에 여러 사람의 입에 오르내리는 단어나 문장을 말해. 대중 매체의 발달은 유행어를 더욱 많이 만들어 냈어.

'은어'는 특정 계층이나 특정 집단에 속한 사람들이 자기들끼리만 사용하는 비밀스러운 말이야. 은어는 그것을 사용하는 집단의 구성원들끼리 소속감과 동질감을 느끼게 하고 집단의 비밀을 지켜 이익을 유지하는 데 쓰여.

'비속어'는 상스럽고 거친 말로, 점잖지 못하고 천한 말, 대상을 얕잡아 보고 경멸하는 태도로 하는 말이야. 비속어는 듣는 사람에게 불쾌감을 주게 되지.

다른 나라에서 들어온 말도 우리말이야?

한자어도 우리말이야.

한자 자체는 중국의 글자이지만 한자어는 우리말이야. 한자어라고 해서 순우리말보다 하찮은 것도 더 중요한 것도 아닌 둘 다 똑같이 우리말이야. 하지만 어려운 한자어 대신에 우리말로 바꾸어 쓸 수 있는 것들이 있는지 생각해 보면 좋겠지?

외래어는 우리말이지만 외국어는 다른 나라 말이야.

'빵', '텔레비전', '라디오'와 같은 외래어는 다른 나라에서 들어와 우리말이 된 거야. 이처럼 외래어는 그것을 대신할 만한 고유어나 한자어가 없어. 그런데 외국어는 다른 나라 말이라서 그것을 고유어나 한자어로 바꿀 수도 있어. 예를 들어, '밀크'는 '우유'로, '땡큐'는 '고마워'로 바꿀 수 있잖아? 일상생활에서 우리말을 바르게 잘 사용하는 것도 한글을 소중히 여기는 자세라는 것을 기억해.

어제 바이시클을 탔는데 기분이 정말 나이스했어.

'어제 자전거를 탔는데 기분이 좋았어.'라고 우리말로 말하면 더 듣기 좋을 것 같아.

◉ 알맞게 선으로 이으세요.

| 고유어 | · | · | 다른 나라에서 들어와 우리말처럼 쓰이는 말 |

| 한자어 | · | · | 본디부터 있던 말이나 그것에 기초하여 새로 만들어진 말 |

| 외래어 | · | · | 한자를 바탕으로 만들어진 말 |

◉ 알맞은 것에 ○표를 하세요.

특정 계층이나 특정 집단에 속한 사람들이 자기들끼리만 사용하는 비밀스러운 말을 (비속어 , 은어)라고 한다.

◉ 외국어에 대한 설명으로 알맞은 것에 ○표를 하세요.

고유어나 한자어로 바꾸어 쓸 수 있는 말이다. ☐

다른 나라에서 들어와 우리말이 되었다. ☐

3회 ②

노래하는 것 같은 시와 시조

시: 짧은 글 속에 느낌을 담아 내는 글.
시조: 고려 말부터 발달한 우리나라 고유의 정형시.

시는 줄글처럼 자세하고 길게 풀어서 쓰는 것이 아니라 짧은 글 속에 느낌을 담아 내는 거야. 자신의 생각이나 느낌을 리듬이 있는 짧은 말로 쓰는 것을 말하지. 시는 똑같은 말을 여러 번 되풀이해서 쓰거나, 흉내 내는 말, 비슷한 말을 써서 노래하는 것 같은 느낌을 줘. 그리고 시는 이야기에 비해 길이가 짧고, 말 속에 숨어 있는 뜻이 담겨 있어.

시조는 우리 민족이 만든 독특한 정형시의 하나야. 시조는 고려 말부터 발달하여 오늘날까지 만들어지고 있는 우리 고유의 시를 말해. 시조는 정해진 형식에 맞추어 써야 하는데, 그 형식은 '3장 6구'야. 여기서 3장은 3행(行)이라고도 해. 이렇게 시조는 초장, 중장, 종장의 3장으로 이루어진다는 것이 특징이야. 또한 시조는 신분이나 계층에 상관없이 누구나 쓸 수 있었던 만큼 내용도 다양했어. 임금에 대한 충성, 자연 속에 묻혀 살아가는 여유로움, 개인의 사랑과 그리움을 담기도 했어. 특히 시조에는 조상들의 지혜와 우리말의 특징이 잘 담겨 있어.

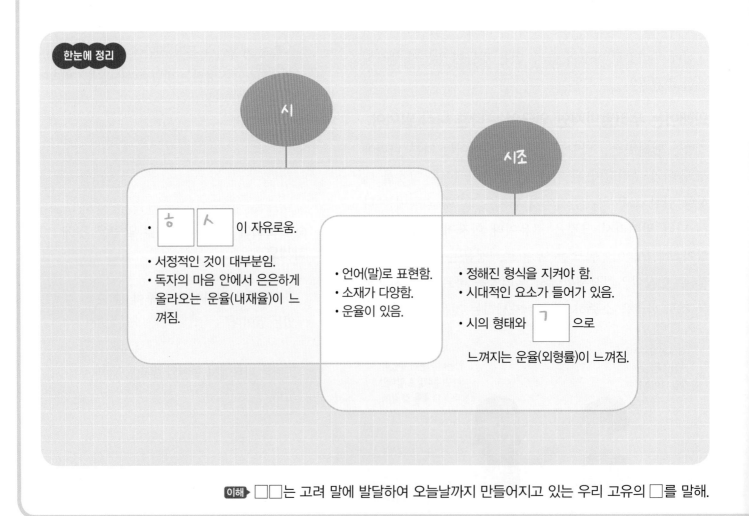

한눈에 정리

시
- ㅎ ㅅ 이 자유로움.
- 서정적인 것이 대부분임.
- 독자의 마음 안에서 은은하게 올라오는 운율(내재율)이 느껴짐.

- 언어(말)로 표현함.
- 소재가 다양함.
- 운율이 있음.

시조
- 정해진 형식을 지켜야 함.
- 시대적인 요소가 들어가 있음.
- 시의 형태와 ㄱ 으로 느껴지는 운율(외형률)이 느껴짐.

이해 ▶ □□는 고려 말에 발달하여 오늘날까지 만들어지고 있는 우리 고유의 □를 말해.

시의 형식과 내용

시의 형식을 이루는 요소

시에 쓰이는 언어를 '시어'라고 하고, 시의 한 줄은 '행'이야. 행이 모여서 이루어진 한 덩어리를 '연'이라고 하지. 운율은 시에서 느껴지는 말의 가락, 리듬이야. 그럼 운율은 어떻게 느낄 수 있을까? 글자 수를 일정하게 반복하거나 같은 말을 여러 번 반복하면 자연스럽게 운율을 느낄 수가 있어. 운율은 마치 노래를 부르는 듯한 느낌으로 시를 읽게 해 주어서 이야기와 구별되는 특징이기도 해.

시의 내용을 이루는 요소

시에 담겨 있는 글쓴이의 중심 생각을 '주제', 시의 내용을 이루는 재료를 '소재', 소재 중에서 가장 중심이 되는 것을 '제재'라고 해. '심상'은 시를 읽을 때 마음속에 떠오르는 빛깔, 모양, 소리, 냄새, 맛, 촉감 등의 감각적인 느낌을 말해. 시에 표현된 어떤 대상이나 사물을 실제로 보지 않고도 그것의 모습이나 느낌을 마음속에 그려 볼 수 있지.

시조의 특징은 어떤 게 있어?

시조는 대부분 정형시야.

정형시란 시구, 글자의 수, 배열의 순서, 운율 등이 일정하게 정해져 있는 시야. 자유시나 산문시와 반대되는 뜻이지. 시조는 각 행별 글자 수가 대개 3/4/3/4로 이루어져 있고, 초장, 중장, 종장의 3행으로 이루어져 있어. 특히 종장의 첫 구는 세 글자로 시작해.

시조는 형태상 갈래와 시대상 갈래가 있어.

형태상 갈래로는 기본 형식의 평시조와 2장 이상이 평시조에 비해 긴 사설 시조가 있어. 사설 시조는 특히 중장이 거의 무제한으로 길어져. 또 연시조가 있는데, 이는 2수 이상의 평시조가 한 편을 이룬 시조를 말해.

시대상 갈래으로는 시조가 발생한 때로부터 갑오경장(1894년) 이전까지 지어진 고시조와 갑오경장 이후부터 지어진 현대 시조가 있어.

◉ 알맞게 선으로 이으세요.

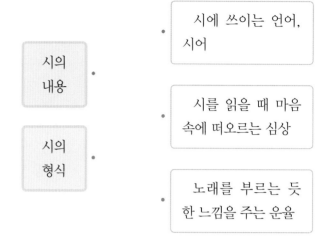

시의 내용 ·

시의 형식 ·

· 시에 쓰이는 언어, 시어

· 시를 읽을 때 마음속에 떠오르는 심상

· 노래를 부르는 듯한 느낌을 주는 운율

◉ 알맞은 내용에 각각 ○표를 하세요.

시의 내용을 이루는 재료는 (주제 , 소재)이고 그 중에서 가장 중심이 되는 것을 (제재 , 생각)(이)라고 한다.

◉ 시조에 대한 설명으로 알맞은 것에 ○표를 하세요.

시대상으로 갑오경장 이전의 시만을 말한다. □

형태상으로 중장이 거의 무제한으로 길어진 시조를 사설 시조라고 말한다. □

4회 ①

지구를 이루는 지구계

지구계: 서로 영향을 주고 받는 지구를 이루는 여러 요소들이 모인 전체.

초등학생 때 배웠던 태양계란 말, 기억나니? 태양과 그것을 중심으로 공전하는 천체의 모임을 말해. 태양계는 태양, 행성, 위성, 소행성, 혜성, 유성 등으로 이루어져 있어. 그런 것처럼 우리가 살고 있는 지구를 이루는 여러 요소들의 모임 전체를 지구계라고 해.

지구계는 지권, 수권, 기권, 생물권, 외권 이렇게 다섯 가지 요소들로 이루어져 있는데 이것들은 서로가 영향을 주고받으면서 다양한 자연 현상으로 나타나. 지구의 표면과 내부인 지권은 지구계 중 가장 많은 부피를 차지하고 있는데, 토양과 암석으로 이루어져 있고, 살 수 있는 모든 생명체에게 서식지를 제공하고 있지. 지구의 물인 수권은 해수, 빙하, 지하수, 강과 호수 등 다양한 모습이지만, 바다가 가장 많은 부분을 차지하고 있어. 지구를 둘러싸고 있는 대기인 기권은 흔히 대기권이라고도 불러. 여러 가지 기체가 섞여 있고, 다양한 기상 현상이 나타나지. 생물권이란 지구에 살고 있는 모든 생명체를 말해. 사람도 포함하는 거지. 마지막으로 외권은 기권의 바깥인 우주를 말해.

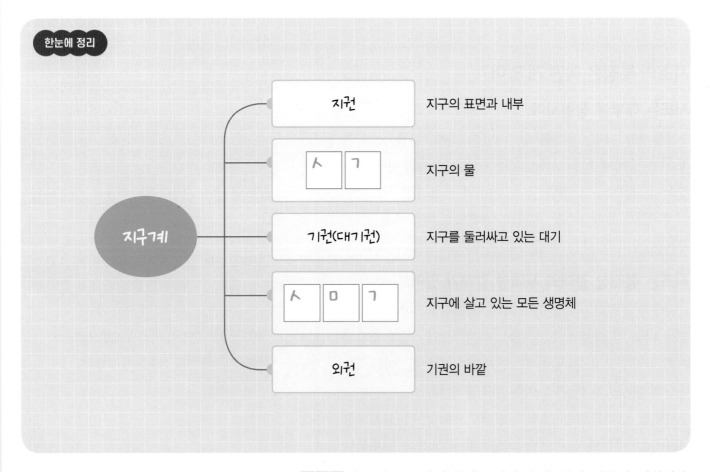

한눈에 정리

지구계

지권 — 지구의 표면과 내부

ㅅ ㄱ — 지구의 물

기권(대기권) — 지구를 둘러싸고 있는 대기

ㅅ ㅁ ㄱ — 지구에 살고 있는 모든 생명체

외권 — 기권의 바깥

이해 ▶ □□□의 구성 요소 다섯 가지는 지권, 수권, 기권, 생물권, 외권이야.

지구계의 특징

지권

지구의 내부와 토양과 암석으로 이루어진 지구의 표면을 말하는 것으로 생물들이 살아갈 공간과 영양분을 제공해. 수권이나 기권보다 부피가 커.

수권

해수, 빙하, 지하수, 강과 호수 등 지구에 있는 모든 물을 말하는 것으로 어류 등의 생물들이 살아갈 공간이 되며 물을 제공해. 그리고 지구의 온도를 일정하게 유지하는 역할을 하지.

기권

지구 표면을 둘러싸고 있는 공기의 층으로, 기상 현상이 나타나. 기권에는 여러 가지 기체가 섞여 있는데 그중 산소는 지구의 생명체가 숨을 쉴 수 있게 해 줘. 그리고 태양에서 오는 해로운 빛을 차단하고, 생명체가 살아가기에 알맞은 온도를 유지하는 역할을 해.

생물권

사람을 비롯하여 지구에 사는 모든 생명체를 말하는 것으로 지권, 수권, 기권에 걸쳐 넓게 분포해.

외권

지구를 둘러싸고 있는 기권의 바깥 영역으로, 태양과 달 등의 천체를 포함해. 특히 태양은 지구의 환경과 생물에 많은 영향을 끼쳐. 태양 에너지는 지구계의 가장 중요한 에너지원이야.

지구계의 상호 작용엔 어떤 게 있어?

지권과 만날 때 화산이 폭발하며 대기로 나온 화산재가 햇빛을 가려 지구의 온도가 낮아지기도 해.

수권과 만날 때 물이 증발하여 구름이 되기도 하고, 태풍이 발생하기도 해.

기권

◉ 알맞은 말에 ○표 하세요.

> 우리가 살고 있는 지구를 이루는 여러 요소들이 모인 전체의 모임을 (태양계 , 지구계)라고 한다.

◉ 알맞게 선으로 이으세요.

지권	•	•	지구의 물
수권	•	•	기권의 바깥
기권	•	•	지구의 표면과 내부
생물권	•	•	지구를 둘러싸고 있는 대기
외권	•	•	지구에 살고 있는 모든 생명체

◉ 다음은 지구계 중 무엇의 특징인지 쓰세요.

- 태양에서 오는 해로운 빛을 차단한다.
- 생명체가 살아가기에 알맞은 온도를 유지해 준다.

달걀과 비슷한 지권의 구조

지권의 구조: 지구의 표면과 내부가 이루어진 얼개.

내가 서 있는 지구의 표면과 내부인 지권은 어떻게 이루어져 있을까? 과학자들은 지구 내부를 조사하기 위해 직접 땅을 파서 조사하기도 하고, 화산이 분출할 때 나오는 물질을 분석하기도 했어. 또 지진이 일어날 때 지구 내부를 통과하여 전달되는 지진파를 분석하기도 했지. 그러다 지진파를 분석하여 지구 내부의 모습을 알 수 있게 되었어.

지구는 4개의 층으로 된 층상 구조로 되어 있대. 지권의 가장 바깥에 있는 층인 지각, 지각 아래에 있는 층인 맨틀, 맨틀 아래에 있는 층인 외핵, 외핵 아래에 있는 층인 내핵 이렇게 4층으로 되어 있어. 암석으로 된 지구의 겉 부분인 지각은 두께가 가장 얇은 고체 상태인데, 대륙 지각과 해양 지각으로 구분할 수 있어. 맨틀은 두께가 가장 두꺼운 고체 상태로 지구 전체 부피의 약 80%를 차지하며, 지각보다 무거운 암석으로 되어 있어. 그리고 외핵과 내핵은 둘 다 철과 니켈로 이루어져 있지만, 둘의 상태는 달라서 외핵은 액체 상태이고, 내핵은 고체 상태야.

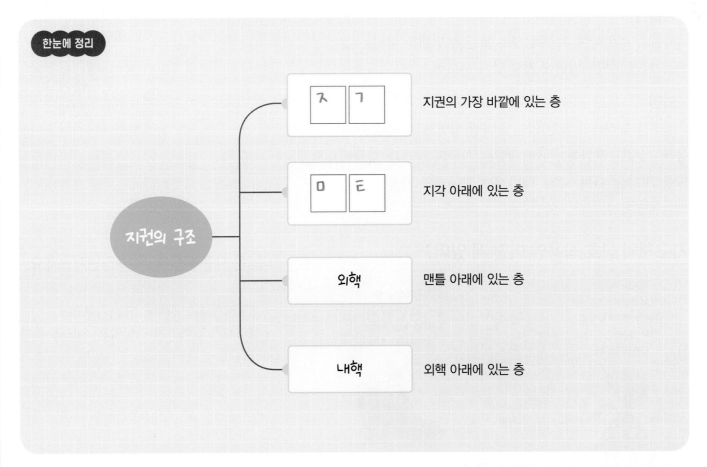

한눈에 정리

지권의 구조

- ㅈ ㄱ — 지권의 가장 바깥에 있는 층
- ㅁ ㅌ — 지각 아래에 있는 층
- 외핵 — 맨틀 아래에 있는 층
- 내핵 — 외핵 아래에 있는 층

이해 지각, 맨틀, 외핵, 내핵 4개의 층으로 되어 있는 □□의 구조는 삶은 달걀과 비슷한 구조야.

▶ 정답과 해설 10쪽

지권의 층상 구조

지권은 지각, 맨틀, 외핵, 내핵이라는 4개의 층으로 된 층상 구조를 이루고 있어.

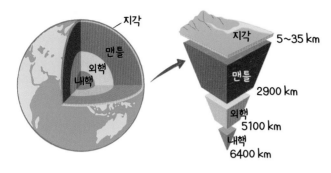

모호면

지각과 맨틀의 경계면의 이름이 모호면이야. 지각의 두께가 두꺼울수록 그 깊이가 깊어져.

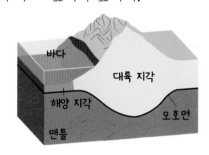

지구 내부 구조는 어떻게 알 수 있는 걸까?

지구 내부는 시추와 화산 분출물 조사 등이 있는데 이 방법은 지표 부근을 조사할 수 있지만, 지구 내부 전체의 모습은 알 수 없어. 가장 효과적인 방법은 지진이 발생할 때 전달되는 지진파의 모습을 분석하는 지진파 분석 방법이야. 지진파는 통과하는 물질에 따라 속도가 달라지거나 꺾이는 성질이 있어. 그래서 지진파를 분석하면 마치 X선처럼 지구 내부 구조를 알 수 있어.

◉ 지구 내부를 조사하는 방법으로 알맞은 것에 ○표를 하세요.

직접 땅을 파고 맨틀까지 가 본다.

지진이 일어날 때 지구 내부를 통과하여 전달되는 지진파를 분석한다.

◉ 알맞게 선으로 이으세요.

지각 · · 외핵 아래에 있는 층

맨틀 · · 맨틀 아래에 있는 층

외핵 · · 지각 아래에 있는 층

내핵 · · 지권의 가장 바깥에 있는 층

◉ 지권의 구조 중 무엇의 특징인지 쓰세요.

• 두께가 가장 두꺼운 고체 상태이다.
• 지구 전체 부피의 약 80%를 차지한다.

5회 ①

소수들만의 곱, 소인수분해

소인수분해: 자연수를 소인수들만의 곱으로 나타내는 것.

소인수분해란 1보다 큰 자연수를 소수들만의 곱으로만 나타낸 것을 말해. 처음이라서 어렵게 생각할 수도 있지만 기본 원리를 알면 어렵지 않아. 소인수분해를 알려면 먼저 인수와 소수를 알아야 해.

자연수 ■, ●, ▲에 대하여 ■＝●×▲라고 할 때, ●와 ▲를 ■의 인수라고 해. 어? 그런데 인수 어디서 본 듯하지? 맞아, 초등학교에서 배운 약수와 인수는 같은 거야. 그럼 이제 소수를 알아볼까? 소수는 1보다 큰 자연수 중에서 꼭 자기 자신과 1로만 나누어떨어지는 수로 2, 3, 5, 7, 11, 13, 17,…가 있어. 그리고 인수 중에서 소수인 인수를 소인수라고 해. 예를 들면 6의 인수는 1, 2, 3, 6이고 그 중 소인수는 2와 3이야. 따라서 6을 소인수분해하면 6＝2×3이야.

그리고 소인수분해를 하다 보면 같은 소수를 여러 번 곱하는 경우가 생겨. 예를 들어 18을 소인수분해하여 $18=2\times3^2$으로 나타내는데 3^2에서 위에 있는 작은 숫자 2는 같은 수 3을 두 번 거듭해 곱했다는 뜻으로 제곱이라고 해. 이처럼 같은 수를 여러 번 곱한 것을 간단히 나타내는 것을 거듭제곱이라고 해.

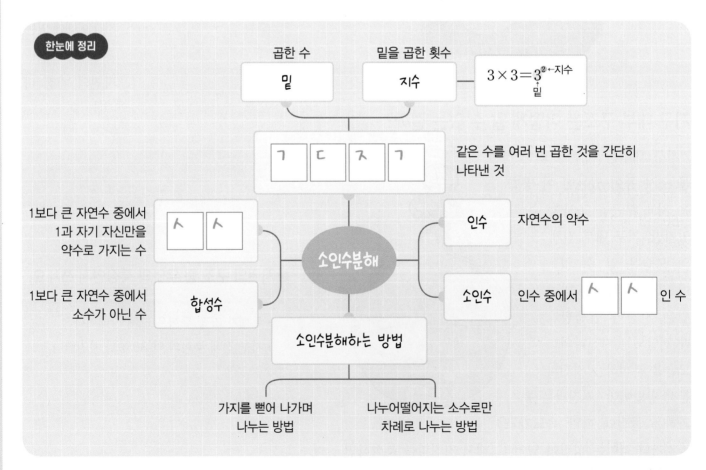

한눈에 정리

곱한 수 — 밑

밑을 곱한 횟수 — 지수

$3 \times 3 = 3^{②}$ ←지수
↑
밑

[ㄱ][ㄷ][ㅈ][ㄱ] — 같은 수를 여러 번 곱한 것을 간단히 나타낸 것

소인수분해

1보다 큰 자연수 중에서 1과 자기 자신만을 약수로 가지는 수 — [ㅅ][ㅅ]

1보다 큰 자연수 중에서 소수가 아닌 수 — 합성수

인수 — 자연수의 약수

소인수 — 인수 중에서 [ㅅ][ㅅ] 인 수

소인수분해하는 방법

가지를 뻗어 나가며 나누는 방법

나누어떨어지는 소수로만 차례로 나누는 방법

이해 ▶ 자연수를 소인수들만의 곱으로 나타내는 것을 □□□□□라고 해.

소수

1보다 큰 자연수 중에서 자기 자신과 1로만 나누어떨어지는 수를 소수라고 해. 그렇기 때문에 소수는 약수가 1과 자기 자신으로 2개뿐이야.

나는 오직 약수가 1과 나 자신(5)뿐이야!

소인수분해

자연수를 소인수들만의 곱으로 나타내는 것을 소인수분해라고 해.

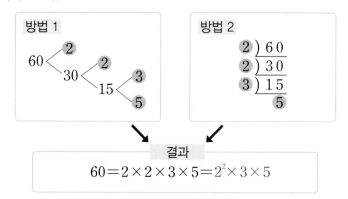

방법 1

방법 2

결과

$$60 = 2 \times 2 \times 3 \times 5 = 2^2 \times 3 \times 5$$

2^2은 소인수일까? 아닐까?

$60 = 2^2 \times 3 \times 5$에서 2는 소인수이지만 2^2을 소인수로 착각할 수 있어. 그러나 $2^2 = 4$로 소인수가 아닌 합성수이니까 2^2은 소인수가 아니야.

소인수분해일까? 아닐까?

$$60 = 2^2 \times \cancel{15} \qquad 60 = \cancel{4} \times 3 \times 5$$

60을 수의 곱으로 나타내었지만 15나 4는 모두 소인수가 아니기 때문에 소인수분해한 것이 아니야. 소인수분해는 인수가 모두 소수가 되어야 해.

◉ 알맞은 말에 ○표를 하세요.

자연수를 소인수들만의 곱으로 나타내는 것을 (소인수 , 소인수분해)라고 한다.

◉ 42를 소인수분해한 것으로 알맞은 것에 ○표를 하세요.

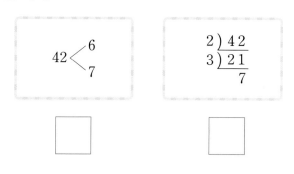

◉ 알맞은 것에 ○표를 하세요.

$36 = 3^2 \times 4$에서 4는 소인수가 아니다.

$12 = 2^2 \times 3$에서 2^2은 소인수이다.

5회 ②

부호를 가진 정수와 유리수

정수: 양의 정수, 0, 음의 정수를 통틀어 말함.
유리수: 양의 유리수, 0, 음의 유리수를 통틀어 말함.

자연수, 분수, 소수로 생활 속에서 일어나는 모든 경우를 표현할 수 없을 때가 있어. 그래서 부호를 가진 수가 필요하게 되었지.

'+'나 '−' 부호를 사용하여 기준점을 0으로 잡고 양의 부호는 '+'로, 음의 부호는 '−'로 나타내는 거지. 예를 들어 온도계는 0 ℃를 기준으로 하여 위쪽은 0 ℃보다 높은 온도를 나타내고, 아래쪽은 0 ℃보다 낮은 온도를 나타내.

이 밖에도 부호를 가진 수는 인구, 회계, 높이, 스포츠 점수에도 활용되고 있어. 인구를 말할 때 증가는 '+', 감소는 '−'로, 높이를 말할 때 해수면에 대하여 산의 높이는 해발 '+', 바다의 깊이는 해저 '−'로, 스포츠에서는 득점은 '+', 실점은 '−'로 부호를 붙여 나타내는 것처럼 말이야. 이와 같이 자연수에 부호를 붙인 수를 정수라고 해. 1부터 시작하는 자연수에 '+' 부호를 붙인 수를 양의 정수, 1부터 시작하는 자연수에 '−' 부호를 붙인 수를 음의 정수, 그리고 0을 모두 통틀어 정수라고 생각하면 돼. 여기서 양의 정수는 다른 말로 자연수라고 말할 수도 있어. 유리수는 자연수가 아닌 분수에 양의 부호 '+'와 음의 부호 '−'를 붙인 수야.

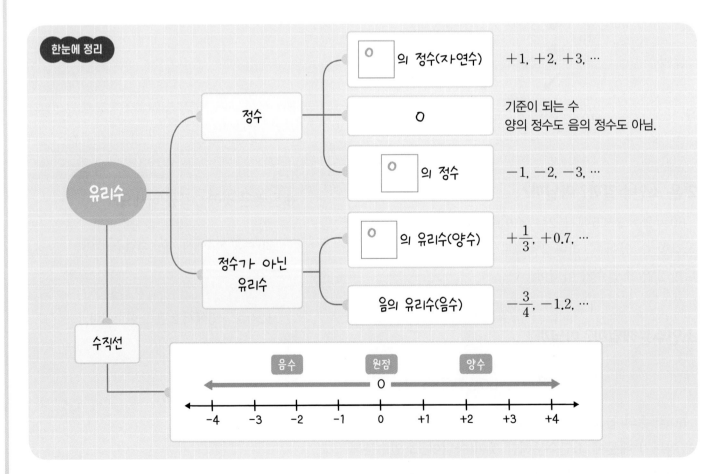

이해 ▶ 양의 정수, 0, 음의 정수를 통틀어 □□라고 해.

부호를 가진 수

어떤 기준에 대하여 서로 반대되는 성질을 갖는 수량을 나타낼 때, 기준이 되는 양을 0으로 정하고 한쪽 수량에는 양의 부호 '+'를, 다른 쪽 수량에는 음의 부호 '−'를 붙여 나타낼 수 있어. 이때 부호 '+'를 가진 수를 '양수', 부호 '−'를 가진 수를 '음수'라고 해.

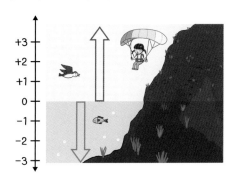

정수와 유리수

정수

자연수에 양의 부호 '+'를 붙인 수를 양의 정수, 음의 부호 '−'를 붙인 수를 음의 정수라고 하는데 정수는 양의 정수, 0, 음의 정수를 통틀어 정수라고 해.

유리수

분자, 분모가 자연수인 분수에 양의 부호 '+'를 붙인 수를 양의 유리수, 음의 부호 '−'를 붙인 수를 음의 유리수라고 해. 양의 유리수, 0, 음의 유리수를 통틀어 유리수라고 해.

$$(\text{유리수}) = \frac{(\text{정수})}{(\text{0이 아닌 정수})}$$

절댓값

부호를 가진 수에서 부호를 뗀 수를 절댓값이라고 하는데 절댓값은 수직선 위에서 어떤 수에 대응하는 점과 원점 사이의 거리를 나타내는 거야. 절댓값은 기호 '| |'를 사용하여 나타내.

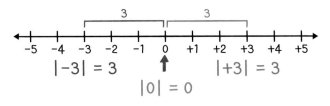

$|-3| = 3$ $\qquad$ $|+3| = 3$
$|0| = 0$

◉ 알맞은 것에 ○표를 하세요.

정수는 양의 정수와 음의 정수로 이루어진다.	

양의 정수는 부호를 생략하여 나타낼 수 있다.	

◉ 알맞은 말에 ○표를 하세요.

- 모든 정수는 (유리수이다 , 유리수가 아니다).
- 모든 분수는 (유리수이다 , 유리수가 아니다).

◉ 알맞은 것에 ○표를 하세요.

절댓값은 항상 양수이다.	

절댓값이 2인 수는 −2이다.	

−6의 절댓값은 6이다.	

1 다음 설명에 알맞은 기후 지역을 쓰세요. » ---------------------------- 사회

> • 주로 사막 주변에 분포하며 연 강수량이 250 mm~500 mm 미만이다.
> • 짧은 우기 동안 초원이 형성된다.
> • 물과 풀을 찾아 가축과 함께 이동하는 유목 생활을 한다.

(   )

2 다음 빈칸에 들어갈 알맞은 말을 쓰세요. » ---------------------------- 사회

> 어떤 한 국가나 지역의 위치를 정확하게 표현하기 위해 지구에 가상의 선을 그어 그 위치를 숫자로 표현하는데 가로 선을 [㉠]이라고 하고 세로 선을 [㉡]이라고 한다.

(1) ㉠: (   )   (2) ㉡: (   )

3 위도에 대한 설명으로 알맞은 것에 ○표를 하세요. » ---------------------------- 사회

(1) 지구가 하루에 한 바퀴 돌기 때문에 위도에 따라 시간 차가 생긴다.   (   )

(2) 위도에 따라 기온과 계절의 차이가 생긴다.   (   )

(3) 지구의 북극과 남극을 연결한 가상의 선이다.   (   )

▶ 정답과 해설 13쪽

4   언론의 기능에 대해 알맞게 말하지 <u>않은</u> 친구의 이름을 쓰세요. 》············ 사회

> 지안: 언론은 정부가 무슨 일을 하고 있는지 홍보하는 역할을 해.
>
> 현우: 언론은 국회나 정부에 여론을 전달하는 역할을 해.
>
> 우재: 언론은 사회를 비판적으로 바라보고 정부를 감시하는 역할을 해.

(   )

5   다음 빈칸에 들어갈 알맞은 말을 쓰세요. 》············ 국어

> 알고 싶은 내용이나 주제에 대한 정보를 수집하기 위하여 얼굴을 맞대고 서로 주고받는 대화 방식을 [   ]이라고 한다.

(   )

6   면담 대상자와 대화를 할 때 주의할 점이 <u>아닌</u> 것은 무엇인가요? (   ) 》············ 국어

① 면담의 목적을 사전에 반드시 알려 준다.
② 면담에 필요한 질문과 자료를 미리 준비한다.
③ 면담 대상자가 말하는 도중에 끼어들어 말하지 않는다.
④ 면담 주제에서 벗어난 질문을 하지 않는다.
⑤ 면담자에 대하여 미리 조사하는 것은 예의에 어긋나므로 하지 않는다.

7   다음 중 외래어를 모두 골라 기호를 쓰세요. 》············ 국어

> ㉮ 텔레비전   ㉯ 시계   ㉰ 라디오   ㉱ 버스   ㉲ 하늘

(   )

8 한자어에 대한 설명으로 옳지 <u>않은</u> 것은 무엇인가요? (   ) » .... 국어

① 한자어는 우리말이다.

② 한자어는 한자를 바탕으로 만들어진 말이다.

③ 한자어는 우리 어휘의 반 이상을 차지하고 있다.

④ '학교, 공부'는 한자어이다.

⑤ 한자어는 고유어로 바꾸어 써야 한다.

9 다음에서 설명하는 글의 형식을 무엇이라 하는지 쓰세요. » .... 국어

> • 우리 민족이 만든 독특한 정형시이다.
>
> • 각 행별 글자 수가 대체로 3/4/3/4로 이루어져 있다.
>
> • 초장, 중장, 종장의 3행으로 이루어져 있다.

(   )

10 기권에 대한 설명으로 옳은 것에 ○표를 하세요. » .... 과학

(1) 우주 공간으로 달까지 포함한다.   (   )

(2) 태양에서 오는 해로운 빛을 차단한다.   (   )

(3) 토양과 암석으로 이루어져 있다.   (   )

11 다음 중 수권에 해당하는 것을 모두 골라 기호를 쓰세요. » .... 과학

> ㉮ 빙하   ㉯ 대기   ㉰ 식물   ㉱ 지하수   ㉲ 유성

(   )

▶ 정답과 해설 **14**쪽

12 다음 빈칸에 들어갈 알맞은 말을 차례대로 쓰세요. »---------------------------------- 과학

> 지진이 발생할 때 전달되는 [㉠]는 통과하는 물질에 따라 속도가 달라지거나 꺾이는 성질이 있기 때문에 지진파를 연구 분석하면 지구 [㉡] 구조를 효과적으로 알 수 있다.

(1) ㉠: (   )   (2) ㉡: (   )

13 소수에 대한 설명으로 옳은 것에 ○표를 하세요. »---------------------------------- 수학

(1) 1은 소수이다.   (   )
(2) 소수는 약수가 2개 이상이다.   (   )
(3) 소수는 약수가 1과 자기 자신뿐이다.   (   )

14 다음 설명 중 옳지 <u>않은</u> 것은 무엇인가요? (   ) »---------------------------------- 수학

① $+3$은 양의 정수이다.
② -5는 음의 정수이다.
③ $+\dfrac{1}{2}$은 양의 유리수이다.
④ $-\dfrac{2}{3}$는 음의 유리수이다.
⑤ 0은 정수도 유리수도 아니다.

15 다음 수 중에서 절댓값이 같은 것을 모두 골라 기호를 쓰세요. »---------------------------------- 수학

> ㉮ -3 ㉯ $+3$ ㉰ $+4$ ㉱ $+\dfrac{1}{4}$ ㉲ $-\dfrac{1}{3}$

(   )

사회 | 위도와 경도

북극과 남극을 잇는 지구상의 가상의 세로 선(경선)에 주어진 값을 ☐☐ 라고 해.

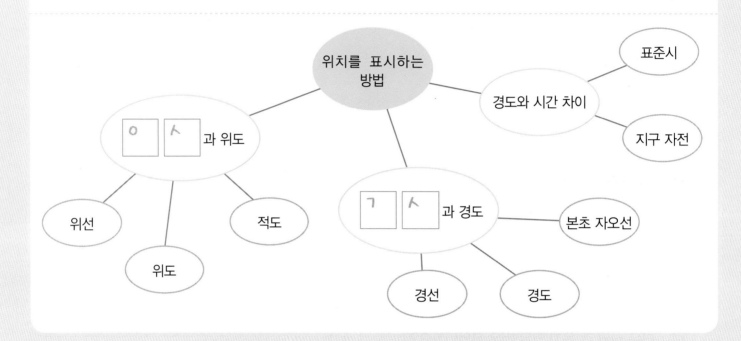

사회 | 세계의 기후

적도에서 극지방으로 갈수록 열대 기후, 온대 기후, 냉대 기후, ☐☐ 기후가 나타나.

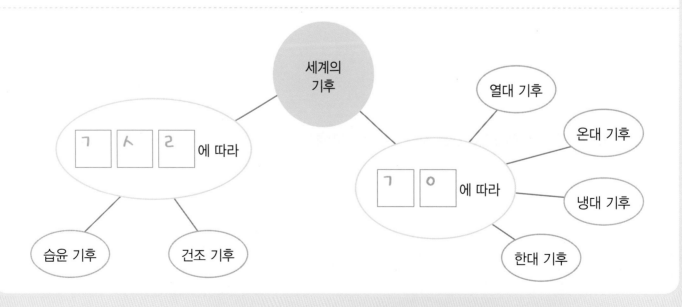

▶ 정답과 해설 15쪽

국어 면담

알고 싶은 내용을 알아보기 위하여 얼굴을 마주하고 이야기하는 것을 ☐☐이라고 해.

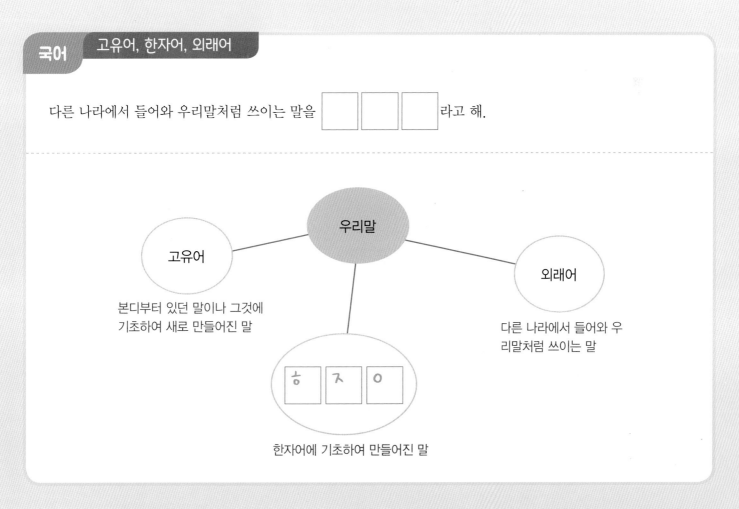

면담의 절차

면담 ㅈ ㅂ 하기
• 면담 목적에 맞는 대상자 찾기
• 면담 대상자에게 요청하고 약속 정하기

면담 ㅈ ㅎ 하기
면담 열기 → 질문하기 → 면담 마무리

면담 ㅈ ㄹ 하기
• 면담을 통해 알게 된 사실
• 면담을 하고 난 뒤 느낀 점

국어 고유어, 한자어, 외래어

다른 나라에서 들어와 우리말처럼 쓰이는 말을 ☐☐☐라고 해.

우리말

고유어
본디부터 있던 말이나 그것에 기초하여 새로 만들어진 말

ㅎ ㅈ ㅇ
한자어에 기초하여 만들어진 말

외래어
다른 나라에서 들어와 우리말처럼 쓰이는 말

☐☐ 는 고려 말에 발달하여 오늘날까지 만들어지고 있는 우리 고유의 ☐ 를 말해.

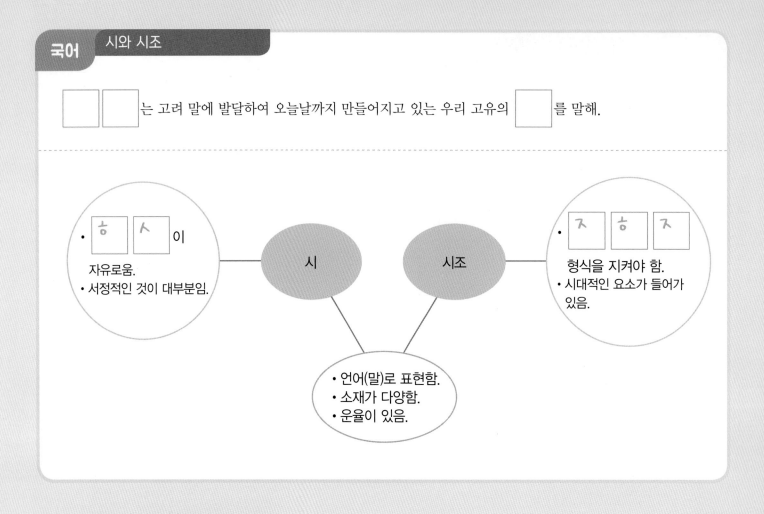

· ㅎㅅ이 자유로움.
· 서정적인 것이 대부분임.

시

· 언어(말)로 표현함.
· 소재가 다양함.
· 운율이 있음.

시조

· ㅈㅎㅈ 형식을 지켜야 함.
· 시대적인 요소가 들어가 있음.

☐☐☐ 의 구성 요소 다섯 가지는 지권, 수권, 기권, 생물권, 외권이야.

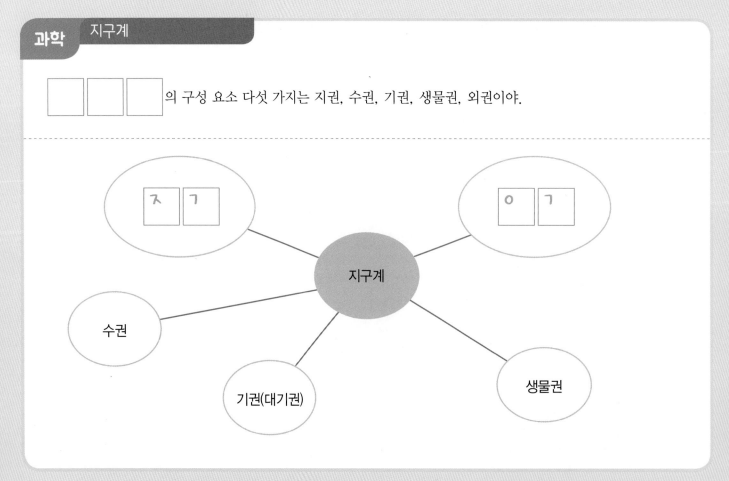

ㅈㄱ

ㅇㄱ

지구계

수권

기권(대기권)

생물권

▶ 정답과 해설 16쪽

과학 지권의 구조

지각, 맨틀, 외핵, 내핵 4개의 층으로 되어 있는 ☐☐ 의 구조는 삶은 달걀과 비슷한 구조야.

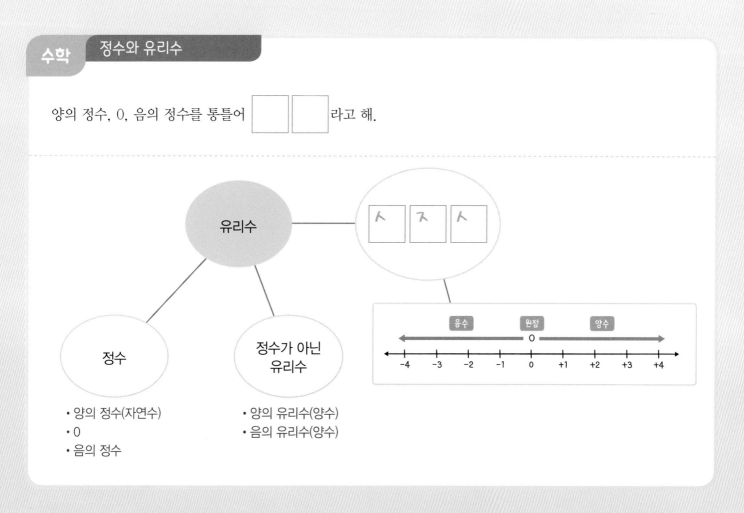

내핵

지각

지권의 구조

ㅁ ㅌ

ㅇ ㅎ

수학 정수와 유리수

양의 정수, 0, 음의 정수를 통틀어 ☐☐ 라고 해.

유리수

ㅅ ㅈ ㅅ

정수
• 양의 정수(자연수)
• 0
• 음의 정수

정수가 아닌
유리수
• 양의 유리수(양수)
• 음의 유리수(양수)

음수   원점   양수

0

-4 -3 -2 -1 0 +1 +2 +3 +4

슬램덩크가 해냈어요

슬램덩크, 모여랏!

"리바운드! 리바운드!"

농구장 안은 거센 함성 소리로 가득 찼어요. 두 편으로 나뉜 아이들은 골대를 맞고 튀겨 나온 공을 서로 잡으려 필사적으로 뛰어올랐어요. 공을 잡으려는 손들이 여럿이었어요. 그때 다른 아이들보다 머리 하나가 더 큰 정훈이가 공을 잡아 한두 발 앞으로 내딛었어요. 정훈이를 따라잡아 공을 빼앗으려는 상대편의 공격이 거세게 이어졌어요. 자칫 공을 빼앗길 것 같은 아슬아슬한 순간들이 이어졌어요.

"한정훈, 패스! 패스! 패스!"

정훈이네 편 선수들이 목이 터져라 소리를 질렀어요.

농구장 안의 열기는 정말 뜨거웠어요.

4쿼터, 지금 점수는 58 대 60. 3점 슛 하나면 역전을 노릴 수 있었지요.

남은 시간은 불과 2분 30초. 어느 편이 이길지 모르는 상황이었지요.

아슬아슬 손에 땀을 쥐게 하는 경기가 이어졌어요. 정훈이의 패스는 발이 빠른 선재에게 이어졌고, 선재는 빠른 드리블로 속공을 펼쳤어요.

"선재야, 그냥 넣어!"

상대편이 선재를 뒤쫓았지만, 잽싼 선재는 한 수 위였어요. 선재가 골대를 향해 슛을 쌌어요. 골인! 60 대 60! 동점이었어요!

"와아!"

경기를 구경하던 친구들은 저도 모르게 함성을 질렀어요. 남은 시간은 불과 1분. 어느 편이 한 골을 더 넣느냐에 따라 승리가 결정되는 순간이었죠.

공을 쥔 상대편 태하는 빠른 속도로 골대를 향해 내달렸어요. 속공이 강하고 슛도 좋은 태하를 저지하기 위한 공격들이 강하게 들어왔어요. 태하는 주위를 힐끗 보았어요. 좋은 자리에 있는 우리 편 선수가 있는지 살피는 거였어요. 안타깝게도 골대 주변의 태하네 편 선수는 보이지 않았어요.

주위에 선재네 편 선수가 없는 절호의 순간, 태하는 우뚝 자리에 멈춰 서서 숏을 쐈어요. 태하가 쏜 숏은 백보드에 맞고 빙글빙글 돌더니 결국 골대 안 그물로 들어갔어요. 그 순간 함성이 터졌어요.

"우아, 이겼다! 와~~!"

최종 점수는 62 대 60!

승리 골을 쏜 태하는 감격에 겨워 마구 소리를 지르며 발을 굴렀어요. 아이들이 달려와 태하를 부둥켜 안았어요. 아슬아슬하게 진 정훈이네 편 선수들은 아쉬운 표정이었어요.

"박태하, 숏이 좀 늘었는데?"

상대편으로 뛰었던 정훈이가 다가와 태하에게 말했어요.

"하하, 내가 좀 잘하지? 형님한테 숏 좀 배워라."

태하가 어깨를 으쓱하며 말했어요.

"이그, 잘난 체는……. 다음엔 우리 편이 이길 거야."

정훈이는 못내 아쉬웠던 모양이었어요.

아이들은 물과 음료를 나눠 마시며 거친 숨을 몰아쉬었어요. 땀범벅이 된 아이들은 얼른 씻고 싶은 생각이 간절했어요.

그때 선재가 갑자기 큰소리로 말했어요.

"야~, 샤워장 하나 있으면 좋겠다!"

"그러게. 무슨 농구장에 샤워장이 없냐!"

"샤워장은 무슨. 저 골대 봐라. 곧 쓰러질 것 같잖아."

"그물도 다 찢어져 있어. 조금 지나면 링만 남을걸."

"바닥에 그려져 있는 선도 곧 없어질 거야."

아이들은 제각기 불만을 터뜨렸어요. 아이들은 오늘 두 편으로 나눠 농구 경기를 했지만 모두 성신중학교 공식 농구 동아리인 슬램덩크의 회원이랍니

다. 학년도 다르고 키나 생김새 그리고 성격도 모두 달랐지만 '농구에 죽고 농구에 산다.'는 슬램덩크의 슬로건처럼 농구에 대한 사랑과 열정은 대단했지요.

"우리, 선생님께 농구장 시설을 좀 고쳐 달라고 건의하면 어떨까?"

한동안 아무 말 없이 음료수를 벌컥벌컥 마시던 정훈이가 말했어요. 아이들의 동작이 순간 모두 멈췄어요.

"어떻게?"

태하가 물었어요.

"우리는 성신중학교 공식 농구 동아리잖아? 그렇다면 낡은 시설을 고쳐 달라고 얘기해 볼 수 있지 않을까?"

정훈이의 말에 아이들 모두 공감했어요.

"샤워 시설도 있었으면 좋겠어. 농구처럼 격렬한 운동을 하고 나면 씻어야 하잖아."

준호가 말했어요.

아이들은 빙 둘러앉아 이야기를 시작했어요. 농구장 시설이 너무 낡아서 연습을 하기도 어렵고, 자칫 잘못하면 사고가 날 수 있다는 건 그동안 모두 느껴왔던 일이었기 때문이지요. 아이들은 그날 오랜 시간 여러 이야기를 나누었어요. 결국 농구 동아리 1학년 주장인 정훈이와 부주장인 태하가 대표로 동아리 담당 선생님을 만나 건의하기로 의견을 모았어요.

이어지는 내용은 72쪽에 >>>

1회 사회

① 피할 수 없는 자연재해

학습 계획일

월 일

② 착한 소비, 공정 무역

월 일

2

주차

2회 사회/과학

① 환경에 따라 다른 인구 분포

학습 계획일

월 일

② 위험한 지진대와 화산대

월 일

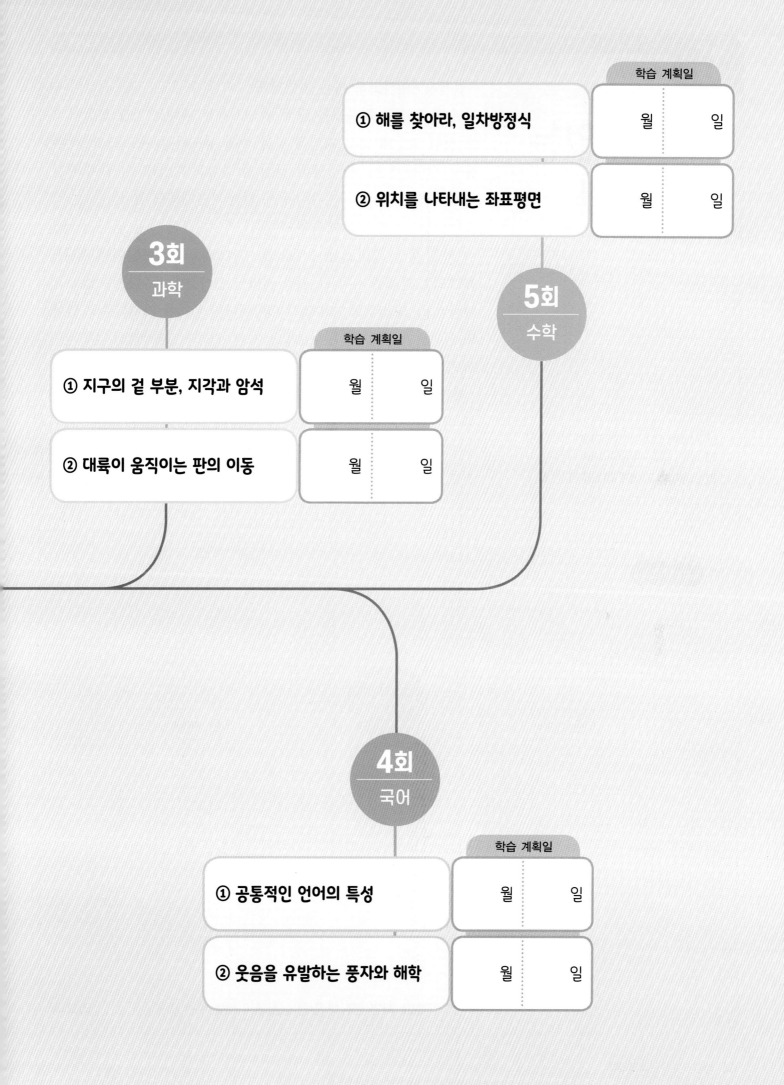

① 해를 찾아라, 일차방정식

학습 계획일
월   일

② 위치를 나타내는 좌표평면

학습 계획일
월   일

3회
과학

① 지구의 겉 부분, 지각과 암석

학습 계획일
월   일

② 대륙이 움직이는 판의 이동

학습 계획일
월   일

5회
수학

4회
국어

① 공통적인 언어의 특성

학습 계획일
월   일

② 웃음을 유발하는 풍자와 해학

학습 계획일
월   일

1회 ①

피할 수 없는 자연재해

자연재해: 태풍, 가뭄, 홍수, 지진, 화산 폭발, 해일 따위의 피할 수 없는 자연 현상이 인간에게 피해를 주는 것.

천재지변이라고도 하는 자연재해는 피할 수 없는 자연 현상이 인간에게 피해를 주는 것을 말해. 자연재해는 대체로 기상 현상에 의한 것이 많은데 기후 지역에 따라 피해 정도의 차이도 크고, 폭우, 홍수, 장마, 태풍, 가뭄, 냉해, 폭설 등 종류도 다양해. 이 밖에 지진, 화산 폭발, 산사태 등 지각 변동에 의한 자연재해도 있어.

자연재해 중에서도 매우 큰 피해를 가져다주는 것을 꼽자면 지진과 화산 폭발 그리고 풍수해를 들 수 있어. 화산 폭발이 일어나면 용암으로 인해 도시나 그 인접 지역이 순식간에 돌이킬 수 없이 황폐화되고, 지진과 풍수해 역시 어마어마한 피해를 가져다주고 있어. 또 인위적인 환경 변화, 무분별한 자원 개발과 지역 개발, 지구 온난화 등으로 자연재해가 점점 더 빈번해지고 그 피해가 커지고 있어.

자연재해의 피해를 줄이기 위해서는 기상학과 지질학 등의 발전에 따른 예측 예보도 중요하지만, 평소에 대피 훈련과 자연 스스로 자연재해를 조절하는 능력을 키울 수 있도록 조건을 만들어 주는 것도 중요해.

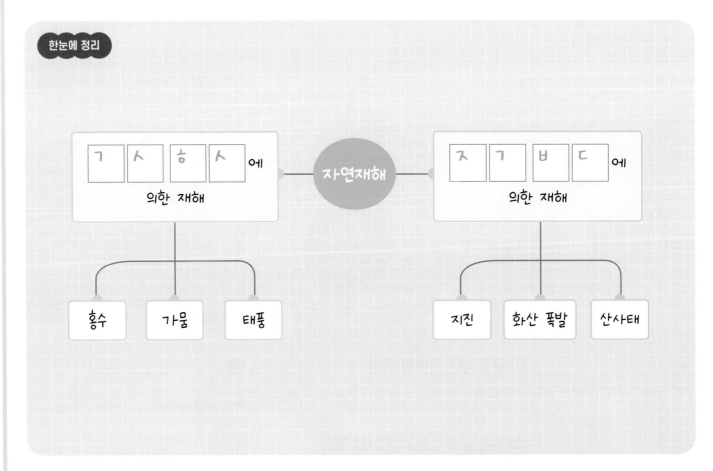

한눈에 정리

ㄱ ㅅ ㅎ ㅅ 에 의한 재해 — 자연재해 — ㅈ ㄱ ㅂ ㄷ 에 의한 재해

홍수 | 가뭄 | 태풍

지진 | 화산 폭발 | 산사태

이해 자연 현상이 인간 생활에 피해를 주는 것을 □□□□라고 해.

지각 변동에 의한 자연 재해

지진은 땅이 흔들리고 갈라지는 현상으로 건물이나 교량 등의 인공 구조물이 붕괴되는 피해가 발생해. 화산 활동은 지표면의 갈라진 틈으로 마그마가 분출하는 현상으로 화산 폭발에 의한 피해가 발생해. 지진 해일은 지진이나 화산 활동이 해저에서 발생해서 대규모의 파도가 일어나 해안을 덮치면서 피해를 끼치는 현상이야.

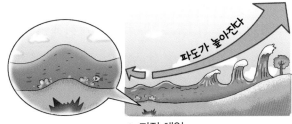

파도가 높아진다

▲ 지진 해일

기상 현상에 의한 자연 재해

홍수는 비가 짧은 시간 동안 집중적으로 내리거나 장기간 지속적으로 내려서 생기는 재해로 계절풍의 영향을 받는 동남아시아와 남부 아시아 등에서 자주 발생해. 가뭄은 오랫동안 비가 내리지 않아 땅이 메마르고 물이 부족해지면 발생하는 현상으로 건조 기후 지역에서 빈번하게 발생해. 우리나라에 피해를 주는 태풍은 필리핀 부근의 열대 지역 바다에서 발생하여 북동쪽으로 이동하는 열대성 저기압인데 이동 경로 예측이 쉽지 않아 큰 피해가 발생하기도 해. 열대성 저기압은 발생 지역에 따라 이름이 다른데 대서양과 북태평양의 동부에서 발생하면 허리케인, 인도양에서 발생하면 사이클론이라고 해.

인간의 활동으로 자연재해가 증가한다?

자연재해는 자연 현상으로 발생하지만, 산업화와 도시화 등으로 인한 인위적인 환경 변화, 무분별한 자원 개발과 지역 개발이 자연재해의 피해를 증가시키기도 해. 홍수 피해는 무분별한 도시 개발이나 하천의 직강화, 무분별한 산지 개발로 인한 산림 황폐화 등이 원인이 되어 홍수 조절 기능을 상실하면서 발생해. 그리고 사막화는 과도한 농경지 개간과 방목, 무분별한 삼림 벌채 등의 지나친 토지 이용이 원인이 되어 발생하기도 하지.

◉ 알맞은 말에 ○표를 하세요.

지진은 (기상 현상 , 지각 변동)에 의한 자연 재해이다.

◉ 자연 재해에 대한 설명으로 알맞은 것에 모두 ○표를 하세요.

가뭄이 발생하면 산불 발생 위험이 감소한다. ☐

태풍은 이동 경로 예측이 쉽지 않아 피해를 준다. ☐

화산이 폭발하면 용암이 분출되어 피해를 준다. ☐

◉ 발생 지역에 따른 열대성 저기압을 알맞게 선으로 이으세요.

대서양	•	•	태풍
서태평양	•	•	사이클론
인도양과 남태평양	•	•	허리케인

1회 ②

착한 소비, 공정 무역

공정 무역: 생산자와 소비자 간 동등한 위치에서 이루어지는 무역 형태.

우리가 커피 한 잔을 마시면서 내는 돈 가운데 농민에게 돌아가는 것은 0.5퍼센트에 불과하다는 걸 알아? 우간다의 커피 생산 농부들은 커피를 생산 비용의 60퍼센트만 받고 팔았대. 이런 상황에서 어른들만 일해서는 먹고살 수가 없어서 아이들도 노동을 했대. 아이들은 커피콩을 따서 말리는 작업을 하느라 학교에 가는 건 꿈도 꿀 수 없었어. 그 이유는 우리가 커피를 사면서 지불한 돈이 농민들에게 돌아간 것이 아니라 돈의 99퍼센트를 다국적 기업인 가공업자와 판매업자, 중간 상인이 차지했기 때문이야.

이러한 불공정 무역의 잘못된 점을 반성하고 개선해 보자는 취지에서 시작된 것이 **공정 무역**이야. 공정 무역을 통해 판매되는 커피는 아이들의 노동 없이 재배된 커피콩으로 만들고 생산자와 소비자 간의 직거래를 통해 공정한 가격을 지불하지. 그리고 공정 무역 제품은 안전한 작업장에서 친환경적으로 생산된 제품들이기 때문에 소비자도 안전한 제품을 사용할 수 있게 돼. 공정 무역은 커피, 수공예품 등 일부 품목에서 시작되었지만 지금은 설탕, 초콜릿, 와인 같은 가공식품, 나아가 면제품, 청바지에 이르기까지 품목이 다양해.

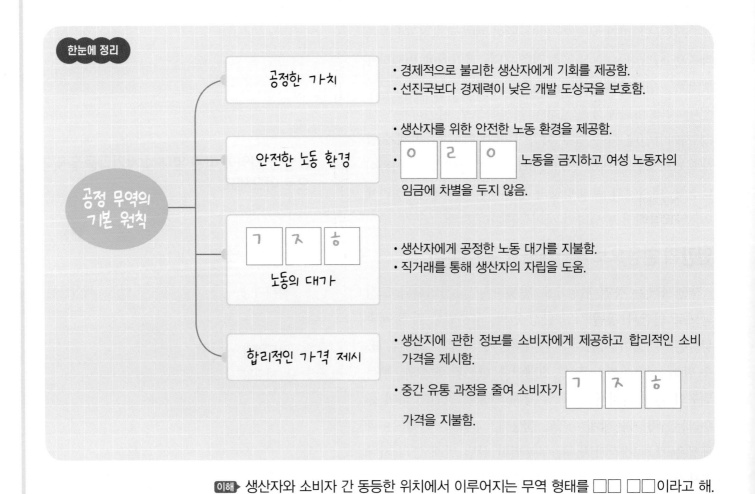

한눈에 정리

공정 무역의 기본 원칙

공정한 가치
• 경제적으로 불리한 생산자에게 기회를 제공함.
• 선진국보다 경제력이 낮은 개발 도상국을 보호함.

안전한 노동 환경
• 생산자를 위한 안전한 노동 환경을 제공함.
• ㅇ ㄹ ㅇ 노동을 금지하고 여성 노동자의 임금에 차별을 두지 않음.

ㄱ ㅈ ㅎ 노동의 대가
• 생산자에게 공정한 노동 대가를 지불함.
• 직거래를 통해 생산자의 자립을 도움.

합리적인 가격 제시
• 생산지에 관한 정보를 소비자에게 제공하고 합리적인 소비 가격을 제시함.
• 중간 유통 과정을 줄여 소비자가 ㄱ ㅈ ㅎ 가격을 지불함.

이해 생산자와 소비자 간 동등한 위치에서 이루어지는 무역 형태를 ☐☐ ☐☐이라고 해.

공정 무역 인증 표시

공정 무역 인증 표시가 제품에 부착이 되어 있다면 그 제품 안에 있는 원료들은 공정 무역 기준을 모두 준수했다는 것을 보장해. 공정 무역 인증 표시 같은 경우는 기업에 대한 인증이 아니고 원료에 대한 인증으로 전세계적으로 가장 윤리적이고 환경적인 표시로 꼽혀.

공정 여행

현지의 환경을 해치지 않으면서도 현지인에게 혜택이 돌아가는 여행으로, '착한 여행', '책임 여행'이라고도 불려. 공정 여행은 여행자인 나 자신뿐만 아니라 여행지의 주민까지 모두가 함께 행복한 여행이야. 나의 즐거움을 위해 누군가가 힘들게 된다면 그것은 공정 여행이라고 볼 수 없어. 공정 여행은 거창하지 않아 다만 선택의 기준을 '어느 것이 더 저렴한가?'에서 '어느 것이 더 공정한가?', '어디로'가 아니라 '어떻게' 여행할지를 고민하면 되는 거야.

여행지의
자연보호

여행지의
문화재 존중

현지인에
도움이 되는 소비

착한 소비자가 되려면?

착한 소비는 공정 무역 운동을 포함한 소비자 운동의 일환으로 인간과 동물을 포함한 자연 환경에 해를 끼치는 상품은 사지 않고, 공정 무역에 의한 상품을 구입하는 것을 말해. 물건을 구입하기 전에 누가 이 물건을 생산했고 누구의 손을 거쳐서 내 손에 왔을까를 생각해 봐. 그러면 우리는 생산자들에게 희망과 꿈을 줄 수 있는 물건, 지구 환경을 보호하고 살릴 수 있는 물건을 선택하는 착한 소비자가 될 수 있어.

◉ 공정 무역에 대한 설명으로 알맞은 것에 ○표를 하세요.

유통 과정을 길게 하여 생산자, 중간 상인자, 판매업자 등에게 골고루 혜택을 준다.

생산자의 노동에 공정한 대가를 지불하면서 소비자에게는 질 좋고 신뢰할 수 있는 제품을 공급한다.

◉ 그림과 같은 표시가 부착된 제품은 어떠한 제품인지 알맞은 것을 모두 찾아 ○표를 하세요.

가장 환경적인 제품이다.

가장 윤리적인 제품이다.

가장 판매량이 많은 제품이다.

◉ 알맞은 내용에 ○표를 하세요.

인간과 동물을 포함한 자연 환경에 해를 끼치는 상품은 구입하지 않고, 공정 무역에 의한 상품을 구입하는 것을 (착한 소비 , 공정 여행) (이)라고 한다.

환경에 따라 다른 인구 분포

인구 분포: 사람들이 어디에 얼마나 모여 살고 있는가를 나타낸 것.

인구가 가장 많은 대륙은 아시아로 세계 인구의 약 60%가 거주하고 있어. 그중에서 동남아시아는 기온이 높고 강수량이 많아서 벼농사가 발달하여 쌀 생산량이 많았어. 쌀 재배에는 많은 노동력이 필요하기 때문에 벼농사가 발달한 동남아시아에는 많은 인구가 밀집해 있지. 1980년대 이후 동남아시아 국가들은 풍부한 지하자원과 저렴한 노동력을 바탕으로 산업화가 이루어지면서 인구가 더 빠르게 증가했어.

서부 유럽은 일 년 내내 온난 습윤한 기후와 이로 인해 발달한 농업과 일찍부터 진행된 산업화·도시화의 영향으로 많은 인구가 밀집해 있지. 서부 유럽은 세계에서 가장 먼저 산업이 발생한 지역이야. 기술과 공업이 급속히 발달하면서, 공업 중심의 사회로 전환되었어. 그러면서 서부 유럽의 농촌에 거주하던 농민들이 일자리가 많은 도시로 이동하면서 도시화가 빠르게 진행되어 대부분의 사람들이 도시에 거주하고 있지.

이처럼 인구 분포는 지형·기후·자원의 분포 등 자연적 요인과 역사 문화적 배경·산업 발달·사회 변화 등 사회 경제적 요인 등에 의하여 달라져.

한눈에 정리

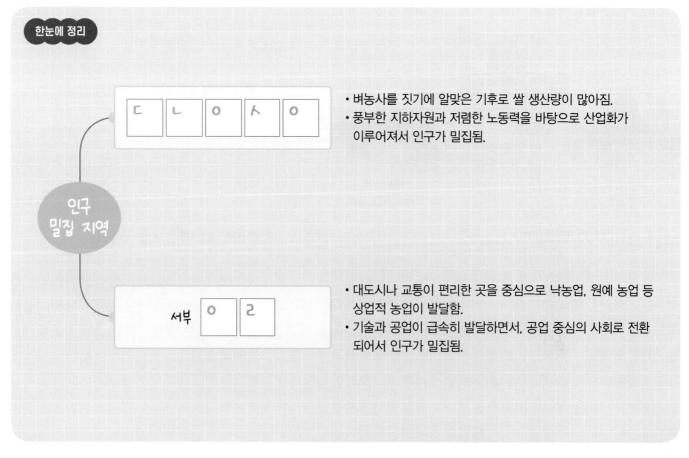

이해▶ □□ □□의 특징을 살펴보면 벼농사가 발달한 곳, 산업화가 빠르게 진행된 곳에 사람이 많이 모여 살고 있어.

▶ 정답과 해설 21쪽

환경이 인구 분포에 미치는 영향 //////////

기후가 인구 분포에 미치는 영향

지역의 기온·강수·바람 등은 인간이 정착할 곳을 선택하는 데 가장 큰 영향을 끼쳐. 세계에서 인구가 희박한 곳은 대부분 기후 환경이 열악한 곳이야. 북아메리카의 북쪽 내륙인 빙하 지역은 극도로 춥기 때문에, 아프리카 북부에서 유라시아의 내륙에 이르는 사막 지대는 몹시 건조하기 때문에 인구 밀도가 낮아.

빙하 지역   사막 지역

지형이 인구 분포에 미치는 영향

히말라야 산지나 로키 산지 등지에는 대체로 인적이 드물고, 대평원에는 사람이 많이 살아. 오스트레일리아 지형도와 인구 분포도를 살펴보면 비교적 해발 고도가 낮은 그레이트디바이딩 산맥 동쪽에 인구가 집중적으로 거주하고 있음을 알 수 있어.

오스트레일리아 지형도   오스트레일리아 인구 밀도

오늘날 인구 분포는 어떠한 특징이 있을까? //////

개발도상국 중 출산율이 높은 곳들이 세계의 인구 밀집 지역으로 새롭게 떠오르고 있어. 중남부 아프리카·라틴아메리카·남부아시아 등이 그 지역에 속해. 반면, 전쟁이나 분쟁이 자주 발생하는 지역, 산업화가 이루어지지 않은 지역, 경제가 낙후된 지역 등 인문 환경이 불리한 지역은 인구가 점차 빠져나가서 인구가 희박해지는 현상이 나타나고 있는데, 이로 인해 세계의 인구 분포는 인구 밀집 지역과 인구 희박 지역 사이의 편차가 점점 커지고 있어.

◉ 알맞은 내용에 ○표를 하세요.

(동남아시아 , 북아메리카) 지역에 인구가 밀집한 까닭은 기온이 높고 강수량이 많은 지역이어서 벼농사가 발달하여 쌀 생산량이 많기 때문이다.

◉ 서부 유럽이 인구 밀집 지역인 까닭에 ○표를 하세요.

세계에서 가장 먼저 산업이 발생해서 기술과 공업이 급속히 발달하였다. ☐

1980년대 이후 풍부한 지하자원과 저렴한 노동력을 바탕으로 산업화가 이루어졌다. ☐

◉ 다음 지역이 인구가 희박한 까닭을 찾아 선으로 이으세요.

사막	•	•	춥다
산간	•	•	건조하다
빙하	•	•	해발고도가 높다

2회 ②

위험한 지진대와 화산대

지진은 지구 내부에 오랫동안 쌓인 에너지가 갑자기 방출되면서 땅이 흔들리는 현상을 말해. 지구에 지진으로부터 안전한 곳은 없다고 해. 그런데 지진이 특히 자주 일어나는 지역이 있어. 그 지역을 지진대라고 하며 지구 지각을 이루는 판의 경계를 따라 좁고 긴 띠 모양으로 나타나. 대표적인 지진대는 태평양 주변에 둥근 고리 모양으로 분포하는 환태평양 지진대와 알프스 산맥과 지중해, 그리고 히말라야 산맥을 잇는 알프스-히말라야 지진대야. 또 대서양의 중앙 지역으로 길게 이어지는 해령을 따라 좁은 띠 모양으로 형성된 지진대도 있어. 해령은 깊은 바다에 있는 길고 좁은 산맥 모양의 솟아오른 부분을 말하는 거야.

한편, 화산 활동은 지하 깊은 곳에 있는 암석이 녹아 생긴 마그마가 지각의 터진 틈을 통하여 지표로 나오는 현상을 말해. 화산 활동이 활발하게 일어나는 지역을 화산대라고 하는데 지진대와 마찬가지로 가늘고 좁은 띠 모양으로 나타나. 흥미로운 것은 지진대와 화산대가 거의 일치한다는 거야. 또 판의 경계와도 일치하지. 그건 지진과 화산 활동 등의 지각 변동이 주로 판의 경계에서 발생하기 때문이야.

지진대: 지진이 자주 일어나는 지역.
화산대: 화산 활동이 활발하게 일어나는 지역.

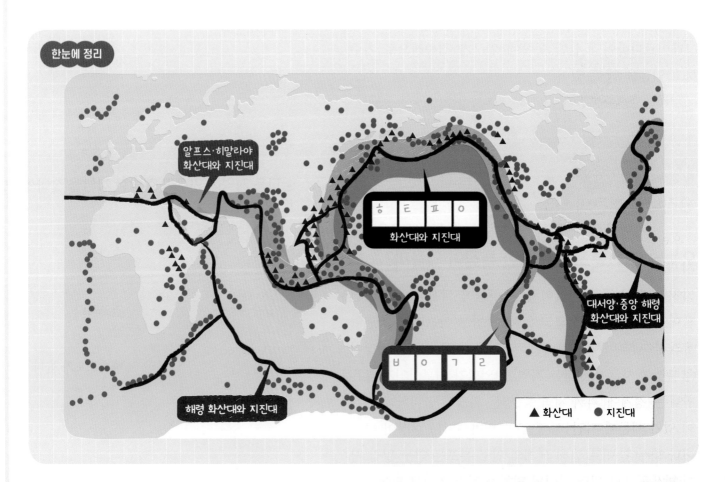

한눈에 정리

알프스·히말라야 화산대와 지진대

ㅎㄷㅍㅇ 화산대와 지진대

대서양·중앙 해령 화산대와 지진대

ㅂㅇㄱㄹ

해령 화산대와 지진대

▲ 화산대　● 지진대

이해 ▷ □□□와 □□□□는 둘 다 특정 지역에 좁고 긴 띠 모양으로 나타나.

지진과 관련된 용어

지진이 발생한 지구 내부의 지점을 '진원'이라고 하고, 진원 바로 위의 지표면의 지점을 '진앙'이라고 해. 그리고 지진의 세기는 규모와 진도로 나타내. 규모는 지진이 발생할 때 나오는 에너지의 양을 숫자로 나타낸 것이고, 숫자가 클수록 강한 지진이야. 진도는 지진이 발생할 때 어떤 지역의 땅이 흔들린 정도나 피해 정도를 나타내는 거야. 지진이 발생하면 규모는 일정하지만 진도는 관측 지점에 따라 달라지지.

환태평양 지진대·화산대

태평양 가장자리를 따라 나타나는 지진대·화산대를 말해. 둥근 고리처럼 생겨서 '불의 고리'라고 불리기도 해. 전 세계에서 지진과 화산 활동이 가장 활발하게 일어나는 곳이야.

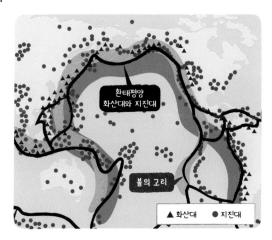

우리나라 부근의 지진과 화산 활동

우리나라는 유라시아 판의 안쪽에 있어서 판의 경계에서 떨어져 있어. 그래서 지진이나 화산 활동이 활발하지 않지만 안심할 수는 없어. 그런데 일본은 유라시아 판과 태평양 판, 필리핀 판이 만나는 경계에 가까이 있기 때문에 지진이나 화산 활동이 많이 발생해.

◉ 다음을 알맞게 선으로 이으세요.

| 지진이 자주 일어나는 지역 | · | · | 화산대 |

| 화산 활동이 자주 일어나는 지역 | · | · | 지진대 |

◉ 빈 곳에 알맞은 말을 쓰세요.

(   ) 지진대 · 화산대는 태평양 가장자리를 따라 나타나며 전 세계에서 지진과 화산 활동이 가장 활발하게 일어나는 곳으로 '불의 고리'라고 불린다.

◉ 알맞은 내용에 모두 ○표를 하세요.

지진대와 화산대는 대체로 판의 경계와 일치한다. ☐

일본에 비해 우리나라에서 지진이 더 자주 일어난다. ☐

지진의 규모를 나타내는 숫자가 클수록 강한 지진이다. ☐

3회 ①

지구의 겉 부분, 지각과 암석

지각: 지구의 가장 겉 부분.
암석: 지각을 구성하고 있는 단단한 물질.

지각은 지구의 가장 겉 부분으로, 대륙 지각과 해양 지각으로 구분해. 지각은 대부분 암석으로 이루어져 있어. 암석은 지각을 구성하는 단단한 물질로 생성 과정에 따라 화성암, 퇴적암, 변성암으로 구분해. **화성암**은 마그마가 굳어서 된 암석으로 화산암과 심성암으로 구분하고, 퇴적물이 굳어서 된 암석은 **퇴적암**이라고 해, 또 퇴적암이나 화성암이 마그마나 용암에 의해 높은 열을 받거나 지하 깊은 곳에서 열과 압력을 받으면 성질이 변하는데, 이를 **변성암**이라고 해.

지각을 구성하는 암석은 언제나 같은 상태로 있는 것이 아니고 주변 환경의 변화에 따라 끊임없이 변하고 있어. 마그마가 식어 화성암이 되고, 화성암이 풍화·침식으로 퇴적물이 되어 쌓이고 다져져서 퇴적암이 되었다가 다시 화성암이나 퇴적암이 지하 깊은 곳에서 높은 열이나 압력을 받아 성질이 변하면서 변성암이 돼. 이렇게 만들어진 화성암, 퇴적암, 변성암이 위의 과정을 되풀이하면서 다른 종류의 암석으로 끊임없이 변화하게 되는데, 이것을 암석의 순환이라고 해.

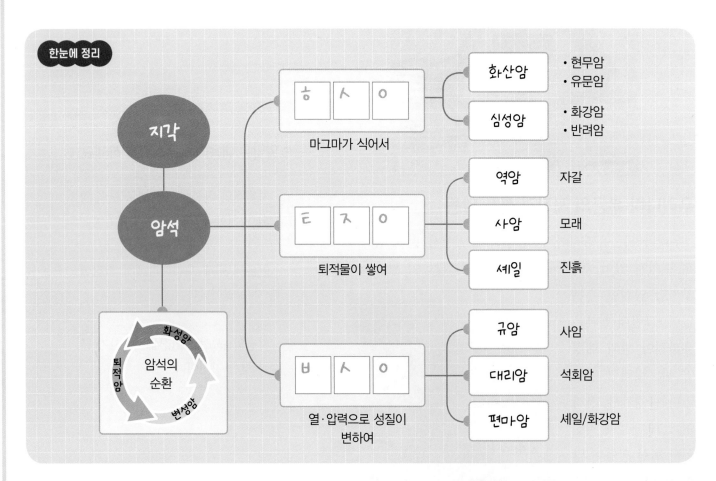

한눈에 정리

암석 이해 ▶ 암석이 주변의 환경 변화에 따라 다른 종류의 암석으로 변하는 과정을 암석의 □□이라고 해.

암석의 순환 ///////////////////////////

지각을 구성하는 암석이 시간과 주변의 환경 변화에 따라 다른 종류의 암석으로 변하는 과정으로, 암석 윤회라고도 해.

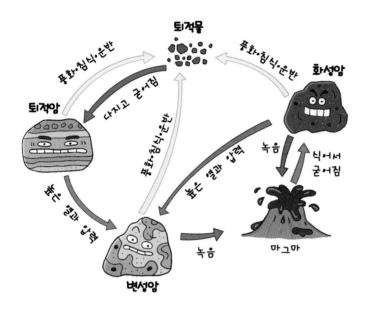

◉ 빈 곳에 알맞은 말을 쓰세요.

> 지각을 이루는 대부분의 물질을 암석이라고 하며, 이것을 이루는 크고 작은 알갱이를 (   )(이)라고 한다.

◉ 다음에서 설명하는 암석은 무엇인지 쓰세요.

> 지하 깊은 곳에서 열과 압력을 받아 광물의 성질이나 배열이 변한 암석이다.

층리와 엽리 ///////////////////////////

퇴적물이 쌓일 때, 주변 환경이 달라지면 퇴적물의 종류도 달라져서 퇴적암에 결이 생기기도 하는데, 이를 '층리'라고 해. 또 변성암에서는 암석을 누르는 힘의 수직 방향으로 구성 알갱이들이 재배열하여 줄무늬 구조가 나타나기도 하는데 이러한 줄무늬를 '엽리'라고 해.

암석을 이루는 알갱이는 무엇일까? ///////////////

지구의 표면인 지각을 이루고 있는 것은 암석이고 암석을 이루고 있는 것은 '광물'이야. 여기서 말하는 광물이란 암석을 이루고 있는 알갱이를 말해. 돌이나 바위를 자세히 보면 알갱이가 마구 섞여 있는 걸 볼 수 있을 거야. 바로 이것들이 광물이야. 대부분의 광물들은 여럿이 모여 하나의 암석을 형성하고 있어. 그리고 암석을 이루는 주요 광물들을 '조암광물'이라고 해.

◉ 그림은 암석의 순환 과정을 나타낸 것입니다. 빈칸에 알맞은 말을 쓰세요.

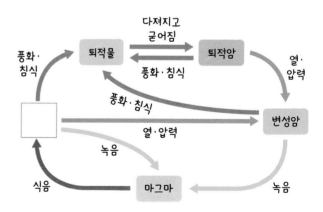

대륙이 움직이는 판의 이동

판: 단단한 암석층으로, 지각뿐만 아니라 맨틀 윗부분까지를 말함.

세계 지도를 자세히 보면 대륙과 대륙의 가장자리가 퍼즐처럼 서로 잘 들어맞는 것을 발견할 수 있어. '이러한 현상은 우연일까?'하는 의문을 가졌던 독일의 과학자 베게너는 과거에 한 덩어리였던 거대한 대륙(판게아)이 여러 대륙으로 갈라지고 이동하여 오늘날과 같은 대륙 분포를 이루게 되었다고 주장했는데 이를 대륙 이동설이라고 해.

베게너는 대륙 이동설에 대해 대륙의 해안선 모양뿐만 아니라 화석, 산맥, 빙하의 흔적 등 여러 가지 증거를 제시했지만, 대륙을 이동시키는 거대한 힘을 밝히지 못해 당시에는 인정받지 못했대. 하지만 과학이 발전함에 따라 대륙을 이동시키는 힘은 맨틀의 대류로 설명되고, 대륙 이동설은 판 구조론으로 발전하게 되었어. 판 구조론이란, 지구의 표면이 여러 개의 판들로 이루어져 있으며, 이 판들이 이동함에 따라 다양한 지각 변동이 일어난다는 이론이야. 이때, 판의 이동 속도나 방향이 제각기 다르기 때문에 서로 충돌하거나 멀어지거나 어긋날 때 판의 경계 부분에서 지진, 화산 활동, 조산 운동 등의 지각 변동이 활발하게 일어나게 돼.

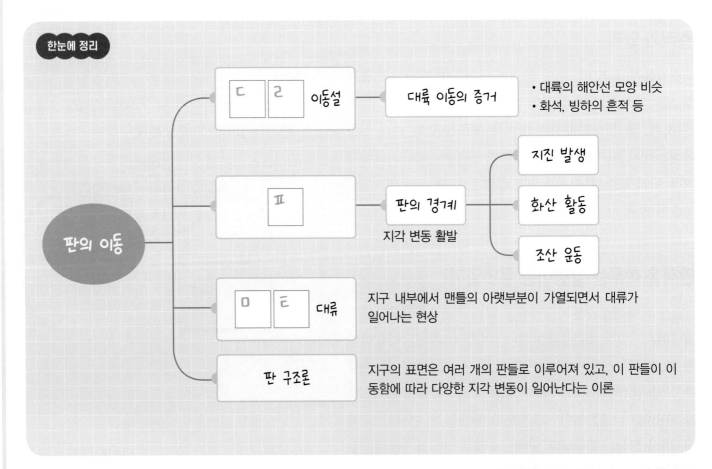

한눈에 정리

판의 이동

□ □ 이동설 ── 대륙 이동의 증거
- 대륙의 해안선 모양 비슷
- 화석, 빙하의 흔적 등

ㅍ ── 판의 경계 ── 지진 발생 / 화산 활동 / 조산 운동
지각 변동 활발

□ □ 대류 — 지구 내부에서 맨틀의 아랫부분이 가열되면서 대류가 일어나는 현상

판 구조론 — 지구의 표면은 여러 개의 판들로 이루어져 있고, 이 판들이 이동함에 따라 다양한 지각 변동이 일어난다는 이론

이해 단단한 암석층으로, 지각뿐만 아니라 맨틀 윗부분까지를 □이라고 해.

대륙 이동의 증거

지질학적 증거

아프리카 대륙 서해안과 남아메리카 대륙 동해안의 해안선 모양이 비슷하고, 석탄기부터 쥐라기 동안에 형성된 퇴적층의 쌓인 순서가 비슷하다는 거야.

고생물학적 증거

남아메리카 대륙과 아프리카 대륙에서 민물에 사는 파충류로 넓은 바다를 헤엄쳐 건널 수 없는 메소사우루스 화석이 발견되고, 남반구의 대륙들과 인도 대륙에서 페름기의 글로소프테리스 식물 화석이 발견된다는 거야.

고기후학적 증거

남극 대륙과 북극 지방에서 석탄층과 산호초가 발견되는 것은 현재 기후 조건에 맞지 않고, 아프리카 대륙, 남아메리카 대륙, 오스트레일리아 대륙, 인도 대륙 등 현재 여러 곳에 흩어져 있는 대륙에서 고생대 말기의 빙하 퇴적층이 발견된다는 거야.

판은 지각이랑 같은 건가요?

답은 아니야. 판은 단단한 암석층이지만, 지각과 같은 개념이 아니라 지각과 맨틀의 윗부분 일부를 포함한 단단한 부분을 말해. 지구 표면에는 10개 정도의 크고 작은 판이 있어. 이 판들이 맨틀 대류에 의해 움직이면서 판끼리 부딪히거나 멀어지면서 지진이 나고 화산이 폭발하게 돼. 화산 활동이나 지진은 판의 운동에 의해 일어나기 때문에 화산대와 지진대는 판의 경계와 거의 일치해.

◎ 알맞게 선으로 이으세요.

| 판의 운동으로 대륙이 이동하고, 지진과 화산 활동 등의 지각 변동이 일어난다는 이론이다. | 판 구조론 |

| 과거에 하나의 덩어리를 이루고 있던 대륙인 판게아가 점차 분리되기 시작하여 현재와 같은 모습이 되었다는 이론이다. | 대륙 이동설 |

◎ 대륙 이동의 증거로 알맞은 것에 ○표를 하세요.

| 멀리 떨어진 대륙에서 같은 종의 화석이 발견된다. | |

| 멀리 떨어져 있는 대륙의 산맥과 지질 구조가 서로 연결되지 않는다. | |

◎ 빈 곳에 들어갈 알맞은 말을 쓰세요.

화산 활동이나 지진은 판의 운동에 의해 일어나기 때문에 화산대와 지진대는 (   )의 경계와 거의 일치한다.

4회 ①

공통적인 언어의 특성

언어의 특성: 모든 언어가 공통적으로 지니고 있는 특성.

우리가 일상생활에서 말을 하면서 의사소통이 제대로 되지 않는다면 어떻게 될까? 다른 사람과의 원활한 의사소통에 도움이 되는 언어가 어떤 특성을 지니고 있는지 알아보자.

우선 언어는 기호성, 자의성, 사회성, 역사성, 창조성, 규칙성이 있어. 내용(의미)을 형식(음성과 문자)으로 표현한 기호라는 기호성, 언어의 내용과 형식 사이에는 필연적인 관계가 없다는 것이 자의성이야. 한국어로 '나무'가 영어로는 'tree'라고 표현하는 것처럼 같은 의미라도 언어마다 다른 말로 나타내는 것을 말하지. 다음으로 사회성은 언어의 내용과 형식은 그 언어 사회의 약속으로 쉽게 바꿀 수 없다는 것이고, 역사성은 언어의 내용과 형식의 결합 관계가 시간의 흐름에 따라 바뀐다는 거야. 창조성은 하나의 기호 체계를 가지고 수많은 상황을 표현할 수 있다는 것이고, 규칙성은 언어 사회에서 그 언어를 사용할 때 적용되는 일정한 규칙이 있다는 거야. 이렇게 언어의 특성은 나라마다 문화마다 달라.

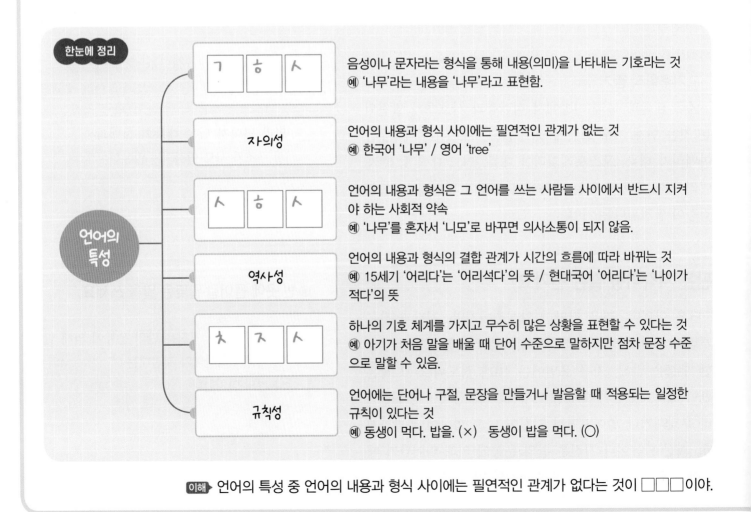

한눈에 정리

ㄱㅎㅅ 음성이나 문자라는 형식을 통해 내용(의미)을 나타내는 기호라는 것
예 '나무'라는 내용을 '나무'라고 표현함.

자의성 언어의 내용과 형식 사이에는 필연적인 관계가 없는 것
예 한국어 '나무' / 영어 'tree'

ㅅㅎㅅ 언어의 내용과 형식은 그 언어를 쓰는 사람들 사이에서 반드시 지켜야 하는 사회적 약속
예 '나무'를 혼자서 '니모'로 바꾸면 의사소통이 되지 않음.

역사성 언어의 내용과 형식의 결합 관계가 시간의 흐름에 따라 바뀌는 것
예 15세기 '어리다'는 '어리석다'의 뜻 / 현대국어 '어리다'는 '나이가 적다'의 뜻

ㅊㅈㅅ 하나의 기호 체계를 가지고 무수히 많은 상황을 표현할 수 있다는 것
예 아기가 처음 말을 배울 때 단어 수준으로 말하지만 점차 문장 수준으로 말할 수 있음.

규칙성 언어에는 단어나 구절, 문장을 만들거나 발음할 때 적용되는 일정한 규칙이 있다는 것
예 동생이 먹다. 밥을. (×)   동생이 밥을 먹다. (○)

이해 ▶ 언어의 특성 중 언어의 내용과 형식 사이에는 필연적인 관계가 없다는 것이 □□□이야.

▶ 정답과 해설 25쪽

언어의 기능

정보적 기능

"이쪽으로 가시면 우체국이 있어요."라는 말처럼 어떤 사실이나 상황, 지식을 듣는 이에게 알려 주는 기능이야.

정서적 기능

"바다에 가면 기분이 정말 좋아."와 같이 말하는 사람이 현실 세계에 대한 자신의 판단이나 대상에 대한 자신의 태도, 감정 등을 언어로 표현하는 기능이야.

친교적 기능

"안녕? 반가워."와 같이 말하는 사람과 듣는 사람이 서로간의 친교 관계를 확인하면서 사회적인 관계를 돈독히 하는 기능이야.

명령적 기능

"안 춥니? 난 좀 추운데."(창문을 닫으라는 의미)와 같이 말하는 사람이 듣는 사람으로 하여금 자신의 의도에 따라 행동하도록 유도하는 기능이야.

미적 기능

"나는 풀잎이 좋아. / 풀잎 같은 친구 좋아."와 같이 언어를 통해 아름다움을 느낄 수 있도록 하는 기능을 미적 기능이라고 해. 이는 문학 작품에서만 드러나는 게 아니라 "달아 달아 밝은 달아~"와 같이 노래나 속담, 관용구 등에서도 찾아볼 수 있어.

신조어는 어떻게 생겨나는 거야?

언어의 창조성, 사회성과 밀접한 관련이 있어.

시대의 변화에 따라 시대와 상황을 반영하는 새로운 말들이 만들어지고 있어. 이렇게 새롭게 만들어진 말을 '신조어'라고 해. '갑분싸, 낄낄빠빠, 댕댕이' 등  신조어의 급증에 따라 언어 파괴까지 걱정하는 목소리도 있지만 이러한 변화는 시대의 흐름을 반영한 자연스러운 것일지도 몰라.

◉ 언어의 특성에 대한 설명을 바르게 찾아 선으로 이으세요.

기호성	언어의 내용과 형식 사이에는 필연적인 관계가 없음.
자의성	하나의 기호 체계를 가지고 무수히 많은 상황을 표현함.
창조성	음성이나 문자라는 형식을 통해 내용을 나타내는 기호임.
사회성	언어에 적용되는 일정한 규칙이 있음.
역사성	사람들 사이에서 반드시 지켜야 하는 사회적 약속임.
규칙성	언어의 내용과 형식의 관계가 시간의 흐름에 따라 바뀜.

◉ 신조어와 관련된 언어의 특성에 ○표를 하세요.

역사성, 규칙성	
사회성, 창조성	

4회 ②

웃음을 유발하는 풍자와 해학

풍자: 주어진 사실을 과장, 왜곡, 비꼬아 표현해 웃음을 유발하는 것.
해학: 익살스럽고도 품위가 있는 말이나 행동.

풍자와 해학 모두 어떤 웃음을 유발하는 거야. 풍자는 비판적 웃음이라면 해학은 동정적, 연민적 웃음을 주지.

박지원의 〈양반전〉은 조선 후기의 부유한 평민이 양반 족보를 돈 주고 사는 것과 양반들의 허례허식을 비판한 소설이거든. 여기에 들어간 요소가 풍자야.

풍자는 곧바로 말하는 것이 아니라 돌려서 말하는 거야. 그러니까 잘못된 점을 우회적으로 비판하고, 대상을 놀림거리로 만들어. 풍자의 대상을 찾으려면 웃음거리가 되고 있는 것을 찾아 실제 세계에서 누구에 빗댄 것인지 생각해 보면 돼.

해학은 익살스럽고도 품위가 있는 말이나 행동이야. 흥부가 놀부 아내에게 밥주걱으로 뺨을 맞고 뺨에 묻은 밥알을 떼어 먹으며, "형수님, 이쪽 뺨도 때려 주오."라고 말하며 뺨에 묻은 밥알을 떼어 먹는 상황은 우스우면서도 안쓰러울 거야. 이런 웃음이 바로 해학이야. 반면 놀부는 흥부와 대조적으로 등장해 더욱 탐욕스러운 인물로 풍자되고 있어.

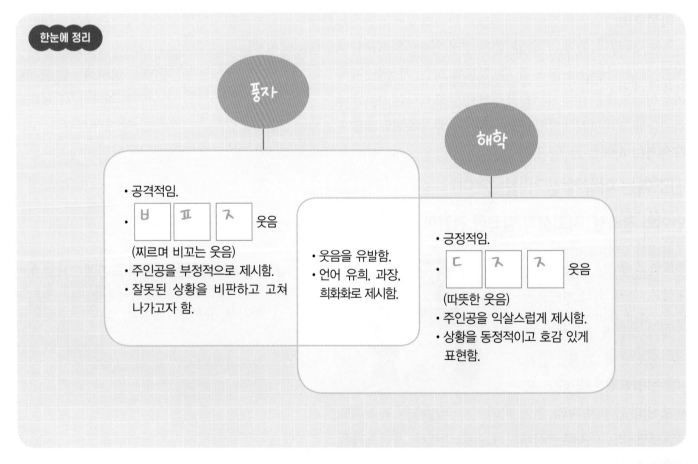

한눈에 정리

풍자
- 공격적임.
- ㅂ ㅍ ㅈ 웃음 (찌르며 비꼬는 웃음)
- 주인공을 부정적으로 제시함.
- 잘못된 상황을 비판하고 고쳐 나가고자 함.

- 웃음을 유발함.
- 언어 유희, 과장, 희화화로 제시함.

해학
- 긍정적임.
- ㄷ ㅈ ㅈ 웃음 (따뜻한 웃음)
- 주인공을 익살스럽게 제시함.
- 상황을 동정적이고 호감 있게 표현함.

이해 □□은 익살스럽고도 품위가 있는 말이나 행동을 말해.

풍자와 해학의 조건

풍자와 해학

풍자와 해학의 가장 큰 차이점은 인물을 바라보는 작가의 태도야. 해학은 대상을 연민과 동정의 대상으로 보고 있어. 풍자는 많은 사람이 부정적으로 느낄 만한 상황이나 인물을 정하고 이 대상의 모습을 왜곡(사실과 다르게 앞뒤를 맞지 않게 함.), 과장하여 놀림거리로 만들고 있어. 해학은 악의가 없는 웃음인데 풍자는 비웃음에 가까워.

언어 유희

동음이의어나 발음의 유사성을 이용하여 말을 재미있게 꾸미는 표현법이야. 말장난이나 말재롱이라고도 해. 봉산 탈춤에 '말뚝이'라는 인물이 양반을 소개하는 장면이 나와. "양반인지 허리 꺾여 절반인지, 개다리소반인지……." 바로 여기에 언어 유희가 쓰였지.

희화화

어떤 사물이나 사람이 과장되거나 우스꽝스러운 것이 되도록 표현하는 것을 말해. 그렇게 표현함으로써 놀리거나 대상을 조롱하는 거야. 예를 들어 탈춤에 쓰이는 탈처럼 모습을 사실과 다르게 과장하여 꾸며서 해학과 풍자를 이끌어 내고 있어.

풍자와 해학이 나타난 작품에는 뭐가 있어?

박지원의 〈호질〉이라는 작품이 있어.

'호질'이란 '호랑이의 꾸짖음(질책)'이라는 뜻이야. '호랑이'는 작가를 대신해 말하는 인물로 당시 양반들의 무능을 폭로하고 있어. 여기서 풍자의 주체는 '호랑이'이고, 풍자 대상은 '북곽 선생'이라는 선비야. 북곽 선생으로 대표되는 그 시대 선비의 위선과 거짓이 풍자의 내용이야.

김유정의 〈봄봄〉이라는 작품이 있어.

점순이와 결혼을 하고 싶은 주인공은 장인에게 결혼을 시켜 달라고 조르지만 장인은 혼인을 핑계로 일만 시켜. 투덜대면서도 이용만 당하는 순박하고 어리숙한 주인공에게는 동정이 느껴지는 해학이 드러나 있어.

◉ 내용에 알맞게 선으로 이으세요.

풍자 • • 익살스럽고도 품위가 있는 말이나 행동

해학 • • 주어진 사실을 과장, 왜곡, 비꼬아 표현해 웃음을 유발하는 것

◉ 알맞은 내용에 ○표를 하세요.

대상을 연민과 동정의 대상으로 보고 있는 (풍자 , 해학)은/는 주인공을 익살스럽게 제시하고 있어.

◉ 풍자의 내용이 나타난 작품에 ○표를 하세요.

박지원의 〈호질〉 [ ]

김유정의 〈봄봄〉 [ ]

5회 ①

해를 찾아라, 일차방정식

일차방정식: 등식의 모든 항을 이항하여 정리했을 때 (일차식)=0의 꼴로 변형되는 식.

초등학교에서 사용했던 □, △ 대신 x, y와 같은 문자를 사용하면 어떤 수량 사이의 관계를 식으로 나타낼 수 있어. 예를 들어 가로의 길이가 x cm, 세로의 길이가 y cm인 직사각형의 둘레의 길이는 문자식 $2(x+y)$로 나타낼 수 있지.

어머니의 나이는 38세, 내 나이는 14살일 때 어머니의 나이가 내 나이의 3배가 되는 것은 몇 년 후가 될지 알고 싶을 땐 몇 년을 미지수 x로 놓고 일차방정식을 세운 다음 방정식의 해를 구하면 돼.

일차방정식은 미지수의 값에 따라 참이 되기도 하고 거짓이 되기도 하는 등식을 말하는데 이항하여 정리한 방정식의 차수가 1인 방정식이라고 생각하면 돼.

$x+5=0$과 같은 식이 일차방정식이고, 미지수 x의 값이 -5이면 방정식이 참이 되므로 -5는 방정식의 해가 돼.

일차방정식은 우리 실생활에 아주 많이 이용되고 있어.

매달 a원씩 x개월 동안 예금할 때, x개월 후의 예금액을 구하는 문제, 학생들에게 공책을 나누어 줄 때 초과하여 남거나 부족한 과부족에 관한 문제 등은 방정식을 이용하여 해결할 수 있어.

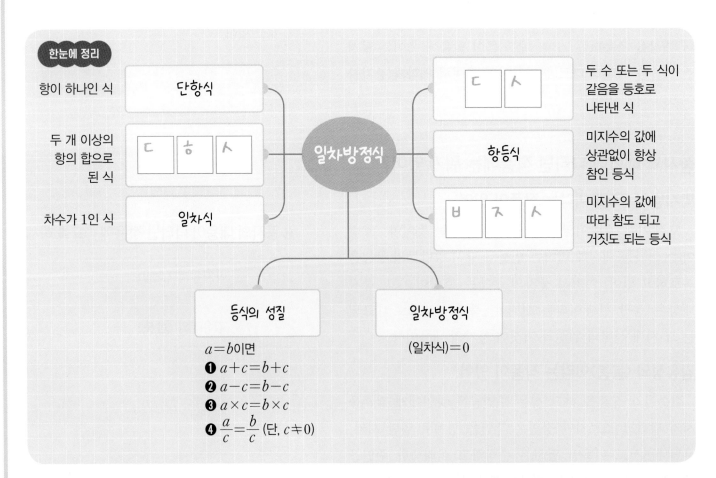

한눈에 정리

항이 하나인 식 — 단항식

두 개 이상의 항의 합으로 된 식 — ㄷ ㅎ ㅅ

차수가 1인 식 — 일차식

일차방정식

ㄷ ㅅ — 두 수 또는 두 식이 같음을 등호로 나타낸 식

항등식 — 미지수의 값에 상관없이 항상 참인 등식

ㅂ ㅈ ㅅ — 미지수의 값에 따라 참도 되고 거짓도 되는 등식

등식의 성질
$a=b$이면
❶ $a+c=b+c$
❷ $a-c=b-c$
❸ $a\times c=b\times c$
❹ $\dfrac{a}{c}=\dfrac{b}{c}$ (단, $c\neq0$)

일차방정식
(일차식)=0

이해 ▶ 등식의 모든 항을 이항하여 정리했을 때 (일차식)=0의 꼴로 변형되는 식을 □□□□□□이라고 해.

단항식과 다항식

$7x+50$에서 수 또는 문자의 곱으로 이루어진 $7x$, 50을 각각 항이라 하고, 특히 50과 같이 수만으로 이루어진 항을 상수항이라고 해. 또, 항 $7x$에서 x에 곱한 수 7을 x의 계수라고 하지. 그리고 $7x+50$과 같이 '한 개 또는 두 개 이상의 항의 합'으로 이루어진 식을 다항식이라고 해. 특히 항이 한 개뿐인 다항식을 단항식이라고 하지.

일차식

어떤 항에서 곱한 문자의 개수를 그 문자에 대한 항의 차수라고 해. 또 다항식에서 차수가 가장 큰 항의 차수를 그 다항식의 차수라고 하는데 특히 '차수가 1인 다항식'을 일차식이라고 해.

등식, 방정식, 일차방정식

$50+3x=200$과 같이 등호 '$=$'를 사용하여 나타낸 식을 등식이라고 하고 문자 x의 값에 따라 참이 되기도 하고 거짓이 되기도 하는 등식을 x에 대한 방정식이라고 해. 이때 문자 x를 그 방정식의 미지수라 하고, 방정식을 참이 되게 하는 미지수의 값을 그 방정식의 해 또는 근이라고 해. 등식의 모든 항을 좌변으로 이항하여 정리한 식이 (일차식)$=0$의 꼴로 나타나는 방정식을 일차방정식이라고 하지.

이항

등식의 성질을 이용하여 등식의 어느 한 변에 있는 항을 그 항의 부호를 바꾸어 다른 변으로 옮기는 것을 이항이라고 해.

◉ 알맞은 말에 ○표를 하세요.

- 수만으로 이루어진 항을 (상수 , 상수항)(이)라 한다.
- 항에서 문자가 곱해진 개수를 (상수 , 차수)라고 한다.

◉ 알맞은 내용에 ○표, 틀리면 ✕표를 하세요.

다항식의 차수는 차수가 가장 큰 항의 차수로 결정된다. ☐

등호를 사용하여 나타낸 식을 방정식이라고 한다. ☐

◉ 주어진 설명에 알맞은 말에 ○표를 하세요.

문자 x의 값에 따라 참이 되기도 하고 거짓이 되기도 하는 등식이다.

다항식   일차식   방정식

5회 ②

위치를 나타내는 좌표평면

좌표평면: 두 좌표축이 그려진 평면.

좌표평면은 프랑스의 수학자 데카르트가 생각해 낸 거야. 데카르트는 천장에 날아든 파리의 위치를 정확하게 표현하려고 고민했어. 그래서 천장에 숫자를 넣은 바둑판 무늬의 그림을 그리면 파리의 위치를 정확히 표현할 수 있을 거라고 생각을 하게 되었다고 해. 이후에 수많은 연구 끝에 좌표평면을 만들게 되었어.

좌표평면이란 가로축인 x축과 세로축인 y축 2개로 이루어진 평면을 말해. 이때 좌표평면을 이용하게 되면서 원, 직사각형, 정사각형, 곡선 등의 정확한 위치와 정확한 길이, 정확한 모양을 정하고 측정이 가능하게 되었어.

점의 위치를 좌표로 나타내는 것은 일상 생활에도 많은 영향을 주었어. 각 나라의 위치를 위도와 경도를 이용하여 나타낼 수 있는 것도 지구를 하나의 좌표평면으로 생각했기 때문이야.

우리에게 구체적인 위치 정보를 알려 주는 네비게이션도 좌표평면이 활용된 예라 할 수 있어. 이밖에도 건축, 비행기, 로봇, 자동차 등의 설계나 인공위성이나 로켓 발사처럼 정교한 계산이 필요한 우주 과학에서도 좌표를 활용하고 있어.

한눈에 정리

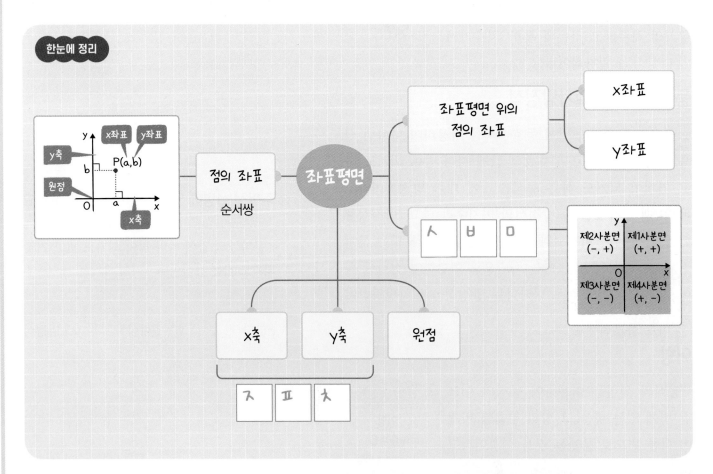

이해 ▶ x축과 y축 두 좌표축이 그려진 평면을 ☐☐☐☐이라고 해.

점의 좌표

직선 위의 점의 위치는 수직선 위의 점의 좌표로 나타내고, 평면 위의 점의 위치는 좌표평면 위의 점의 좌표로 나타내.

수직선 위의 점의 좌표

수직선 위의 한 점에 대응하는 수를 그 점의 좌표라 하는데 점 $P(a)$와 같이 나타낼 수 있어. 수직선 위의 좌표가 0일 경우에는 O으로 나타내는데 이 점을 원점이라고 해.

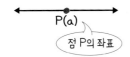

좌표평면 위의 점의 좌표

좌표평면에서 점 P의 위치는 순서쌍 (a, b)로 나타내고 기호로 $P(a, b)$로 나타낼 수 있어. 이때 순서쌍은 두 수 a, b의 순서를 정하여 (a, b)와 같이 짝지어 나타낸 것이야. 순서쌍은 말 그대로 순서가 중요해. 앞에 오는 숫자는 반드시 x좌표, 뒤에는 숫자는 y좌표야. 바뀌면 다른 점이 되니 조심해.

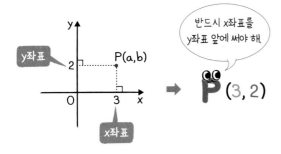

사분면

좌표평면은 좌표축에 의해 제1사분면, 제2사분면, 제3사분면, 제4사분면의 네 부분으로 나뉘고, 좌표축 위의 점인 원점 $(0, 0)$, x축 위의 점 $(a, 0)$, y축 위의 점 $(0, a)$은 어느 사분면에도 속하지 않아.

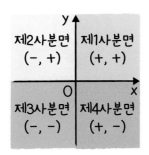

◉ 알맞은 말에 ○표를 하세요.

두 수직선이 점 O에서 서로 수직으로 만날 때 가로의 수직선을 (x축 , y축), 세로의 수직선을 (x축 , y축)이라 하고 x축, y축을 통틀어 (좌표축 , 좌표평면)이라고 한다.

◉ 사분면의 부호를 알맞게 선으로 이으세요.

제1사분면	•	•	$(-, +)$
제2사분면	•	•	$(+, -)$
제3사분면	•	•	$(+, +)$
제4사분면	•	•	$(-, -)$

◉ 알맞은 내용에 ○표를 하세요.

순서쌍 $(2, 3)$과 $(3, 2)$는 다른 점이다.

y축 위의 점의 좌표는 제 1, 3 사분면에 속하는 점이다.

1 지각 변동에 의한 자연재해에 대한 설명으로 알맞지 <u>않은</u> 것은 무엇인가요? (   ) 》 ······ 사회

① 지진과 화산 활동은 지각의 판들이 만나는 경계 부근에서 빈번하게 발생한다.

② 지진은 땅이 흔들리고 갈라지는 현상으로 인공 구조물이 붕괴되는 피해가 발생한다.

③ 화산 활동은 지표면 위로 마그마가 분출하는 현상으로 화산 폭발에 의한 피해가 발생한다.

④ 무분별한 자원 개발과 지역 개발로 지구 온난화가 가속화된다.

⑤ 지진 해일은 지진 또는 화산 활동이 해저에서 발생하면서 생기는 거대한 파도가 해안을 덮치는 현상이다.

2 다음은 기상 변동에 의한 자연재해 중 하나에 대한 설명입니다. 빈칸에 들어갈 알맞은 말을 쓰세요. 》 ······ 사회

> 오랫동안 비가 내리지 않아 땅이 메마르고 물이 부족해지면 발생하는 자연재해인 ⃞ ㉠ ⃞ 은/는 강수량이 적고 증발량이 많은 ⃞ ㉡ ⃞ 기후 지역에서 빈번하게 발생한다.

(1) ㉠: (   )   (2) ㉡: (   )

3 다음 설명에 알맞은 인증 표시에 ○표를 하세요. 》 ······ 사회

> • 선진국보다 경제력이 낮은 개발 도상국을 보호한다.
> • 어린이 노동을 금지하고 여성 노동자의 임금에 차별을 두지 않는다.
> • 직거래를 통해 생산자의 자립에 도움을 준다.
> • 중간 유통 과정을 줄여 소비자가 공정한 가격을 지불한다.

( )

( )

( )

▶ 정답과 해설 **29**쪽

4 다음 설명에 알맞은 지역을 골라 기호를 쓰세요. » ··· 사회

> ㉮ 동남아시아   ㉯ 서부 유럽

(1) 벼농사 짓기에 알맞은 기후로 쌀 생산량이 많아졌다.   (   )
(2) 풍부한 지하자원과 저렴한 노동력을 바탕으로 산업화가 이루어졌다.   (   )
(3) 대도시나 교통이 편리한 곳을 중심으로 상업적 농업이 발달했다.   (   )
(4) 기술과 공업이 급속히 발달하면서 공업 중심의 사회로 전환되었다.   (   )

5 지진대와 화산대에 대한 설명으로 알맞지 <u>않은</u> 것은 무엇인가요? (   ) » ···· 과학

① 화산대는 주로 판의 중앙에 분포한다.
② 지진대는 판의 경계와 거의 일치한다.
③ 화산대는 특정 지역에 띠 모양으로 분포한다.
④ 지진대와 화산대가 분포하는 지역은 거의 같다.
⑤ 지진의 강도를 나타내는 진도는 관측 지점에 따라 달라진다.

6 빈칸에 들어갈 알맞은 말을 쓰세요. » ··· 과학

> 지진이 발생한 지구 내부의 지점을 ☐ ㉠ ☐ 이라고 하고, 진원 바로 위의 지표면의 지점을
> ☐ ㉡ ☐ 이라고 한다.

(1) ㉠: (   )   (2) ㉡: (   )

7 다음은 무엇에 대한 설명인지 알맞은 말을 쓰세요. » ······························· 과학

> • 지구의 가장 겉 부분이다.
> • 대부분 암석으로 이루어져 있다.

(   )

8 알맞은 것끼리 선으로 이으세요. »

| 화성암 | • | • | 원래 암석이 열과 압력을 받아 성질이 변한 암석이다. |

| 퇴적암 | • | • | 퇴적물이 쌓이고 다져져서 만들어진 암석이다. |

| 변성암 | • | • | 마그마가 식어서 만들어진 암석이다. |

9 대륙 이동설의 근거에 대해 알맞게 말하지 <u>않은</u> 친구의 이름을 쓰세요. »

> 희찬: 아프리카 대륙 서해안과 남아메리카 대륙 동해안의 해안선 모양이 비슷해.
>
> 재석: 지구온난화로 빙하가 점차 줄어들고 있어.
>
> 보람: 남반구의 대륙과 인도 대륙에서 같은 종의 식물 화석이 발견돼.

(   )

10 다음 설명에 알맞은 언어의 본질을 골라 기호를 쓰세요. »

> ㉮ 기호성   ㉯ 사회성   ㉰ 역사성   ㉱ 창조성   ㉲ 자의성   ㉳ 규칙성

(1) 언어의 내용과 형식 사이에는 필연적인 관계가 없다.   (   )

(2) 언어는 고정되어 있는 것이 아니라 시간에 흐름에 따라 끊임 없이 변한다.   (   )

(3) 이미 익힌 언어를 통해 새로운 단어와 문장을 만들어 쓸 수 있다.   (   )

11 다음 중 풍자와 해학에 대한 설명을 찾아 각각 기호를 쓰세요. »

> ㉮ 작가가 대상을 연민과 동정의 대상으로 보고 있다.
>
> ㉯ 대상의 모습을 과장하여 놀림거리로 만든다.

(1) 풍자: (   )   (2) 해학: (   )

▶ 정답과 해설 **30**쪽

12 다음은 다항식 $\frac{1}{5}x-5$에 대한 설명입니다. 빈칸에 들어갈 알맞은 수를 쓰세요. 》············ 수학

> • 차수가 [㉠] 차인 다항식이다.
> • x의 계수는 [㉡] 이다.
> • 상수항은 [㉢] 이다.

(1) ㉠: (   ) (2) ㉡: (   ) (3) ㉢: (   )

13 다음 중 등식을 모두 골라 기호를 쓰세요. 》············ 수학

> ㉮ $2+7=9$ ㉯ $x-\frac{1}{3}$ ㉰ $3x+1=7$ ㉱ $x+1>4$

(   )

14 알맞은 내용에 모두 ○표를 하세요. 》············ 수학

(1) 좌표평면에서 원점의 좌표는 0이다.   (   )
(2) x축 위의 점은 x좌표가 0이다.   (   )
(3) 점 $(3, -2)$에서 x좌표는 3, y좌표는 -2이다.   (   )
(4) 두 순서쌍 $(1, 3)$과 $(3, 1)$은 서로 다르다.   (   )

15 다음 점은 제 몇 사분면 위의 점인지 선으로 이으세요. 》············ 수학

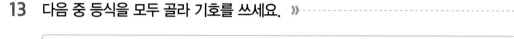
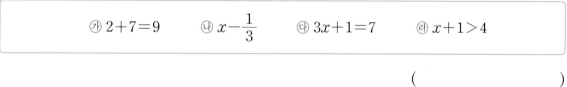

A(1, 2) •   • 제1사분면

B(4, −2) •   • 제4사분면

사회 자연재해

자연 현상이 인간 생활에 피해를 주는 것을 ☐ ☐ ☐ ☐ 라고 해.

자연재해

ㄱ ㅅ 현상에
의한 재해

홍수, 가뭄, 태풍

ㅈ ㄱ ㅂ ㄷ 에
의한 재해

지진, 화산 폭발, 산사태

사회 공정 무역

생산자와 소비자 간 동등한 위치에서 이루어지는 무역 형태를 ☐ ☐ ☐ ☐ 이라고 해.

공정한 가치

합리적인
가격 제시

공정 무역의
기본 원칙

ㅇ ㅈ ㅎ
노동 환경

공정한 노동의
ㄷ ㄱ

과학 화산대와 지진대

　☐☐☐ 와 ☐☐☐ 는 둘 다 특정 지역에 좁고 긴 띠 모양으로 나타나.

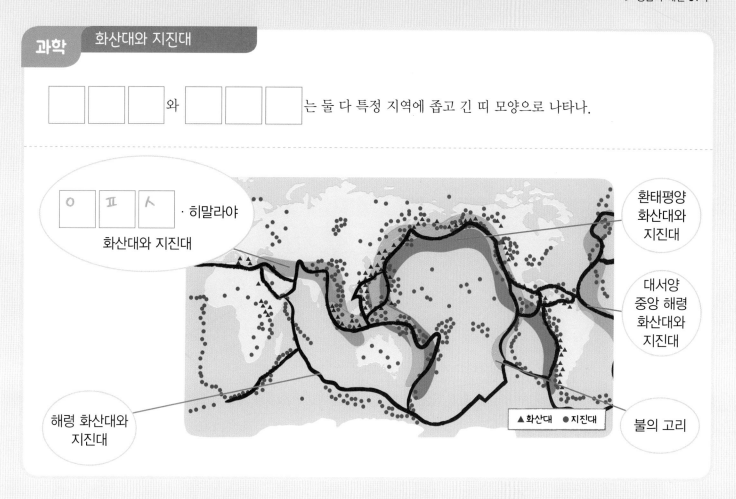

과학 지각과 암석

암석이 주변의 환경 변화에 따라 다른 종류의 암석으로 변하는 과정을 암석의 ☐☐ 이라고 해.

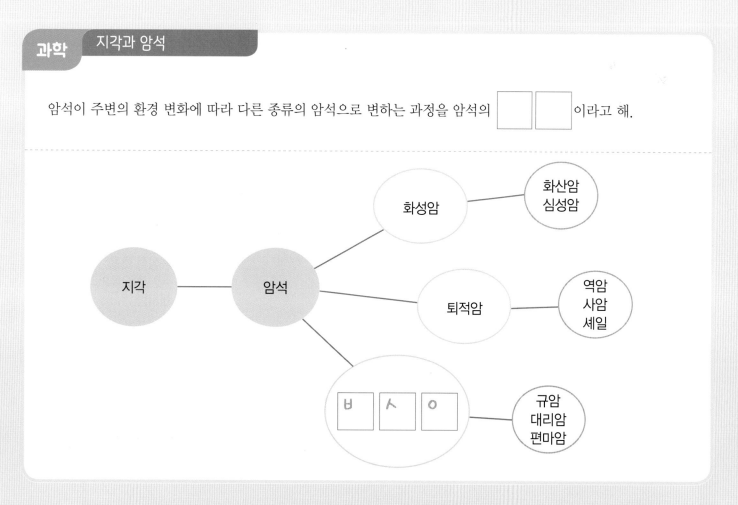

단단한 암석층으로, 지각뿐만 아니라 맨틀 윗부분까지를 [ ]이라고 해.

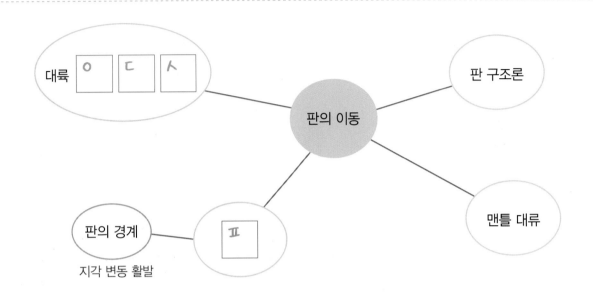

[ ][ ]은 익살스럽고도 품위가 있는 말이나 행동을 말해.

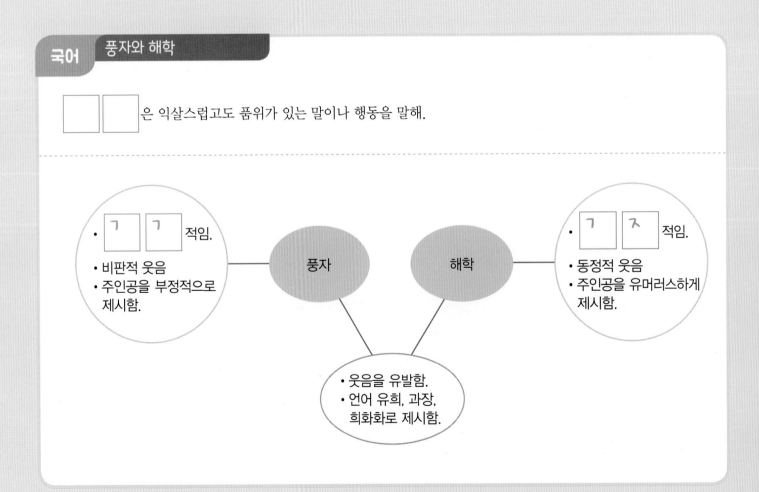

▶ 정답과 해설 **32쪽**

수학 | 일차방정식

등식의 모든 항을 이항하여 정리했을 때 (일차식)=0의 꼴로 변형되는 식을 ☐☐☐☐☐ 이라고 해.

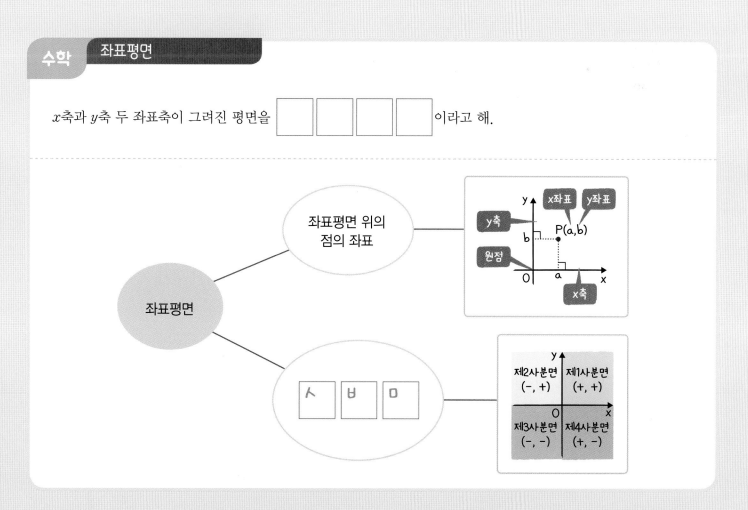

일차방정식

• 등식의 성질
• 일차방정식

• ☐[ㄷ]☐[ㅎ]☐[ㅅ] : 항이 하나인 식
• 다항식: 두 개 이상의 항의 합으로 된 식
• 일차식: 차수가 1인 다항식

• 등식: 두 수 또는 두 식이 같음을 등호로 나타낸 식
• ☐[ㅎ]☐[ㄷ]☐[ㅅ] : 미지수의 값에 상관없이 항상 참인 등식
• 방정식: 미지수의 값에 따라 참도 되고 거짓도 되는 등식

수학 | 좌표평면

x축과 y축 두 좌표축이 그려진 평면을 ☐☐☐☐ 이라고 해.

좌표평면

좌표평면 위의 점의 좌표

y축
x좌표 y좌표
원점 P(a,b)
O a x
x축

☐[ㅅ]☐[ㅂ]☐[ㅁ]

제2사분면 (−, +) 제1사분면 (+, +)
제3사분면 (−, −) 제4사분면 (+, −)

농구장 시설을 고쳐 주세요

　정훈이와 태하는 슬램덩크 전체 주장인 3학년 백호 형을 찾아갔어요. 갑자기 찾아온 두 사람을 보고 백호 형은 놀라는 모습이었어요. 둘의 말을 들은 백호 형은 고개를 저었어요.

　"그게 과연 될까? 작년에 우리가 선생님들께 말씀드려 봤는데, 예산이 없어서 힘들다는 얘기만 들었어."

　백호 형의 말을 들은 두 사람은 힘이 빠지는 느낌이었어요. 아이들과 얘기를 나눌 때는 당장 농구장을 고칠 수 있을 것 같아서 한껏 마음이 부풀어 올랐는데……. 백호 형과 얘기를 마친 정훈이와 태하는 터덜터덜 걷다가 농구장으로 갔어요. 둘은 농구공을 튀기고 슛을 쏘면서 한동안 시간을 보냈어요.

　"넌 백호 형 말을 어떻게 생각해? 결국 학교에 건의해도 아무 소용없다는 거잖아."

정훈이의 물음에 태하가 고개를 저었어요.

"그렇다고 그냥 포기한다고? 되든 안 되든 우선 부딪혀 봐야지. 내일 동아리 담당 선생님을 찾아가 보자."

태하가 힘차게 말했어요. 그 말을 들은 정훈이도 다시 기운이 났어요.

다음 날, 두 사람은 동아리 담당이신 김건우 선생님을 찾아갔어요.

"얘들아, 선생님을 다 찾아오고. 무슨 일이니?"

"선생님, 저희 농구 동아리 슬램덩크 일로 찾아왔어요. 건의하고 싶은 게 있어서요."

두 사람의 진지한 눈빛을 본 선생님은 아이들을 자리에 앉혔어요.

"자, 이제 무슨 일인지 얘기해 볼까?"

"저……, 그동안 선배님들도 여러 번 건의했는데 거절당했다는 얘기는 들었어요. 그래도 말씀드려야 될 것 같아서요. 농구장 시설이 너무 낡아서 농구 연습을 하기가 어려워요. 골대의 그물은 다 찢어졌고 백보드도 너무 낡아서 곧 떨어질 것 같아요. 농구장 바닥도 울퉁불퉁하고 거칠어서 아이들이 종종 넘어지고요. 거기다가 샤워 시설도 없어서 씻을 곳도 없어요."

정훈이가 말했어요.

선생님은 정훈이의 말을 듣고 잠시 생각하는 것 같더니 갑자기 일어났어요.

"얘들아, 지금 같이 농구장에 한 번 가 볼까? 내가 직접 어떤 상태인지 점검하고 싶구나. 선생님이 동아리 시설 관리를 맡은 지 얼마 안 돼서 미처 둘러보지를 못해서 미안하구나."

정훈이와 태하는 앞서가는 선생님을 따라 황급히 농구장으로 향했어요. 농구장 안에 들어간 선생님은 아무 말 없이 찬찬히 농구장을 둘러보고 바닥도 쓸어 보았어요. 아이들도 선생님의 꽁무니를 쫓아다녔지요.

"너희 말이 다 맞구나. 너무 낡아서 잘못하면 아이들이 다치겠어. 선생님이 교장 선생님께 건의를 드린 본 뒤에 이 얘기를 다시 했으면 좋겠구나. 농구장 시설을 고치려면 예산이 있어야 하니까. 교장 선생님께 말씀을 드리겠지만, 그 결과가 어떻게 될지는 아직 모른단다. 그러니 너무 기대를 크게 갖지는 말고. 알겠지?"

선생님이 말했어요. 두 아이는 고개를 끄덕였어요.

"야, 이거 잘된 거냐, 못된 거냐?"

선생님과 헤어진 뒤 태하가 정훈이에게 물었어요.

"그러게, 나도 모르겠다. 교장 선생님께 말씀드린다고 하니 잘된 것 같기도 하고. 그런데 예산이 없으면 다 소용없다고 하니 아닌 것 같기도 하고."

정훈이 대답했어요.

"어쨌든 우리는 선생님께 말씀드렸으니 할 건 다 한 거야. 우선 희망을 가져 보자."

힘찬 태하의 말에 정훈이도 마음이 편해졌어요.

"내일 슬램덩크 애들 만나면 얘기하고, 오늘은 이만 집에 가자."

두 사람은 동아리 농구 연습이 있는 내일, 아이들한테 오늘 일을 얘기하기로 했어요.

며칠 뒤, 정훈이와 태하는 다시 김 선생님을 찾아갔어요.

"교장 선생님께 농구장 시설 문제를 말씀드렸는데 걱정했던 대로 예산이 없어서 힘들겠다는 말씀을 들었어. 미안해서 어떡하지?"

김 선생님이 말씀하시면서 미안하다는 표정을 지으셨어요.

태하는 뭐라고 대답해야 할지 몰랐어요. 이렇게 바로 거절당할 거라고는 생각지 못했거든요. 그때 정훈이가 말했어요.

"선생님, 다시 한번 건의해 주세요. 선생님도 직접 보셨잖아요. 시설이 너무 낡은 거요. 거기서 다치는 학생이라도 나오면 어떡해요?"

정훈이의 말에 선생님이 좀 놀라신 것 같았어요. 잠시 생각하다가 고개를 끄덕이시더니 말씀하셨어요.

"그래, 내가 다시 한번 건의하마. 뭔가 방법이 생기겠지. 너희들도 어떤 좋은 방법이 있는지 한 번 생각해 볼래?"

선생님의 말씀에 아이들은 다시 힘이 났어요. 선생님이 다시 건의해 주시겠다고 했으니 또 다른 방법이 나올지도 모르잖아요?

이어지는 내용은 106쪽에 >>>

3 주차

1회 사회

학습 계획일

① 국민의 권리와 의무	월	일
② 권력을 획득, 행사하는 정치	월	일

2회 과학

학습 계획일

① 여러 가지 힘, 중력과 탄성력	월	일
② 여러 가지 힘, 마찰력과 부력	월	일

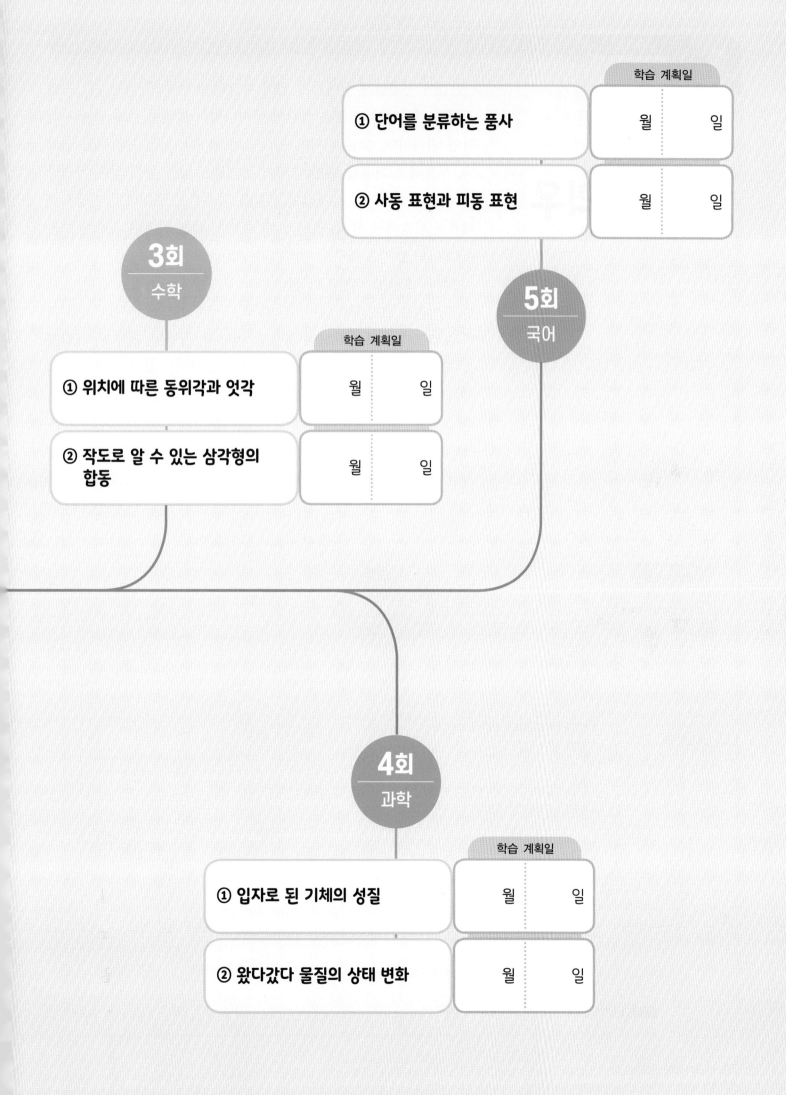

① 단어를 분류하는 품사

월   일

② 사동 표현과 피동 표현

월   일

3회
수학

① 위치에 따른 동위각과 엇각

월   일

② 작도로 알 수 있는 삼각형의 합동

월   일

5회
국어

4회
과학

① 입자로 된 기체의 성질

월   일

② 왔다갔다 물질의 상태 변화

월   일

1회 ①

국민의
권리와 의무

권리: 어떤 일을 하거나 당연히 누릴 수 있는 힘이나 자격.

의무: 국민으로서 마땅히 해야만 하는 일.

　인간이 인간답게 살아가기 위해 마땅히 누려야 할 가장 기본적인 권리가 인권이야. 인권은 인간이 태어나면서 당연히 갖게 되는 자연적인 권리이며, 모든 사람에게 차별 없이 부여되는 보편적인 권리야. 부당하게 자유를 제한 당하거나 인종·성별 등에 의해 차별받아서는 안 돼. 그리고 자신의 생각을 자유롭게 표현하며 건강하고 쾌적한 환경에서 살 수 있어야 해. 따라서 다른 사람이나 국가 기관이 개인의 인권을 함부로 침해할 수 없어.

　그래서 오늘날 대부분의 민주주의 국가에서는 법으로 정하여 국민의 인권을 보장하고 있어. 우리나라에서도 인간의 존엄과 가치 및 행복 추구권을 기초로 하여 평등권, 자유권, 참정권, 청구권, 사회권을 국민의 기본권으로 보장하고 있어. 그리고 국가를 유지하고 발전시키기 위해 국민들이 지켜야 할 의무도 법으로 정하고 있어. 그것은 교육의 의무, 납세의 의무, 근로의 의무, 국방의 의무야. 이것을 국민의 4대 의무라고 해. 그 외에도 환경 보전의 의무를 법에 명시하고 있지.

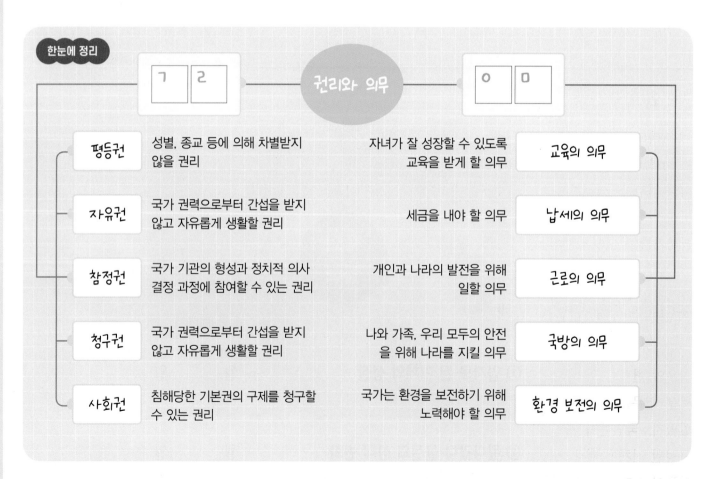

한눈에 정리

| ㄱ ㄹ | 권리와 의무 | ㅇ ㅁ |

평등권	성별, 종교 등에 의해 차별받지 않을 권리
자유권	국가 권력으로부터 간섭을 받지 않고 자유롭게 생활할 권리
참정권	국가 기관의 형성과 정치적 의사 결정 과정에 참여할 수 있는 권리
청구권	국가 권력으로부터 간섭을 받지 않고 자유롭게 생활할 권리
사회권	침해당한 기본권의 구제를 청구할 수 있는 권리

자녀가 잘 성장할 수 있도록 교육을 받게 할 의무	교육의 의무
세금을 내야 할 의무	납세의 의무
개인과 나라의 발전을 위해 일할 의무	근로의 의무
나와 가족, 우리 모두의 안전을 위해 나라를 지킬 의무	국방의 의무
국가는 환경을 보전하기 위해 노력해야 할 의무	환경 보전의 의무

이해 ▶ 인간으로서 당연히 누려야 할 기본적인 권리를 누리기 위해서는 국민들이 지켜야 할 □□가 따라야 해.

법으로 보장하는 기본권

평등권은 법을 공평하게 적용받아 차별받지 않을 권리이고 자유권은 자유롭게 생각하고 행동할 수 있는 권리이야. 참정권은 국민이 정치 의사 형성 과정에 참여할 수 있는 권리이고, 청구권은 기본권이 침해되었을 때 국가에 어떤 일을 해 달라고 요구할 수 있는 권리야. 그리고 사회권은 인간답게 살 수 있도록 국가에 요구할 수 있는 권리야.

법으로 정한 의무

교육의 의무는 누구나 잘 성장할 수 있도록 교육을 받아야 하는 의무이고, 납세의 의무는 국민이라면 누구나 세금을 내야 하는 의무야. 또, 모든 국민은 개인과 나라의 발전을 위해 일을 해야 하는 근로의 의무가 있지. 특히 분단 국가인 우리나라는 나와 가족, 우리 모두의 안전을 위해 나라를 지켜야 하는 국방의 의무가 있어.

환경 보전의 의무는 모든 국민, 기업, 국가는 환경 보전을 위해 노력해야 할 의무야.

권리와 의무가 충돌할 때

다양한 사람들이 함께 살아가는 사회에서 권리와 의무는 서로의 입장에 따라 종종 충돌할 때가 있지. 이렇게 권리와 의무가 충돌할 때는 문제 상황을 종합적으로 분석해서 합리적으로 판단해야 하며 권리와 의무를 조화롭게 실천하기 위해서 노력해야 해.

국민의 의무를 헌법에 정해 놓은 까닭은?

국민의 의무를 헌법에 정해 놓은 까닭은 헌법에 규정된 경우와 헌법이 정하는 방법 및 절차에 의하지 않고는 새로운 의무를 부과하지 못하게 하려는 데 원래의 목적이 있었지. 국민들이 자신의 의무를 다하지 않는다면 사회 구성원 전체에 피해가 가기 때문에 미리 법으로 정해 국민들이 지키도록 하는 것이야.

◉ 알맞은 말에 ○표를 하세요.

우리나라에서는 인간의 존엄과 가치 및 행복 추구권을 기초로 하여 평등권, 자유권, 참정권, 청구권, 사회권을 국민의 (기본권 , 행복권)으로 보장하고 있다.

◉ 알맞게 선으로 이으세요.

평등권	·	·	차별받지 않을 권리
사회권	·	·	정치에 참여할 수 있는 권리
참정권	·	·	인간답게 살 수 있는 권리

◉ 빈 곳에 알맞은 말을 쓰세요.

모든 국민은 개인과 나라의 발전을 위해 일을 해야 하는 (   ) 의 의무가 있다.

1회 ②

권력을 획득, 행사하는 정치

정치: 통치와 지배, 이에 대한 복종·협력·저항 등의 사회적 활동의 총칭.

정치는 국가의 권력을 획득하고 유지하며 행사하는 활동으로, 국민들이 인간다운 삶을 살게 하고 사회 질서를 바로잡는 일이야. 국민은 자유와 권리를 법으로부터 보장받고, 국민 모두가 평등하게 법의 보호를 받아야 하지. 이처럼 민주주의를 실천하는 정치를 '민주 정치'라고 해.

민주 정치의 기본 원리는 네 가지인데 국민 주권의 원리 바탕으로, 대부분의 나라는 헌법에 따라 나라를 다스리는 입헌주의를 따르고 있어. 그리고 권력을 나누어 서로 감시하고 견제할 수 있는 제도를 만들었는데 우리나라는 입법부인 국회, 행정부인 정부, 사법부인 법원으로 국가의 권력을 나누어 국민의 자유와 권리를 보호하고 있지. 또한 그 지역의 사정을 잘 아는 사람들이 자기 지역의 특색에 맞게 정책을 만들고 문제를 해결하도록 하기 위해 지방 자치 제도가 만들어졌어.

현대 사회는 사회 구조가 분화되고 전문화되면서 사람들의 이익도 다양해졌지. 그래서 정책 결정 과정에 영향력을 행사하여 자신들의 요구를 관철시키려고 하는 의지가 강해졌고 그 결과 다양한 종류의 시민 단체가 등장하여 이러한 국민의 다양한 이익들을 정책에 반영하기 위한 노력들을 전개하고 있어.

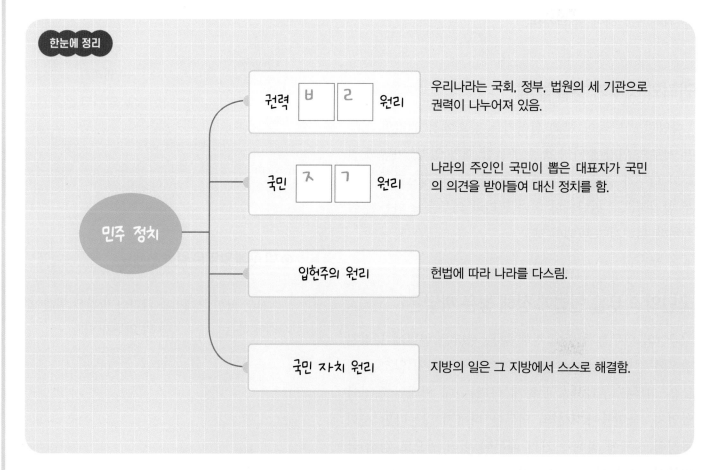

이해 ▶ 국민들이 인간다운 삶을 살게 하고 사회 질서를 바로잡는 일을 □□라고 해.

우리나라 민주 정치의 발전 //////////////

4 · 19 혁명

학생과 시민들이 부정 선거를 저지른 이승만 정부를 무너뜨린 사건이야. 1960년 3월 15일에 시행되었던 정·부통령 선거에서 이승만 정부가 부정 선거를 저지른 일이 혁명의 직접적인 원인이야. 4·19 혁명은 학생들과 시민들이 힘을 합쳐 독재 정부를 무너뜨린 뒤 민주주의를 실현한 사건으로 국민의 노력으로 정권을 바꾸었기 때문에 '혁명'이라고 부르게 된 거야.

5.18 민주화 운동

1980년 5월에 광주 시민들이 벌인 민주화 운동이야. 정변을 일으켜 정권을 차지한 신군부 세력과 그들이 내린 계엄령에 반대하고 민주화를 요구했어. 그러자 신군부 세력은 계엄군을 보내 무자비하게 진압했고 이에 분노한 광주 시민들이 나서면서 시위는 더욱 확대되었어. 5·18 민주화 운동 기간 동안 광주 시민들이 입은 피해는 엄청났어. 신군부는 광주 시민들의 시위와 민주화 요구를 폭동이라고 선전했지만, 차츰 실상이 밝혀지면서 민주화 운동으로 인정을 받게 되었어. 1995년에는 '5·18 특별법'이 제정되어 5월 18일을 국가 기념일로 지정하였어.

우리 사회의 시민 단체 활동 //////////////

우리나라도 민주주의가 발전하면서 시민 단체의 활동이 점점 활발해지고 있고 종류도 아주 다양해졌어.

환경 보호를 위해 활동하는 시민 단체는 기업이나 국가가 환경을 위협하는 활동을 하지 못하도록 감시하고, 환경을 해치는 국가 정책에 반대하는 일을 해. 대표적으로 환경운동연합, 녹색연합 등이 있어.

경제 민주화 실천을 위해 활동하는 시민 단체는 정부가 국민의 세금을 낭비하지 못하게 하고, 기업이 투명하고 합리적으로 기업 활동을 하도록 감시하는 역할을 하지. 대표적으로 경제정의실천시민연합(경실련)이 있어.

◉ 민주 정치의 기본 원리에 대한 설명을 알맞게 선으로 이으세요.

입헌주의 •		• 헌법에 따라 나라를 다스린다.
국민 자치 •		• 지방의 일은 그 지방에서 스스로 해결한다.

◉ 알맞은 말에 ○표를 하세요.

권력 분립의 원리는 국가 권력을 서로 독립된 기관이 나누어 맡는 것으로 우리나라는 법을 만드는 (입법부 , 시민 단체), 나라살림을 하는 행정부, 법에 따라 재판하는 사법부로 국가 권력을 분산하고 있다.

◉ 5.18 민주화 운동에 대한 설명으로 알맞은 것에 ○표를 하세요.

학생들과 시민들이 독재 정부를 무너뜨린 뒤 국민의 노력으로 정권을 바꾸었다.

광주 시민들이 신군부 세력과 그들이 내린 계엄령에 반대하고 민주화를 요구한 민주화 운동이다.

2회 ①

여러 가지 힘, 중력과 탄성력

중력: 지구와 물체를 지구 중심 방향으로 당기는 힘.
탄성력: 외부의 힘에 의해 모양이 변한 물체가 원래의 모양으로 되돌아가려는 힘.

과학에서의 힘은 물체의 모양, 운동 방향, 빠르기를 변하게 하는 원인으로 그 단위는 N(뉴턴)이야. 일반적으로 힘은 화살표로 나타내는데 화살표의 시작점은 힘의 작용점, 화살표의 길이는 힘의 크기, 화살표의 방향은 힘의 방향을 뜻해. 우리 주변에서 쉽게 찾아볼 수 있는 힘에는 중력과 탄성력이 있어.

중력은 지구가 물체를 지구 중심 방향으로 당기는 힘이야. 중력의 크기는 물체의 질량이 클수록 커지고 지구 중심에서 멀수록 작아져. 중력에 의한 현상으로는 달이 지구 주위를 공전하는 현상, 눈이나 비가 아래로 떨어지는 현상, 물이 높은 곳에서 낮은 곳으로 흐르는 현상 등이 있어.

탄성력은 잡아 늘린 고무띠가 원래 모양으로 돌아가는 것처럼 모양이 변한 탄성체가 원래 모양으로 되돌아가려는 힘이야. 그러니 탄성력의 방향은 변형된 탄성체가 원래 모양으로 돌아가려는 방향이겠지. 그리고 탄성력의 크기는 탄성체에 작용한 힘의 크기와 같고, 탄성체의 변형 정도가 클수록 탄성력이 커져. 탄성력을 이용한 것들에는 자전거 안장의 용수철, 볼펜, 침대매트, 컴퓨터 자판, 다이빙대 등이 있어.

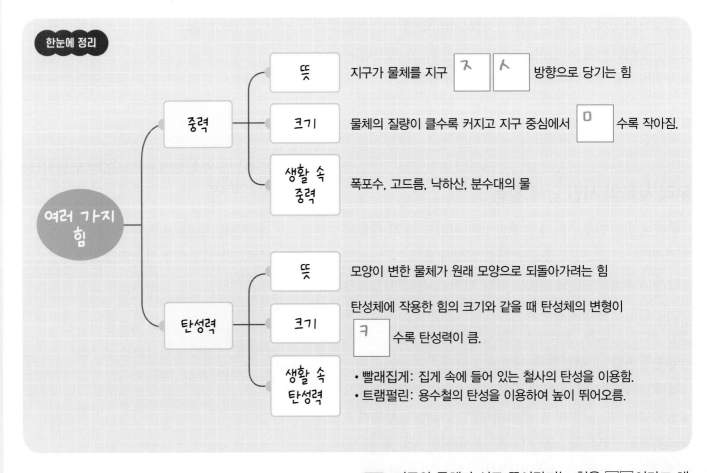

한눈에 정리

여러 가지 힘

중력
- 뜻 — 지구가 물체를 지구 [ㅈ] [ㅅ] 방향으로 당기는 힘
- 크기 — 물체의 질량이 클수록 커지고 지구 중심에서 [ㅁ]수록 작아짐.
- 생활 속 중력 — 폭포수, 고드름, 낙하산, 분수대의 물

탄성력
- 뜻 — 모양이 변한 물체가 원래 모양으로 되돌아가려는 힘
- 크기 — 탄성체에 작용한 힘의 크기와 같을 때 탄성체의 변형이 [ㅋ]수록 탄성력이 큼.
- 생활 속 탄성력
  - 빨래집게: 집게 속에 들어 있는 철사의 탄성을 이용함.
  - 트램펄린: 용수철의 탄성을 이용하여 높이 뛰어오름.

이해▶ 지구와 물체가 서로 끌어당기는 힘을 □□이라고 해.

물체에 작용하는 중력의 크기와 물체 고유의 양, 무게와 질량 알아보기 //////////

물체에 작용하는 중력의 크기를 무게라고 하며, 무게의 단위는 힘의 단위와 같은 N(뉴턴)을 사용해. 질량은 물체의 고유한 양을 말하며, 질량의 단위는 kg(킬로그램)이나 g(그램)을 사용해. 용수철저울이나 가정용저울로는 무게를 측정할 수 있고, 양팔저울이나 윗접시저울로는 질량을 측정할 수 있어.

지구, 달, 우주정거장에서 무게

달의 중력은 지구 중력의 약 1/6이므로 달에서 측정한 무게는 지구에서 측정한 무게의 약 1/6이 돼. 그리고 우주 정거장에서는 중력이 거의 없어서 어떤 물체의 무게도 0N에 가깝대. 이처럼 무게는 장소에 따라 달라지지만 질량은 장소와 관계없이 일정해.

용수철을 이용해서 무게를 재는 원리는 뭐야? //

무게는 용수철이 늘어난 길이에 비례해.

용수철에 매단 추의 무게가 2배, 3배, 4배…가 되면 용수철이 늘어난 길이도 2배, 3배, 4배…가 돼. 이처럼 용수철이 늘어난 길이는 물체의 무게에 비례하므로 용수철이 늘어난 길이를 측정하면 물체의 무게를 구할 수 있어.

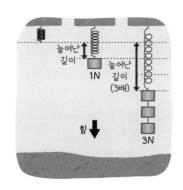

탄성 한계 일그러짐 //////////

용수철(탄성체)이 늘어날 수 있는 최대 범위를 벗어난 힘을 가하면 탄성을 잃게 되는 단계를 말해.

용수철이 너무 많이 늘어나서 원래의 모양으로 돌아가지 않거나 쇳조각을 앞뒤로 여러 번 휘어 보다가 끊어져 버린 경우 등이 그 예라고 할 수 있어.

◉ 힘을 표시하는 화살표가 나타내는 것에 알맞게 선으로 이으세요.

길이 •		• 힘의 크기
시작점 •		• 힘의 방향
방향 •		• 힘의 작용점

◉ 알맞은 내용에 ○표를 하세요.

> 우주 정거장에서는 (중력 , 탄성력)이 거의 없어서 어떤 물체의 무게도 0N에 가깝다.

◉ 용수철로 무게를 측정하는 원리에 대한 설명으로 알맞은 것에 ○표를 하세요.

> 용수철이 늘어난 길이를 측정하면 무게를 구할 수 있다. ▢

> 용수철이 늘어난 길이는 최대 범위 이상까지도 비례한다. ▢

여러 가지 힘, 마찰력과 부력

마찰력: 두 물체의 접촉면에서 물체의 운동을 방해하는 힘.
부력: 액체나 기체가 그 속에 있는 물체를 위로 밀어 올리는 힘.

마찰력은 두 물체의 접촉면에서 물체의 운동을 방해하는 힘을 말해. 물체에 힘을 가할 때를 떠올려 봐. 왼쪽으로 물체를 당길 때 운동 방향은 왼쪽이지? 마찰력의 방향은 오른쪽이야. 빗면 위에 물체가 정지해 있거나 내려갈 때 운동 방향은 아래쪽, 마찰력 방향은 위쪽이고, 위쪽으로 밀어 올릴 때에는 운동 방향은 위쪽, 마찰력 방향은 아래쪽이지. 이처럼 운동 방향과 마찰력 방향은 반대로 작용해. 그럼 마찰력의 크기는 어떨까? 물체의 무게가 무거울수록, 접촉면의 거칠기가 거칠수록 마찰력의 크기가 커져.

부력은 액체나 기체가 그 속에 있는 물체를 위로 밀어 올리는 힘이야. 물속에 잠긴 물체가 받는 부력의 크기와 방향을 살펴볼게. 부력은 중력과 반대 방향이잖아. 물체가 위로 떠오르면 중력보다 부력이 큰 경우이고, 물체가 물 위에 떠 있으면 부력과 중력은 같아. 그렇다면 물체가 물속에 가라앉는 경우는 어떨까? 앞의 예와 다르게 중력이 부력보다 더 큰 경우에 해당돼. 부력은 액체나 기체 속에 잠긴 물체의 부피를 통해 크기를 알 수 있는데, 부피가 클수록 물체에 작용하는 부력의 크기가 커져.

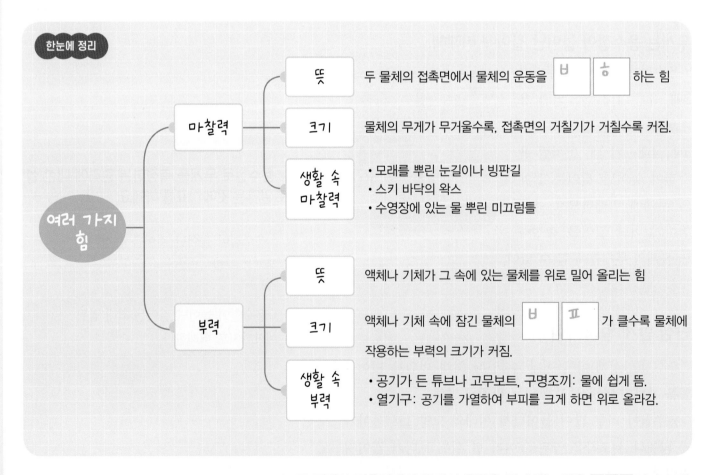

한눈에 정리

여러 가지 힘

마찰력
- 뜻: 두 물체의 접촉면에서 물체의 운동을 [ㅂ][ㅎ] 하는 힘
- 크기: 물체의 무게가 무거울수록, 접촉면의 거칠기가 거칠수록 커짐.
- 생활 속 마찰력:
  • 모래를 뿌린 눈길이나 빙판길
  • 스키 바닥의 왁스
  • 수영장에 있는 물 뿌린 미끄럼틀

부력
- 뜻: 액체나 기체가 그 속에 있는 물체를 위로 밀어 올리는 힘
- 크기: 액체나 기체 속에 잠긴 물체의 [ㅂ][ㅍ] 가 클수록 물체에 작용하는 부력의 크기가 커짐.
- 생활 속 부력:
  • 공기가 든 튜브나 고무보트, 구명조끼: 물에 쉽게 뜸.
  • 열기구: 공기를 가열하여 부피를 크게 하면 위로 올라감.

이해 두 물체의 접촉면에서 물체의 운동을 방해하는 힘을 □□□이라고 해.

▶ 정답과 해설 **38**쪽

마찰력 이용하기

미끄럼을 방지하는 고무장갑의 요철 무늬, 눈 오는 날 미끄러운 차도나 인도에 모래를 뿌리는 것, 자동차 타이어에 체인을 감는 것, 투수가 공을 던질 때 손에 송진 가루를 묻히는 것 등은 마찰력을 크게 하기 위해서야.

창문을 열고 닫을 때 바퀴를 사용하거나 기름칠을 하는 것, 기계나 자전거의 체인에 윤활유를 뿌리는 것, 스케이트 날을 세우는 것, 공기 저항을 줄이기 위한 유선형의 비행기 모양 등은 마찰력을 작게 하기 위한 거야.

부력의 크기와 중력의 관계는?

물에 잠긴 정도에 따라 부력과 중력의 크기를 비교를 할 수 있어.

물에 잠긴 부분의 부피는 (가) < (나) = (다)이므로 물체에 작용하는 부력의 크기는 (가) < (나) = (다)가 돼.

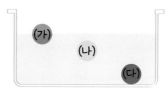

(가)와 (나)는 떠 있으므로 부력과 중력이 같고, (다)는 가라앉아 있으므로 부력이 중력보다 작은 경우에 해당하지.

잠수함도 부력과 중력의 차이를 이용해.

압축 공기가 물을 밖으로 밀어낸다

공기를 빼면 물이 들어온다

물이 빠져나간다

가라앉을 때 / 떠오를 때

잠수함의 부피는 그대로이므로 부력은 항상 같아. 하지만 잠수함 안에는 공기 조절 탱크가 있어서 그 안에 물을 채우면 잠수함의 무게가 증가해서 가라앉고, 물을 빼면 무게가 감소해서 물 위로 뜨는 거야. 공기 탱크 물의 양을 조절함으로써 무게를 다르게 하여 잠수함이 받는 중력을 조절하는 거지.

◉ 알맞게 선으로 이으세요.

마찰력 •

부력 •

• 액체나 기체가 그 속에 있는 물체를 위로 밀어 올리는 힘

• 두 물체의 접촉면에서 물체의 운동을 방해하는 힘

◉ 알맞은 내용에 ○표를 하세요.

운동 방향과 마찰력 방향은 (반대로 , 똑같이) 작용하고, 물체의 무게가 무거울수록, 접촉면의 거칠기가 거칠수록 마찰력의 크기가 (커진다 , 작아진다).

◉ 부력의 크기에 대한 설명으로 알맞은 것에 ○표를 하세요.

액체나 기체 속에 잠긴 물체의 부피가 클수록 작아진다.

액체나 기체 속에 잠긴 물체의 부피가 클수록 커진다.

위치에 따른 동위각과 엇각

동위각: 두 직선이 다른 한 직선과 만나서 생긴 각 중 서로 같은 위치에 있는 각.

엇각: 두 직선이 다른 한 직선과 만나서 생긴 각 중 서로 엇갈린 위치에 있는 각.

각은 한 점에서 시작하여 두 반직선으로 이루어진 도형인데 반직선이 아닌 서로 다른 두 직선이 한 점에서 만나서 생기는 각도 있어.

두 직선이 한 점에서 만날 때 생기는 각을 교각이라고 하는데 이때 생기는 각은 모두 4개야. 4개의 각 중 서로 마주 보는 두 각을 맞꼭지각이라고 해. 서로 마주 보는 각이니까 각의 크기도 항상 같아.

두 직선이 점이 아닌 또다른 직선 한 개를 만나서 생기는 각도 있는데 서로 다른 두 직선이 한 직선과 만나서 생기는 각을 동위각과 엇각이라고 해. 동위각은 안쪽과 바깥쪽에 상관없이 같은 위치에 있는 각이란 뜻이고 엇각은 안쪽에 있는 각 중 엇갈려 있는 위치에 있는 각이란 뜻이야.

동위각과 엇각은 각의 크기와 관계 없고, 각의 위치와 관계 있기 때문에 동위각끼리, 엇각끼리의 크기는 서로 같을 수도 있고 다를 수도 있어. 두 직선이 서로 평행이면 동위각과 엇각의 크기가 같고, 서로 평행이 아니면 동위각과 엇각의 크기는 같지 않아.

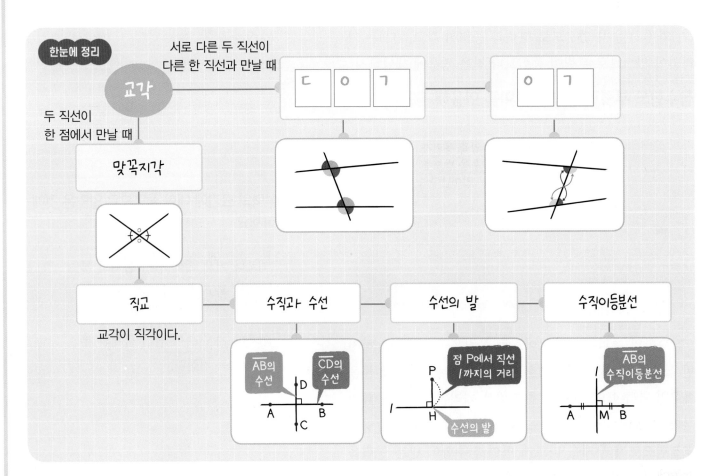

이해▶ 두 직선이 다른 한 직선과 만나서 생긴 각 중 서로 같은 위치에 있는 각을 □□□□이라고 해.

맞꼭지각

맞꼭지각은 반드시 두 직선이 한 점
에서 만날 때 생기는 각이야. 그래서
서로 마주 보는 맞꼭지각의 크기는 서
로 같아.

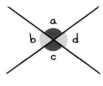

맞꼭지각 $\angle a = \angle c, \angle b = \angle d$

동위각과 엇각

한 평면 위에 서로 다른 두 직선이 다른 한 직선과 만나
면 서로 같은 위치에 있는 각은 동위각, 서로 엇갈린 위치
에 있는 각은 엇각이라고 해. 이때 4쌍의 동위각과 2쌍의
엇각이 생겨. 엇각은 두 직선 사이에 있는 각이기 때문에
엇각은 2쌍 뿐이야.

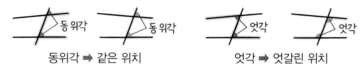

동위각 ➡ 같은 위치   엇각 ➡ 엇갈린 위치

평행선의 성질

평행한 두 직선이 다른 한 직선과 만날 때 동위각의 크
기도 엇각의 크기도 서로 같아. 동위각와 엇각은 평행선
인지 아닌지를 구분해 주는 조건이 되는 거야.

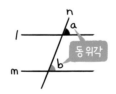 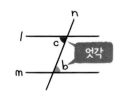

엇각과 혼동하기 쉬운 동측내각

한 평면 위에서 서로 다른 두
직선이 다른 한 직선과 만나서 생
기는 각 중에서 같은 쪽의 안쪽에
있는 각을 동측내각이라고 해.
안쪽에 있고 엇갈린 각인 엇각과 혼동하면 안 돼.

◉ 알맞은 말에 ○표를 하세요.

> 두 직선이 한 점에서 만날 때 생기는 각을
> (직각 , 교각)이라고 하고, 교각 중에서도 서로
> 마주 보는 두 각을 (맞꼭지각 , 동위각)이라고
> 한다.

◉ 서로 다른 두 직선 l, m
이 다른 한 직선 n과 만날 때
$\angle a$와 $\angle e$의 관계에 알맞게
○표를 하세요.

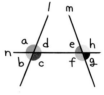

$\angle a$와 $\angle e$

동위각	엇각
☐	☐

◉ 알맞은 것에 ○표를 하세요.

맞꼭지각의 크기는 항상 같다.	☐
동위각과 엇각의 크기는 항상 같다.	☐

3회 ②

작도로 알 수 있는 삼각형의 합동

작도: 눈금 없는 자와 컴퍼스만을 사용하여 도형을 그리는 것.
합동: 한 도형을 모양이나 크기를 바꾸지 않고 다른 도형에 완전히 포갤 수 있을 때의 두 도형.

도형을 그릴 때 꼭 사용해야 하는 것 중 하나가 눈금이 있는 자였다면 이번엔 자에 눈금이 없어도 컴퍼스가 있다면 도형을 그릴 수 있다는 것을 알게 될 거야. 눈금 없는 자와 컴퍼스만 있으면 길이를 옮기는 것이 가능하기 때문이야. 이렇게 눈금 없는 자와 컴퍼스만으로 도형을 그리는 것을 작도라고 해. 작도에서는 자는 선을 긋는 데만 사용하기 때문에 눈금이 있는 자는 필요 없어.

길이가 같은 선분이나 크기가 같은 각을 작도하는 것은 아주 간단한데 이 두 가지를 이용면 삼각형의 작도도 가능해. 삼각형의 작도는 ❶ 세 변의 길이가 주어질 때, ❷ 두 변의 길이와 그 끼인각의 크기가 주어질 때, ❸ 한 변의 길이와 그 양 끝 각의 크기가 주어질 때의 세 가지 경우에만 크기와 모양이 오직 하나로 정해진 삼각형을 작도할 수 있어.

이 세 가지 조건은 삼각형의 합동 조건과도 같아. 합동이란 한 도형을 모양이나 크기를 바꾸지 않고 다른 도형에 완전히 포갤 수 있는 도형인데 이것은 작도로 증명이 가능하기 때문이야.

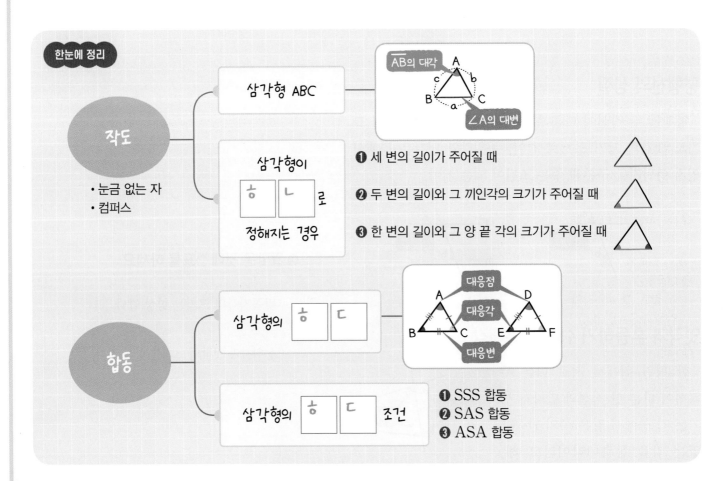

이해▶ 눈금 없는 자와 컴퍼스만을 사용하여 도형을 그리는 것을 □□라고 해.

도형의 합동

△ABC와 △DEF가 합동이면 기호로는 △ABC≡△DEF로 나타내. 두 도형의 합동을 기호 '≡'로 써서 나타낼 때에는 반드시 두 도형의 꼭짓점을 대응하는 순서로 써야 함을 잊지 마.

$$\triangle ABC \equiv \triangle DEF$$
대응하는 점끼리 같은 순서로 쓴다.

기호 '='를 써서 △ABC=△DEF로 나타내면 두 도형의 넓이가 같다는 의미니까 혼동하면 안 돼.

합동인 두 도형에서 서로 포개어지는 꼭짓점, 변, 각은 서로 대응한다고 해. 합동인 도형에서 대응하는 꼭짓점을 대응점, 대응하는 변을 대응변, 대응하는 각을 대응각이라고 해.

합동인 도형은 대응하는 변의 길이가 서로 같고, 대응하는 각의 크기도 서로 같다는 성질이 있어.

삼각형의 합동 조건

△ABC와 △DEF가 서로 합동이 되려면 다음 세 가지 경우 중 한 가지에 해당되면 돼.

❶ 대응하는 세 변의 길이가 각각 같을 때(SSS 합동)	
❷ 대응하는 두 변의 길이가 각각 같고, 그 끼인각의 크기가 같을 때(SAS 합동)	
❸ 대응하는 한 변의 길이가 같고, 그 양 끝 각의 크기가 각각 같을 때(ASA 합동)	

S는 변(Side)을, A은 각(Angle)을 나타내는 첫 글자야. 그래서 삼각형의 합동 조건을 SSS, SAS, ASA와 같이 간단히 나타내기도 해.

◉ 알맞은 말에 모두 ○표를 하세요.

눈금 (없는 , 있는) 자와 (각도기 , 컴퍼스)만을 사용하여 도형을 그리는 것을 작도라고 한다.

◉ 삼각형의 모양과 크기가 하나로 정해지는 경우에 ○표를 하세요.

세 각의 크기가 주어질 경우	
한 변의 길이와 그 양 끝 각의 크기가 주어질 경우	

◉ 삼각형의 합동 조건에 대한 그림입니다. 관계 있는 것끼리 선으로 이으세요.

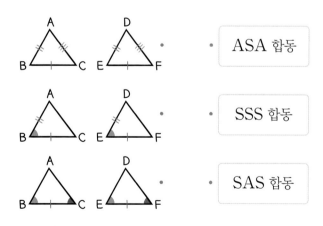

· ASA 합동

· SSS 합동

· SAS 합동

4회 ①

입자로 된 기체의 성질

기체의 성질: 기체는 매우 작은 입자로 되어 입자 운동을 하며 온도와 압력에 따라 기체의 부피가 변하는 것.

기체는 눈에 보이지 않을 정도 아주 작은 입자로 이루어져 있어. 기체가 들어 있는 주사기 끝을 막고 피스톤을 누르면 피스톤이 밀려 들어가면서 공기의 부피가 줄어. 이것은 공기 중에 빈 공간이 있다는 것 즉, 공기는 눈에 보이지 않는 매우 작은 입자들로 이루어져 있고, 입자들은 서로 떨어진 채 골고루 퍼져 있는 것을 알 수 있어. 물질을 이루는 입자는 스스로 끊임없이 모든 방향으로 움직이는데 이것을 입자의 운동이라고 해. 입자의 운동의 증거는 크게 두 가지가 있는데, 바로 확산과 증발이야. 꽃이나 향수 냄새가 퍼지는 것처럼 물질을 이루는 입자들이 스스로 운동하여 주위로 퍼져 나가는 현상을 확산이라고 해. 액체 입자들이 스스로 운동을 하다가 액체 표면에서 떨어져 나와 기체가 되어 공기 중으로 날아가는 현상을 증발이라고 해. 뚜껑을 열어둔 향수병의 향수의 양이 점점 감소하는 것은 증발 현상이야.

일정한 넓이가 받는 힘의 크기를 압력이라고 하는데 압력은 공기와 같은 기체에서도 나타나. 기체 압력은 기체 입자들이 운동하면서 용기 벽에 충돌할 때, 일정한 넓이에 작용하는 힘의 크기를 말해.

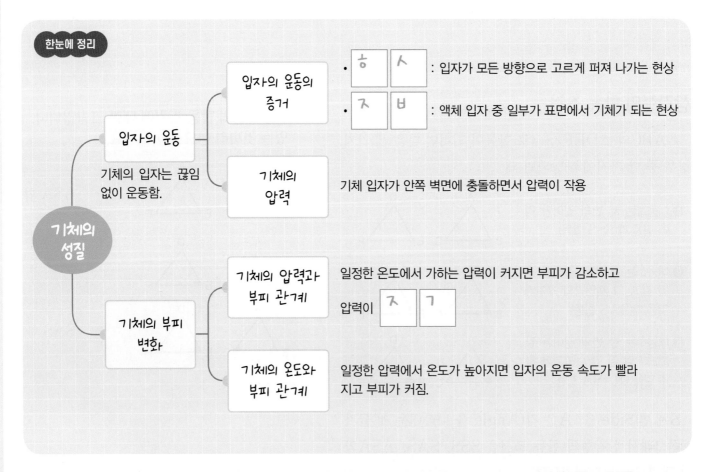

한눈에 정리

입자의 운동 ─ 입자의 운동의 증거
기체의 입자는 끊임없이 운동함.

ㅎ ㅅ : 입자가 모든 방향으로 고르게 퍼져 나가는 현상

ㅈ ㅂ : 액체 입자 중 일부가 표면에서 기체가 되는 현상

기체의 압력
기체 입자가 안쪽 벽면에 충돌하면서 압력이 작용

기체의 성질

기체의 부피 변화 ─ 기체의 압력과 부피 관계
일정한 온도에서 가하는 압력이 커지면 부피가 감소하고
압력이 ㅈ ㄱ

─ 기체의 온도와 부피 관계
일정한 압력에서 온도가 높아지면 입자의 운동 속도가 빨라지고 부피가 커짐.

이해 ▶ 물질을 이루는 입자가 스스로 끊임없이 모든 방향으로 움직이는 것을 □□의 □□이라고 해.

입자의 운동

물질을 이루는 입자들은 스스로 끊임없이 모든 방향으로 움직이고 있어. 이것을 입자 운동이라고 하는데 입자의 운동의 증거는 확산과 증발의 두 가지가 있어.

확산

물질을 이루는 입자가 스스로 운동하여 퍼져 나가는 현상이야. 확산은 온도가 높을수록, 입자의 질량이 작을수록, 고체보다는 액체, 액체보다는 기체 상태일 때 공기 중으로 더 빨리 퍼져 나가.

증발

물질을 이루는 입자가 스스로 운동하여 액체 표면에서 기체로 변하는 현상이야. 증발은 바람이 잘 불고, 겉넓이가 넓고, 온도는 높고, 습도는 낮을수록 더 빨리 물질의 입자가 기체가 되어 날아가.

기체의 압력과 부피

온도가 일정할 때 압력이 증가하면 기체의 부피는 감소하고 압력이 감소하면 부피는 증가해. 일정한 압력에서 온도가 높아지면 입자의 운동 속도가 빨라지고 부피가 커져.

작은 압력   큰 압력

고무풍선에 공기를 불어 넣으면 각각의 풍선 모양이 되는 이유는?

기체 입자들이 모든 방향으로 운동하면서 고무풍선의 안쪽 벽에 계속 충돌하기 때문에 각각의 고무 풍선 모양이 될 수 있는 거야.

◉ 알맞은 것끼리 선으로 이으세요.

| 물질을 이루는 입자가 스스로 끊임없이 모든 방향으로 움직이는 것 | • | • | 확산 |

| 물질을 이루고 있는 입자가 스스로 움직여 퍼져 나가는 현상 | • | • | 증발 |

| 물질을 이루는 입자가 스스로 운동하여 액체 표면에서 기체로 변하는 현상 | • | • | 입자의 운동 |

◉ 알맞은 말에 ○표를 하세요.

온도가 (높 , 낮)을수록, 습도가 (높 , 낮)을수록 증발이 잘 일어난다.

◉ 알맞은 것에 ○표를 하세요.

기체는 온도가 일정할 때, 압력을 크게 하면 부피도 커진다.

기체는 압력이 일정할 때, 온도가 높아지면 부피가 커진다.

4회 ②

왔다갔다 물질의 상태 변화

물질의 상태 변화: 물질의 상태가 고체, 액체, 기체로 서로 변하는 현상.

액체인 물을 얼리면 얼음이 되었다가, 고체인 얼음이 녹으면 다시 물이 되고, 물을 끓이면 기체인 수증기가 된다는 것은 알고 있을 거야. 이처럼 물질은 고체, 액체, 기체의 세 가지 상태로 구분할 수 있는데, 물질의 상태가 고체, 액체, 기체로 서로 변하는 현상을 상태 변화라고 해.

고체가 액체로 변하는 것을 융해, 액체가 고체로 변하는 것을 응고라고 해. 또 액체가 기체로 변하는 것을 기화, 기체가 액체로 변하는 것을 액화라고 한단다. 또 고체가 기체로 변하거나 고체가 기체로 변하는 것은 둘 다 승화라고 하지. 그럼 앞에서 말한 얼음이 물로 변한 것은 융해, 물이 수증기로 변한 것은 기화라고 한다는 걸 알 수 있겠지?

물의 경우에서 알 수 있듯이 물질의 상태 변화는 가열하거나 냉각할 때 일어나. 그런데 상태가 변화한다고 해도 물질의 성질과 질량은 변하지 않아. 물질을 이루는 입자의 종류와 개수가 변하지 않기 때문이지. 다만 물질을 이루는 입자의 배열이 달라져 입자 사이의 거리가 달라지므로 물질의 부피는 변하게 돼. 페트병에 물을 넣어 냉동실에 두면 얼음이 되면서 페트병이 팽팽해진 모습을 본 적이 있을 거야. 그건 물이 얼어 부피가 늘어났기 때문이야.

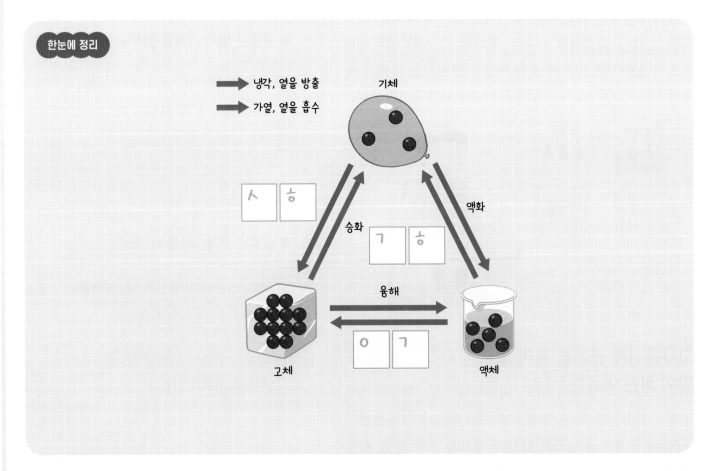

한눈에 정리

냉각, 열을 방출
가열, 열을 흡수

기체

ㅅ ㅎ

승화

액화

ㄱ ㅎ

융해

ㅇ ㄱ

고체

액체

이해 ▶ 물질의 상태가 고체, 액체, 기체로 서로 변하는 현상을 물질의 ▢▢ ▢▢라고 해.

▶ 정답과 해설 42쪽

물질의 상태가 변화하는 예

융해(고체 → 액체)의 예로 고드름이나 아이스크림이 녹는 것을 들 수 있어. 기화(액체 → 기체)의 예는 젖은 빨래 마르는 것이야. 혹시 아이스크림을 포장할 때 넣어 주는 드라이아이스의 크기가 작아지는 것을 본 적이 있어? 그게 바로 승화(고체→기체)의 예란다. 이런 현상은 열을 흡수할 때 일어나지.

반대로 열을 방출할 때 일어나는 현상을 알아볼까? 먼저 응고(액체 → 고체)의 예는 양초를 타고 흘러내리던 촛농이 굳는 것이야. 액화(기체 → 액체)의 예로는 얼음물이 담긴 컵 표면에 물방울이 맺히는 것, 승화(기체 → 고체)의 예는 겨울철 유리창에 성에가 생기는 것을 들 수 있어.

물질의 상태 변화와 입자의 변화

융해(고체 → 액체), 기화(액체 → 기체), 승화(고체 → 기체)가 일어날 때에는 열에너지가 흡수되면서 입자 운동이 활발해지고 입자 배열은 불규칙적으로 변하면서 입자 사이의 거리가 멀어져.

응고(액체 → 고체), 액화(기체 → 액체), 승화(기체 → 고체)가 일어날 때에는 열에너지가 방출되면서 입자 운동이 둔해지고 입자 배열은 규칙적으로 변하면서 입자 사이의 거리가 가까워진단다.

물질의 녹는점, 어는점, 끓는점

물질을 가열하면 온도가 높아지다가 상태 변화가 일어날 때에는 온도가 일정하게 유지된단다. 왜냐고? 가해 준 열에너지가 모두 상태 변화에 사용되기 때문이야. 고체 물질이 녹는 동안 일정하게 유지되는 온도는 녹는점, 액체 물질이 끓는 동안 일정하게 유지되는 온도는 끓는점, 액체 물질이 어는 동안 일정하게 유지되는 온도는 어는점이라고 해. 같은 물질의 녹는점과 어는점은 서로 같아. 또, 같은 물질인 경우 물질의 양에 관계없이 녹는점(어는점)과 끓는점은 일정하다는 것도 알아둬.

◉ 다음 물질의 상태 변화에 알맞게 선으로 이으세요.

고체 → 액체	•		•	기화
액체 → 기체	•		•	융해
기체 → 고체	•		•	승화

◉ 알맞은 설명을 모두 골라 ○표를 하세요.

겨울철 유리창에 성에가 생기는 것은 승화의 예이다. □

아이스크림이 녹는 것은 열에너지가 흡수되는 경우이다. □

젖은 빨래가 마를 때에는 입자 사이의 거리가 가까워지는 경우이다. □

◉ 빈 곳에 알맞은 말에 ○표를 하세요.

고체 물질이 녹는 동안 일정하게 유지되는 온도를 (   ) 이라고 한다.

| 녹는점 | 끓는점 | 어는점 |

5회 ①

단어를 분류하는 품사

품사: 단어를 문법상 의미, 형태, 기능으로 분류한 갈래.

모든 언어의 문장은 단어들이 모여서 구성되는데 우리말 또한 마찬가지야. 일정한 기준에 따라 단어를 분류하는 것은 우리말의 구조를 이해하는 데 무척 중요한 경험이야. 이러한 활동은 우리말에 대해 깊이 있게 이해하고, 국어 능력을 향상하는 데 많은 도움이 돼.

단어를 일정한 기준에 따라 분류해 놓은 갈래를 '품사'라고 해. 비슷한 종류끼리 정리를 해 놓으면 필요한 물건을 찾기 쉬운 것처럼 낱말 역시 비슷한 성질을 지닌 것끼리 모아 놓으면 더 쉽게 이해할 수 있어. 품사는 낱말이 가진 공통된 뜻을 기준으로 총 9가지로 나뉘어. 이를 가리켜 '9품사'라고 하고, 각각의 이름을 '동사, 형용사, 명사, 대명사, 수사, 관형사, 부사, 조사, 감탄사'라고 해. 이때 '동사, 형용사'는 사물이나 사람의 움직임, 상태, 성질을 설명해 주는 역할을 하고, '명사, 대명사, 수사'는 문장에서 몸과 같은 역할, '관형사, 부사'는 다른 말을 꾸며 주는 역할을 해. 또한 '조사'는 문장에 쓰인 낱말들의 관계를 나타내 주고, '감탄사'는 다른 말과 관계없이 독립적으로 사용되지.

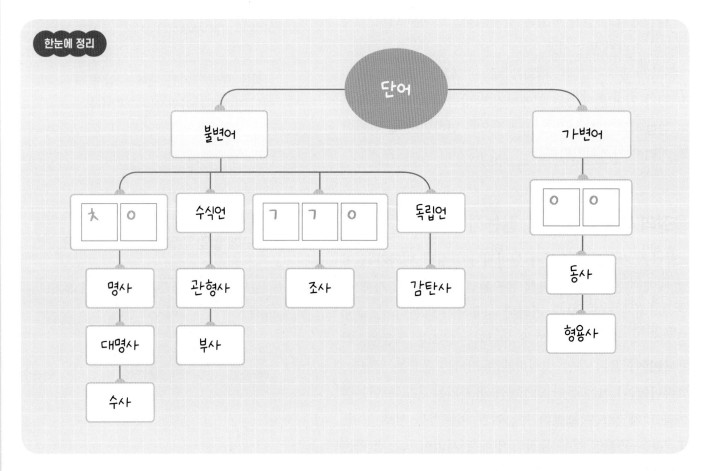

한눈에 정리

- 단어
  - 불변어
    - ㅊㅇ
      - 명사
      - 대명사
      - 수사
    - 수식언
      - 관형사
      - 부사
    - ㄱㄱㅇ
      - 조사
    - 독립언
      - 감탄사
  - 가변어
    - ㅇ ㅇ
      - 동사
      - 형용사

이해 ▶ 단어를 문법상 의미, 형태, 기능으로 분류한 갈래를 ☐☐라고 해.

▶ 정답과 해설 43쪽

9품사에 대해 알아보기

체언(명사, 대명사, 수사)의 특징

주로 주어가 되는 자리에 오며 때로는 목적어나 보어가
되기도 해.

명사	사물이나 사람의 이름을 나타내는 단어 ⑩ 학생, 선물
대명사	사물, 장소, 사람의 이름을 대신하여 나타내는 단어 ⑩ 나, 우리, 당신, 여러분
수사	사물이나 사람의 수량 또는 순서를 나타내는 단어 ⑩ 하나, 둘, 첫째, 둘째

용언의 특징

문장의 주체(주어)를 서술하고 활용할 수 있어. 본용언
과 보조 용언으로 나뉘는데 서술의 주된 의미를 나타내는
부분이 본용언이고, 본용언이 의미를 보충하는 용언이 '보
조 용언'이야.

동사	움직임이나 작용 등을 나타내는 단어 ⑩ 가다/자라다
형용사	상태나 성질을 나타내는 단어 ⑩ 착하다 / 덥다

수식언의 특징

문장에서 체언이나 용언 앞에 높여서 뒤에 오는 말을 꾸
며 주는 구실을 해.

관형사	체언 앞에 놓여 '~한'의 방식으로 체언을 꾸며 주는 단어 ⑩ 모든, 새로운
부사	용언이나 다른 부사, 관형사, 문장 전체를 꾸며 주는 단어 ⑩ 너무, 빨리

관계언의 특징

관계언인 조사는 주로 체언 뒤에 붙어 그 말과 다른 말
과의 문법적인 관계를 나타내거나 특별한 뜻을 더해 주는
구실을 하는 단어야.

⑩ 너와 나는 둘도 없는 친구이다.

독립언의 특징

독립언인 감탄사는 문장에서 다른 성분들과 문법적 관
계를 맺지 않고 독립적으로 쓰여 말하는 이의 놀람, 느낌,
부름이나 대답을 나타내는 단어야.

⑩ 여보세요, 거기 누구 없소?

◉ 알맞게 선으로 이으세요.

명사	•	•	사물, 장소, 사람의 이름을 대신하여 나타내는 단어
대명사	•	•	사물이나 사람의 이름을 나타내는 단어
수사	•	•	사물이나 사람의 수량 또는 순서를 나타내는 단어

◉ 알맞은 내용에 ○표를 하세요.

용언에서 '뛰다', '오다'와 같이 움직임이나 작
용 등을 나타내는 단어를 (형용사 . 동사)라고
한다.

◉ 관계언의 특징에 대한 설명으로 알맞은 것에
○표를 하세요.

주로 체언 뒤에 붙어 그 말과 다른
말과의 문법적인 관계를 나타낸다.

문장에서 다른 성분들과 문법적 관
계를 맺지 않는다.

5회 ②

사동 표현과 피동 표현

사동 표현: 주체가 남에게 어떤 동작을 하도록 시킴을 나타내는 표현.
피동 표현: 주체가 다른 주체에 의해서 어떤 동작을 당하게 됨을 나타내는 표현.

사동 표현이란 주체가 남에게 어떤 동작을 하도록 시킴을 나타내는 표현이야. 이때 주체란 주어를 말해. 주어가 스스로 어떤 동작을 행하는 주동 표현의 반대 개념이지. 이 주동 표현으로 이루어진 문장을 주동문, 사동 표현으로 이루어진 문장을 사동문이라고 해. 사동문은 주동문을 바탕으로 만들 수 있어. 주동문의 용언 어간에 '-이-, -히-, -리-, -기-, -우-, -구-, -추-'를 붙여서 만드는 방법, 주동문의 용언 어간에 '-게 하다'를 붙이는 방법, 명사에 '-시키다'를 붙이는 방법이 있어.

한편, 피동 표현이란 주체가 다른 주체에 의해서 어떤 동작을 당하게 됨을 나타내는 표현이야. 주어가 제힘으로 어떤 동작을 하는 표현인 능동 표현의 반대 개념이지. 이 능동 표현으로 이루어진 문장을 능동문, 피동 표현으로 이루어진 문장을 피동문이라고 해. 피동문은 능동문을 바탕으로 만들 수 있어. 능동문의 용언 어간에 '-이-, -히-, -리-, -기-'를 붙이는 방법, 능동문의 용언 어간에 '-아지다/-어지다', '-되다', '-게 되다' 등을 붙이는 방법이 있어.

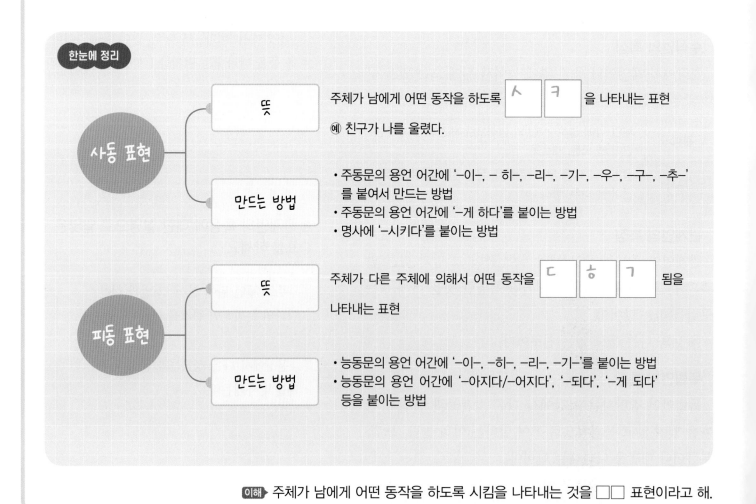

한눈에 정리

사동 표현

- 뜻 — 주체가 남에게 어떤 동작을 하도록 [ㅅ][ㅋ]을 나타내는 표현
  예 친구가 나를 울렸다.
- 만드는 방법
  - 주동문의 용언 어간에 '-이-, -히-, -리-, -기-, -우-, -구-, -추-'를 붙여서 만드는 방법
  - 주동문의 용언 어간에 '-게 하다'를 붙이는 방법
  - 명사에 '-시키다'를 붙이는 방법

피동 표현

- 뜻 — 주체가 다른 주체에 의해서 어떤 동작을 [ㄷ][ㅎ][ㄱ] 됨을 나타내는 표현
- 만드는 방법
  - 능동문의 용언 어간에 '-이-, -히-, -리-, -기-'를 붙이는 방법
  - 능동문의 용언 어간에 '-아지다/-어지다', '-되다', '-게 되다' 등을 붙이는 방법

이해 ▶ 주체가 남에게 어떤 동작을 하도록 시킴을 나타내는 것을 □□ 표현이라고 해.

사동 표현이 사용된 문장 만들기 ////////////

- 주동문에 사용된 동사나 형용사의 어간에 '-이-, - 히-, -리-, -기-, -우-, -구-, -추-'를 붙이는 방법
  예 배가 뜨다. → 영희가 배를 띄우다.

- 주동문에 사용된 동사나 형용사의 어간에 '-게 하다'를 붙이는 방법
  예 아이가 밥을 먹다. → 엄마가 아이에게 밥을 먹게 하다.

- 명사에 '-시키다'를 붙이는 방법
  예 친구가 강아지를 산책시키다.

피동 표현이 사용된 문장 만들기 ////////////

- 능동문에 사용된 동사나 형용사의 어간에 '-이-, -히-, -리-, -기-'를 붙이는 방법(주어가 바뀜.)
  예 모기가 아이를 물다. → 아이가 모기에게 물리다.

- 동사나 형용사의 어간에 '-아지다/-어지다', '-되다', '-게 되다' 등을 붙이는 방법
  예 쏟다 → 쏟아지다
    선출하다 → 선출되다
    드러나다 → 드러나게 되다

사동 표현, 피동 표현을 사용하는 의도가 있어?

사동 표현은 누가 동작을 시키는 것인지를 강조하는 의도야.

  사동 표현은 주체가 대상에게 동작을 시키는 역할임을 강조하는 의도가 담겼어. '종이비행기가 날았다.'라는 표현보다 '정우가 종이비행기를 날렸다.'라는 표현에서 정우가 종이비행기를 날렸다는 것을 강조했음을 알 수 있어.

피동 표현은 동작을 당한 것을 강조하는 의도야.

  피동 표현은 주체가 동작을 당한 것을 강조하고자 하는 의도가 담긴 표현이야. "경찰이 도둑을 잡았다."라는 표현보다 "도둑이 경찰에게 잡혔다."라는 표현을 통해 도둑이 잡혔다는 것을 강조하고 있어.

◉ 반대의 의미가 담긴 것끼리 알맞게 선으로 이어 보세요.

| 피동 표현 | • | • | 주동 표현 |
| 사동 표현 | • | • | 능동 표현 |

◉ 알맞은 내용에 ○표를 하세요.

'-이-, -히-, -리-, -기-, -우-, -구-, -추-'는 (사동 , 피동) 표현을 만들기 위해 필요한 말이다.

◉ 다음 중 동작을 당한 것을 강조한 문장에 ○표를 하세요.

| 갑자기 구름이 걷히다. | |
| 형이 동생을 울리다. | |

1 다음 빈칸에 들어갈 알맞은 말을 쓰세요. 》‑‑ 사회

> 인간이라면 누구나 존중받고 인간답게 살 수 있는 권리로, 인종, 성별, 연령 등에 상관없이 인간
> 이라면 누구나 가지는 기본적이고 보편적인 권리를 [   ]이라고 한다.

(   )

2 다음과 같은 국민의 기본권은 무엇인지 쓰세요. 》‑‑‑‑‑‑‑‑‑‑‑‑‑‑‑‑‑‑‑‑‑‑‑‑‑‑‑‑‑‑‑‑‑‑‑‑‑ 사회

> 법을 공평하게 적용받아 차별받지 않을 권리이다.

(   )

3 다음 중 4·19 혁명에 대한 설명으로 옳지 <u>않은</u> 것은 무엇입니까? (   ) 》‑‑‑‑‑‑‑‑‑‑ 사회

① 학생과 시민들이 부정 선거를 저지른 이승만 정부를 무너뜨린 사건이다.
② 이승만 정부가 부정 선거를 저지른 일이 혁명의 직접적인 원인이었다.
③ 학생들과 시민들이 힘을 합쳐 독재 정부를 무너뜨린 뒤 민주주의를 실현한 사건이다.
④ 국민의 노력으로 정권을 바꾸었기 때문에 '혁명'이라고 부른다.
⑤ 정권을 차지한 신군부 세력과 그들이 내린 계엄령에 반대하고 민주화를 요구한 사건이다.

4 다음 중 중력에 의해 나타나는 현상은 무엇인가요? (   ) 》‑‑‑‑‑‑‑‑‑‑‑‑‑‑‑‑‑‑‑‑‑‑‑‑‑ 과학

① 철가루가 자석에 끌려온다.   ② 고드름이 아래로 자란다.
③ 못에 녹이 슨다.   ④ 농구공이 튀어 오른다.
⑤ 물이 끓는다.

▶ 정답과 해설 **45**쪽

5 다음 중 무게와 질량에 대한 설명을 구분하여 각각 기호를 쓰세요. »

> ㉮ 용수철저울로 측정하며 단위는 N을 사용한다.
> ㉯ 윗접시저울로 측정하며 단위는 kg을 사용한다.
> ㉰ 물체의 고유한 양으로, 장소에 관계없이 일정하다.
> ㉱ 물체에 작용하는 중력의 크기로 장소에 따라 달라진다.

(1) 무게에 대한 설명: (   )
(2) 질량에 대한 설명: (   )

6 다음 중 마찰력의 크기에 영향을 주는 것을 모두 골라 기호를 쓰세요. »

> ㉮ 물체에 작용하는 힘의 종류   ㉯ 접촉면의 넓이
> ㉰ 접촉면의 거칠기   ㉱ 물체의 무게

(   )

7 그림에서 다음 각의 크기를 구하세요. »

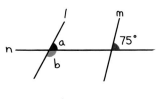

(1) ∠a의 동위각: (   )
(2) ∠b의 엇각: (   )

8 작도를 하기 위해 필요한 도구를 선으로 이으세요. 》 ----------------------------------- 수학

| 선분의 연장선을 그린다. | •

| 서로 다른 두 점을 연결하여 선분 을 그린다. | •

• | 컴퍼스 |

• | 눈금 없는 자 |

| 선분의 길이를 재어서 옮긴다. | •

9 그림에서 △ABC≡△DEF일 때 다음을 각각 구하세요. 》 ----------------------------------- 수학

15 cm
A
40° B C
D
105° E F

(1) $\overline{DE}$의 길이: (   )

(2) ∠ACB의 크기: (   )

10 다음 중 확산의 예와 증발의 예를 구분하여 각각 기호를 쓰세요. 》 ----------------------------------- 과학

⑦ 향수병의 뚜껑을 열어 놓으면 향수 냄새가 주변으로 퍼져 나간다.
⑭ 향수병의 뚜껑을 열어 놓으면 향수의 양이 점점 줄어든다.
⑭ 젖은 머리카락이 시간이 지나면 마른다.
⑭ 꽃가게 근처에서 가면 꽃향기가 난다.

(1) 확산의 예: (   )   (2) 증발의 예: (   )

11 기체의 압력과 부피에 대한 설명으로 옳은 것에 모두 ○표를 하세요. 》 ----------------------------------- 과학

(1) 온도가 일정할 때 압력이 증가하면 기체의 부피는 감소한다.   (   )

(2) 일정한 압력에서 온도가 높아지면 입자의 운동 속도가 빨라진다.   (   )

(3) 일정한 압력에서 온도가 높아지면 부피가 작아진다.   (   )

▶ 정답과 해설 **46**쪽

12 다음 빈칸에 들어갈 알맞은 물질의 상태 변화를 쓰세요. 》 ----------------------------- 과학

➡ 냉각, 열을 방출
➡ 가열, 열을 흡수

기체

ⓒ

승화

ⓖ

기화

ⓛ

응고

고체   액체

(1) ⓖ: (   )
(2) ⓛ: (   )
(3) ⓒ: (   )

13 다음 중 사동 표현의 문장은 어느 것입니까? (   ) 》 --------------------- 국어

① 아빠가 모기에게 물리다.   ② 개그맨이 방청객을 웃기다.
③ 쥐가 고양이에게 잡히다.   ④ 갑자기 비가 쏟아지다.
⑤ 친구가 학급 회장으로 선출되다.

14 다음 중 형용사를 모두 찾아 기호를 쓰세요. 》 ---------------------------------- 국어

㉮ 착하다   ㉯ 자라다   ㉰ 잡다   ㉱ 춥다

(   )

15 다음 ㉠~㉤ 중 체언이 아닌 것의 기호를 쓰세요. 》 -------------------------- 국어

㉠나는 어제 ㉡문구점에서 고책 ㉢한 권을 사고, 오는 길에 ㉣시장에서 사과 ㉤하나를 샀다.

(   )

정리 학습

사회 권리와 의무

인간으로서 당연히 누려야 할 기본적인 권리를 누리기 위해서는 국민들이 지켜야 할 ☐ ☐ 가 따라야 해.

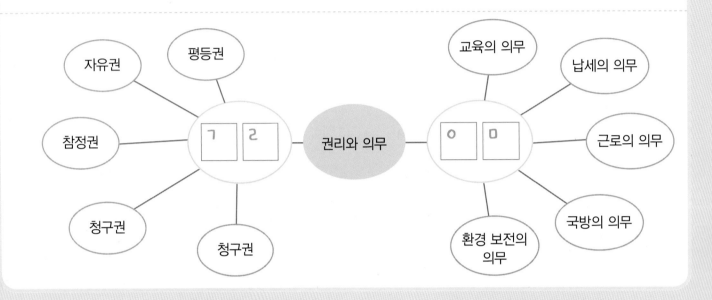

- 자유권
- 평등권
- 참정권
- 청구권
- 청구권

ㄱ ㄹ — 권리와 의무 — ㅇ ㅁ

- 교육의 의무
- 납세의 의무
- 근로의 의무
- 국방의 의무
- 환경 보전의 의무

과학 중력과 탄성력

지구와 물체가 서로 끌어당기는 힘을 ☐ ☐ 이라고 해.

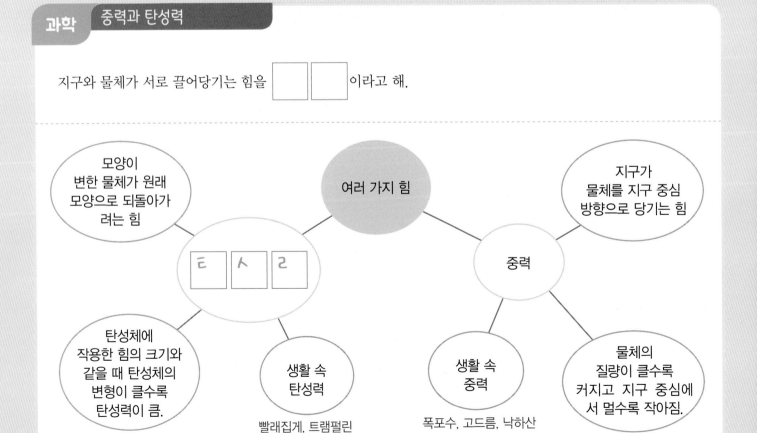

- 모양이 변한 물체가 원래 모양으로 되돌아가려는 힘
- 탄성체에 작용한 힘의 크기와 같을 때 탄성체의 변형이 클수록 탄성력이 큼.

ㅌ ㅅ ㄹ

- 생활 속 탄성력
  빨래집게, 트램펄린

여러 가지 힘

- 지구가 물체를 지구 중심 방향으로 당기는 힘

중력

- 생활 속 중력
  폭포수, 고드름, 낙하산
- 물체의 질량이 클수록 커지고 지구 중심에서 멀수록 작아짐.

과학 마찰력과 부력

두 물체의 접촉면에서 물체의 운동을 방해하는 힘을 ☐☐☐이라고 해.

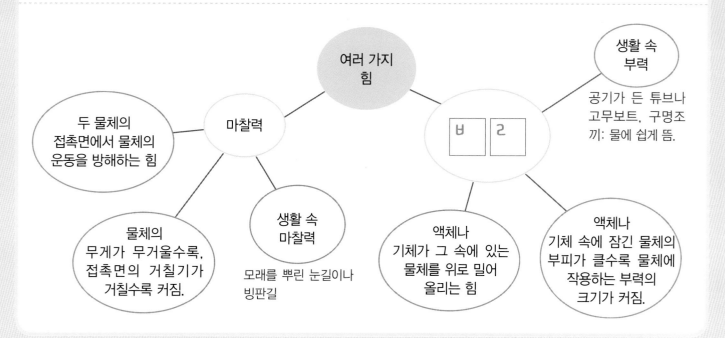

- **여러 가지 힘**
  - **마찰력**
    - 두 물체의 접촉면에서 물체의 운동을 방해하는 힘
    - 물체의 무게가 무거울수록, 접촉면의 거칠기가 거칠수록 커짐.
    - **생활 속 마찰력**
      - 모래를 뿌린 눈길이나 빙판길
  - **ㅂㄹ**
    - **생활 속 부력**
      - 공기가 든 튜브나 고무보트, 구명조끼: 물에 쉽게 뜸.
    - 액체나 기체가 그 속에 있는 물체를 위로 밀어 올리는 힘
    - 액체나 기체 속에 잠긴 물체의 부피가 클수록 물체에 작용하는 부력의 크기가 커짐.

수학 동위각과 엇각

두 직선이 다른 한 직선과 만나서 생긴 각 중 서로 같은 위치에 있는 각을 ☐☐☐이라고 해.

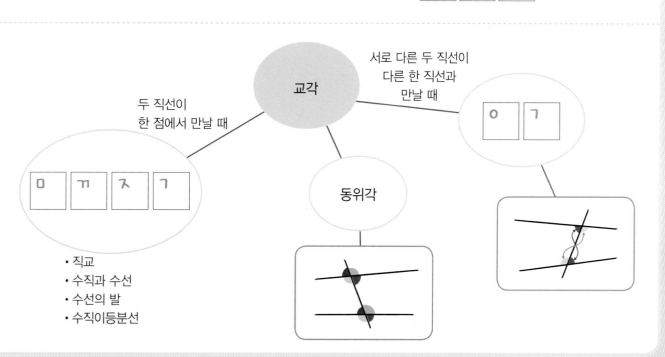

- **교각**
  - 두 직선이 한 점에서 만날 때
    - **ㅁㄲㅈㄱ**
      - • 직교
      - • 수직과 수선
      - • 수선의 발
      - • 수직이등분선
  - **동위각**
  - 서로 다른 두 직선이 다른 한 직선과 만날 때
    - **ㅇㄱ**

눈금 없는 자와 컴퍼스만을 사용하여 도형을 그리는 것을 [　][　]라고 해.

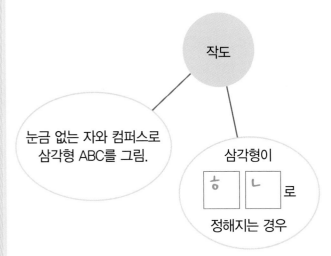

작도

눈금 없는 자와 컴퍼스로 삼각형 ABC를 그림.

삼각형이 [ㅎ][ㄴ]로 정해지는 경우

❶ 세 변의 길이가 주어질 때
❷ 두 변의 길이와 그 끼인각의 크기가 주어질 때
❸ 한 변의 길이와 그 양 끝 각의 크기가 주어질 때

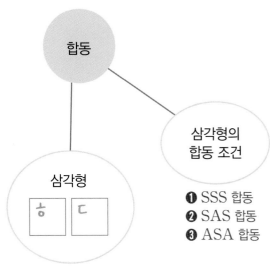

합동

삼각형 [ㅎ][ㄷ]

삼각형의 합동 조건

❶ SSS 합동
❷ SAS 합동
❸ ASA 합동

• 두 삼각형이 하나로 완전히 포개짐.
• 대응각의 크기와 대응변의 길이가 같음.

물질을 이루는 입자가 스스로 끊임없이 모든 방향으로 움직이는 것을 [　][　]의 [　][　]이라고 해.

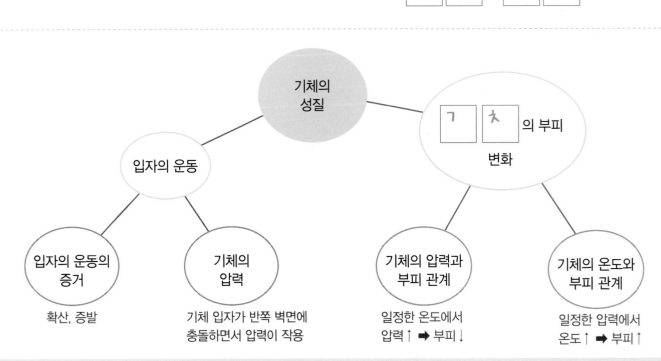

기체의 성질

[ㄱ][ㅊ]의 부피 변화

입자의 운동

입자의 운동의 증거

확산, 증발

기체의 압력

기체 입자가 반쪽 벽면에 충돌하면서 압력이 작용

기체의 압력과 부피 관계

일정한 온도에서
압력↑ ➡ 부피↓

기체의 온도와 부피 관계

일정한 압력에서
온도↑ ➡ 부피↑

▶ 정답과 해설 **48**쪽

과학 물질의 상태 변화

물질의 상태가 고체, 액체, 기체로 서로 변하는 현상을 물질의 ☐☐☐☐ 라고 해.

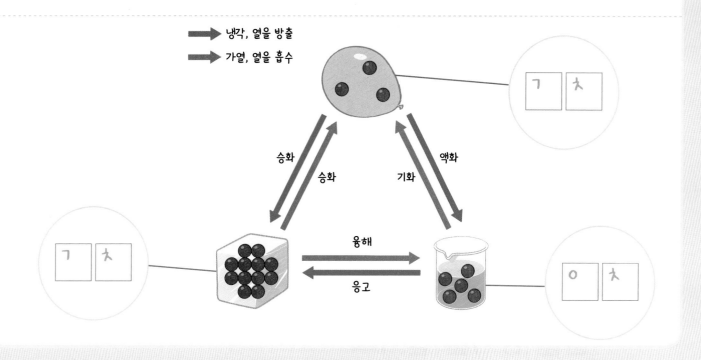

국어 품사

단어를 문법상 의미, 형태, 기능으로 분류한 갈래를 ☐☐ 라고 해.

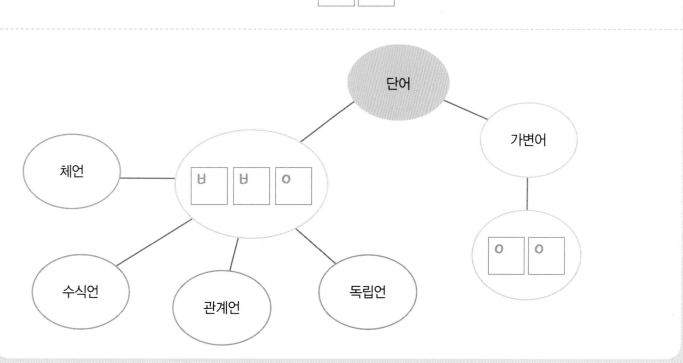

알뜰 장터를 열어요

교무실 밖을 나오면서 정훈이가 말했어요.

"오늘 다시 슬램덩크 애들을 모아서 회의를 해 보자. 김 선생님께서 다시

한번 건의해 주시겠다고 했으니까 우리도 좋은 방법을 생각해 보자."

"어떤 방법?"

태하가 물었어요.

"결국 돈이 없어서 못해 주신다는 거잖아? 그러면 우리도 돈을 좀 모을 방

법을 찾아보자고. 우리도 뭔가 노력해야 되잖아?"

정훈이의 말에 태하가 정훈이를 다시 쳐다보았어요. 정훈이가 자신보다 더

형같이 느껴졌기 때문이에요.

수업이 끝난 뒤, 슬램덩크 1학년 회원들이 다시 모였어요. 정훈이가 나서서

지금까지의 상황을 모두 설명했어요. 그리고 나서 덧붙여 말했어요.

"교장 선생님께서는 예산이 없어서 시설을 고쳐 주기 어렵다고 하셨어. 그렇지만 우리는 샤워 시설도 있었으면 좋겠고, 낡은 시설을 고치고 싶잖아? 그러려면 우리도 뭔가 노력하면 좋을 것 같아. 전부는 아니더라도 조금이라도 우리가 돈을 모아 보태면 좋을 것 같아."

동아리에 대한 열정으로 똘똘 뭉친 슬램덩크 아이들의 의견이 마구 쏟아져 나왔어요. 여러 의견이 오간 끝에, 아이들은 알뜰 장터를 열어서 돈을 모으기로 의견을 모았어요.

아이디어 회의를 하고 나니 그 뒤 일은 생각보다 빠르게 진행됐어요. 학교의 승낙을 받아 슬램덩크 회원들은 학교 안에 알뜰 장터를 열었어요. 농구장 시설을 고치기 위해 알뜰 장터를 열기로 했다는 1학년 후배들의 말에 2학년과 3학년 선배들이 모두 나서서 물건을 내놓고 알뜰 장터를 도와주기로 했어요. 김 선생님도 후원 물품을 줄 수 있는 곳을 찾아서 도와주셨지요. 동아리 주장인 백호 형은 아끼고 아끼던 만화책 〈슬램덩크〉 세트와 값비싼 롱 패딩을 내놓아 모두를 놀라게 했지요.

"이거 형이 아끼던 거잖아요? 저도 안 빌려주던 걸 이렇게 내놓아도 돼요?"

놀란 태하가 백호 형에게 물었어요.

"휴, 너희가 슬램덩크를 살리겠다고 이렇게 애를 쓰는데 어떡하냐? 대신 비싸게, 아주 비싸게 팔아라. 알았지?"

백호 형은 다시 그 만화책 세트를 도로 가져갈 것처럼 뚫어지게 바라보고 있었어요. 형의 마음이 변할까 봐 태하가 얼른 뒤로 숨겼지요. 김 선생님도 아끼던 게임기를 내놓으셨고 여러 선생님들도 애장품을 내놓으셨어요.

수업이 끝난 아이들이 우르르 몰려 알뜰 장터가 북적거렸어요. 백호 형이 내놓은 〈슬램덩크〉 인기는 역시 대단했어요.

아이들 여럿이 몰려서 서로 가져가려고 야단법석이었지요. 결국 만화책

〈슬램덩크〉 세트를 차지한 준서가 이렇게 물었어요.

"이거 너무 많은데 배달은 안 되냐?"

그 말에 백호 형이 면박을 줬어요.

"야, 배달이 어딨냐? 그럴 거면 거기 그냥 둬."

준서가 화들짝 놀라 책들을 귀하게 품에 안았어요.

"백호 형, 말도 안 되는 소리 마요! 이제 이건 내 거야. 얼른 노끈이라도 줘.

끌고라도 가게."

준서의 말에 여기저기서 웃음이 터졌어요.

"장사는 잘되니?"

아이들이 돌아보니 김 선생님이었어요.

"네에~!"

아이들이 우렁차게 대답했어요.

"정말 수고가 많네. 너희 슬램덩크 아이들 정말 대단해. 다시 봐야겠어?"

"하하, 선생님. 그렇게만 말씀하시지 말고 얼른 하나 사세요."

태하가 김 선생님께 가장 비싸 보이는 물건을 들고 말했어요. 김 선생님이 어쩔 수 없다는 듯 물건을 사고 말씀하셨어요.

"이거 강매 아니냐? 너희 그동안 이렇게 물건 팔았니?"

김 선생님의 말씀에 아이들이 모두 웃었어요. 그때 교장 선생님이 나타나셨어요. 아이들이 모두 우렁차게 인사를 했지요. 교장 선생님은 너털웃음을 지으며 말씀하셨어요.

"하하하, 여러분이 그 유명한 슬램덩크군요. 그래서 물건은 많이 팔았나요?"

이 기회를 놓칠 세라 태하가 얼른 비싼 물건을 들고 홍보를 시작했어요.

"교장 선생님, 이 게임기는 김 선생님께서 쓰시던 물건인데요, 사실 아주 고가의 제품입니다만, 지금 단돈 이만 원, 이만 원에 드립니다!"

"예끼, 내가 그 게임기로 뭘 하겠나? 허허허, 대단들 하네, 대단해. 알뜰 장터가 다 끝나면 동아리 회원들 모두 교장실로 와 주면 좋겠어요. 물론 담당 선생님인 김 선생님도 같이 오세요. 그때 슬램덩크 건의 사항에 대해 답변을 드리겠어요."

교장 선생님이 웃으면서 말씀하셨어요.

이어지는 내용은 140쪽에 >>>

4
주차

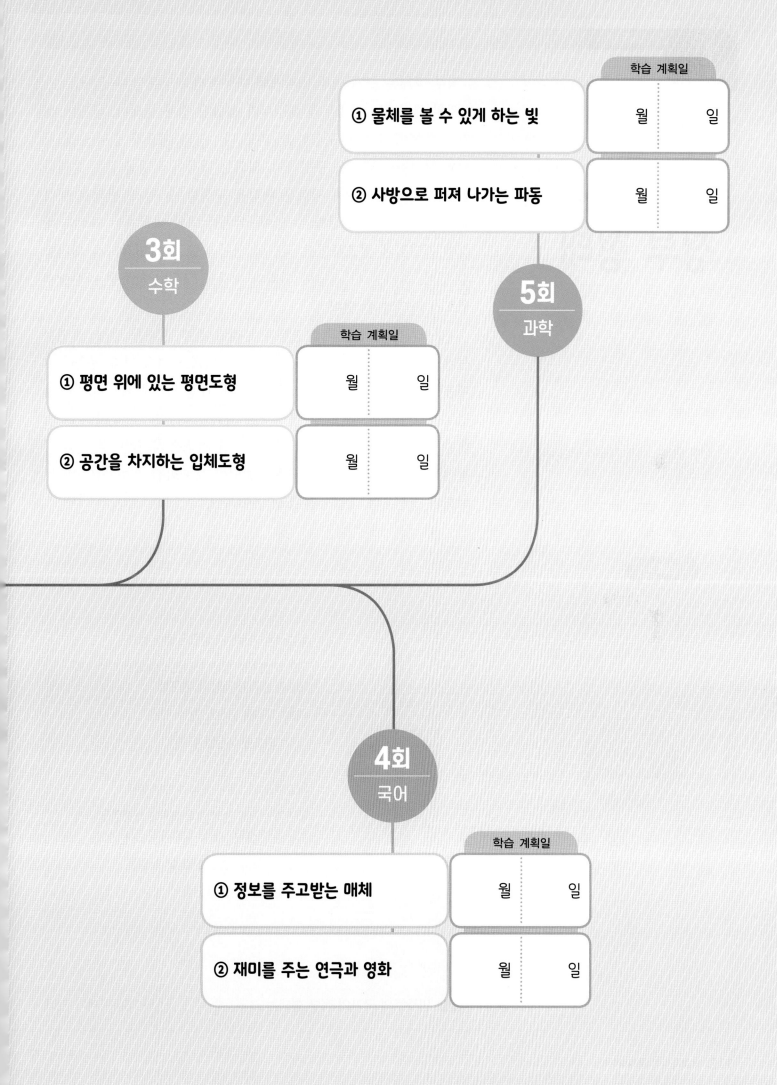

3회 수학

① 평면 위에 있는 평면도형

학습 계획일
월   일

② 공간을 차지하는 입체도형

학습 계획일
월   일

5회 과학

① 물체를 볼 수 있게 하는 빛

학습 계획일
월   일

② 사방으로 퍼져 나가는 파동

월   일

4회 국어

① 정보를 주고받는 매체

학습 계획일
월   일

② 재미를 주는 연극과 영화

월   일

국가를 운영하는 정부 형태

정부 형태: 국가 기관이 구성되어 있는 모습.

정부 형태는 크게 의원 내각제와 대통령제로 구분할 수 있어.

의원 내각제는 입법부와 행정부가 융합된 정부 형태야. 국민이 선거를 통하여 의회를 구성하면, 의회 다수당의 대표가 총리(수상)가 되어 행정부인 내각을 구성하지. 의회는 내각이 국정을 잘못 운영하면 내각을 불신임하여 새로운 내각을 구성할 수 있고, 반대로 내각의 총리도 의회를 해산할 수 있어. 이처럼 의원 내각제는 의회와 내각이 긴밀하게 협조하면서 국민의 정치적 요구에 민감하게 대처할 수 있어. 하지만 한 정당이 의회와 내각을 모두 장악하면 다수당의 횡포가 나타날 수 있어.

대통령제는 입법부와 행정부가 분리된 정부 형태를 말해. 국민은 선거를 통해 행정부의 수반인 대통령과 의회 의원을 각각 선출하고, 대통령이 행정부를 독립적으로 구성해. 대통령제에서는 의회는 행정부를 불신임할 수 없고, 행정부도 의회를 해산할 수 없어. 이처럼 대통령제는 대통령 임기 동안 안정적인 정책을 수행할 수 있는 장점이 있지만, 대통령에 권한이 집중되어 독재화될 우려가 있어. 또 의회와 행정부가 대립하면 조정이 어려워.

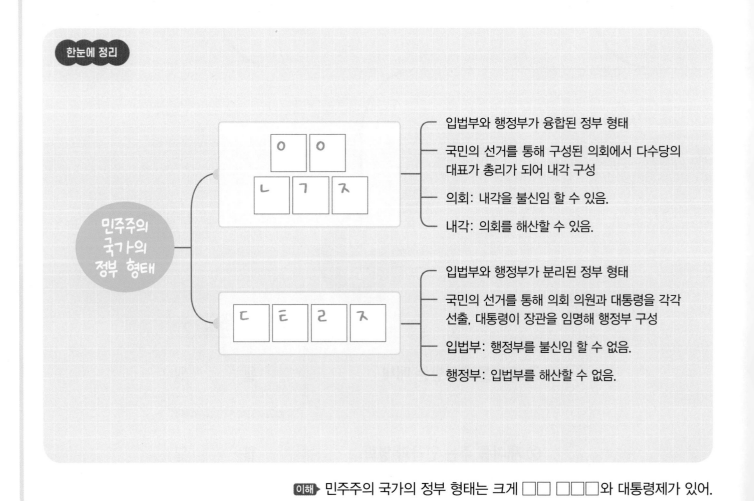

한눈에 정리

민주주의 국가의 정부 형태

○ ○
ㄴ ㄱ ㅈ
- 입법부와 행정부가 융합된 정부 형태
- 국민의 선거를 통해 구성된 의회에서 다수당의 대표가 총리가 되어 내각 구성
- 의회: 내각을 불신임 할 수 있음.
- 내각: 의회를 해산할 수 있음.

ㄷ ㅌ ㄹ ㅈ
- 입법부와 행정부가 분리된 정부 형태
- 국민의 선거를 통해 의회 의원과 대통령을 각각 선출, 대통령이 장관을 임명해 행정부 구성
- 입법부: 행정부를 불신임 할 수 없음.
- 행정부: 입법부를 해산할 수 없음.

이해 민주주의 국가의 정부 형태는 크게 □□ □□□와 대통령제가 있어.

우리나라의 정부 형태

우리나라는 대통령제를 근간으로 하지만 의원 내각제 요소도 갖고 있어. 국민이 직접 선거를 통하여 국회의원을 선출하고, 대통령도 선출해. 대통령은 각 부의 장관을 임명해 행정부를 구성하고, 행정부의 수반이 되어 국정을 운영하지. 그리고 국회는 대통령을 불신임할 수 없고, 대통령도 국회를 해산할 수 없어.

그러나 우리나라는 일반적인 대통령제와 달리 대통령의 명으로 행정 각부를 총괄하는 국무총리가 있어. 또 행정부가 국회에 법률안을 제출할 수 있고, 입법부인 국회의원이 행정부의 장관을 겸할 수 있어.

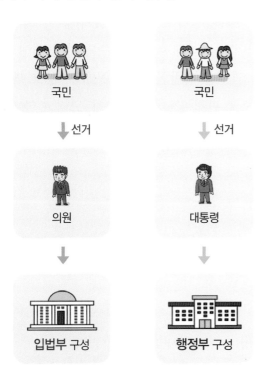

▲ 대통령제의 정부 구성 방식

의원 내각제 국가에 왕은 어떤 존재야?

의원 내각제는 영국에서 시작되었어. 유럽의 많은 나라와 오스트레일리아, 일본 등도 의원 내각제를 채택해 국가를 운영하고 있어. 의원 내각제 국가에는 국가의 상징적인 존재로서 왕이나 여왕이 있는 경우도 있어. 이들은 실질적인 권한 없이 국가를 대표하는 역할을 하고, 총리(수상)가 실질적인 정치 권력을 행하지.

◉ 다음에서 설명하는 정부 형태를 쓰세요.

> 입법부와 행정부가 융합된 정부 형태로, 국민이 선거를 통하여 의회를 구성하면, 의회 다수당의 대표가 총리(수상)가 되어 내각을 구성한다.

◉ 관련 있는 것끼리 선으로 이으세요.

대통령제

의원 내각제

- 의회가 내각을 불신임할 수 있음.
- 입법부가 행정부를 불신임할 수 없음.
- 내각의 총리가 의회를 해산할 수 있음.
- 행정부는 입법부를 해산할 수 없음.

◉ 우리나라 정부 형태에 대한 설명으로 알맞은 것에 ○표를 하세요.

국민의 힘으로 선출된 의원들이 대통령을 임명한다.	
대통령제에 의원 내각제 요소도 갖추고 있다.	

1회 ②

안정된 사회를 유지하는 법과 재판

법: 사회 규범 중 국가가 만들어 강제성이 있는 것.

재판: 법을 어긴 사람이 있거나 사람들 사이에 다툼이 생겼을 때 법에 따라 옳고 그름을 따지는 것.

정의롭고 안정된 사회를 위해 필요한 법은 국가가 만들었기 때문에 강제성이 있어. 법을 지키지 않을 경우 국가에 의해 제재를 받게 되지.

법의 유형에는 크게 공법, 사법, 사회법이 있어. 공법은 공적인 생활 관계를 다루는 법으로, 헌법, 형법, 행정법, 소송법이 있어.

사법은 개인 간의 사적인 생활 관계를 다루는 법으로, 개인의 가족과 재산 관계를 다루는 민법, 기업 활동 및 상거래를 다루는 상법이 있어. 사회법은 국가가 사회적 약자를 보호하는 법으로, 노동자의 권리를 보호하는 노동법, 최소한의 인간다운 삶을 보장하는 사회 보장법, 공정한 경제 질서를 유지하는 경제법이 있어.

사람들 사이에 법적 분쟁이 생겼을 때 이를 해결하는 가장 대표적인 방법은 바로 재판이야. 재판은 크게 민사 재판과 형사 재판이 있어. 이 외에도 가사 재판, 행정 재판, 선거 재판 등이 있지.

우리나라에서는 재판이 공정하게 이루어지도록 하기 위해 사법권의 독립을 보장하고, 재판 과정을 일반인들에게 공개해. 형사 재판에서는 구체적인 증거를 바탕으로 판결하도록 규정하지. 그리고 한 사건에 대해 세 번까지 재판을 받을 수 있도록 하고 있어.

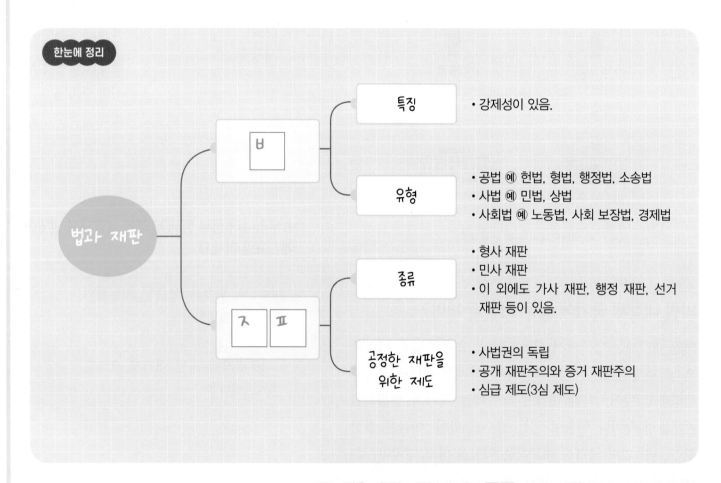

한눈에 정리

법과 재판

ㅂ □
- 특징
  - 강제성이 있음.
- 유형
  - 공법 예 헌법, 형법, 행정법, 소송법
  - 사법 예 민법, 상법
  - 사회법 예 노동법, 사회 보장법, 경제법

ㅈ ㅍ
- 종류
  - 형사 재판
  - 민사 재판
  - 이 외에도 가사 재판, 행정 재판, 선거 재판 등이 있음.
- 공정한 재판을 위한 제도
  - 사법권의 독립
  - 공개 재판주의와 증거 재판주의
  - 심급 제도(3심 제도)

이해 ▶ 법은 다루는 영역에 따라 □□, 사법, 사회법으로 나눌 수 있어.

▶ 정답과 해설 52쪽

민사 재판과 형사 재판

민사 재판

민사 재판은 돈을 빌리고 빌려주는 과정에서 발생한 다툼, 손해에 대한 배상 같이 개인과 개인 사이에서 일어난 분쟁을 해결하기 위한 재판이야. 손해를 입었다고 주장하는 사람이 원고, 민사 소송을 당한 사람이 피고가 돼. 원고가 소송을 제기하면 재판이 시작되지.

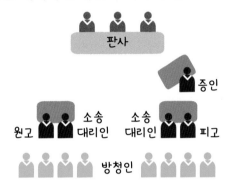

형사 재판

형사 재판은 폭행, 절도, 사기 같은 범죄가 일어났을 때 국가가 범죄의 유무나 형벌의 정도를 결정하는 재판이야. 검사가 범죄를 저질렀다고 의심받는 사람인 피고인을 수사한 후 법원에 재판을 청구(기소)하면 재판이 시작되지.

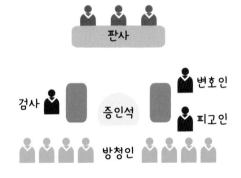

조선 시대에도 시체를 검시하는 직업이 있었다?

현재 우리나라에서는 보통 경찰청에 소속된 검시관이 사건 현장에서 죽은 사람의 시체를 조사해 죽은 원인을 밝혀내는 일을 해. 조선 시대에도 살인 등 변사 사건이 있을 때 검시관이 시체를 조사했어. 검시는 보통 2번에 걸쳐 실시되었어. 이것은 사망 원인을 정확하게 파악해 억울한 일이 없게 하고, 엉뚱한 사람이 사건에 연관되는 일이 없게 하기 위해서였어.

⊙ 알맞은 말에 ○표를 하세요.

> 법은 크게 공법, 사법, 사회법으로 구분할 수 있다. (공법 , 사법 , 사회법)은 공적인 생활 영역을 다루는 법으로 헌법, 형법, 행정법, 소송법 등이 이에 속한다.

⊙ 관련 있는 것끼리 선으로 이으세요.

민사 재판 ・ ・ 검사가 폭행, 절도, 같은 사건에 대해 수사한 후 법원에 기소하면 재판이 시작됨.

형사 재판 ・ ・ 손해를 입었다고 주장하는 사람이 원고가 되어 소송을 제기하면 재판이 시작됨.

⊙ 공정한 재판이 이루어지도록 하기 위해 만든 제도에 ○표를 하세요.

사법권의 독립을 보장한다. ☐

한 사건에 대해 한 번만 재판을 받을 수 있도록 규정한다. ☐

2회 ①

복잡한 먹이사슬, 생물 다양성

생물 다양성: 어떤 지역에 얼마나 다양한 생물이 살고 있는지를 나타내는 것.

우리는 많은 사람들 속에서 친구를 알아볼 수 있고, 많은 반려견들 속에서 우리 반려견을 알아볼 수 있어. 그 이유는 사람마다 얼굴, 키 등이 다르고, 반려견들도 얼굴, 털색 등 각각의 특성이 다르기 때문이야. 바지락의 껍데기 무늬도 같은 것이 없고, 얼룩말의 털 무늬도 색과 간격 등이 조금씩 달라서 같은 것이 없어.

이처럼 같은 종류의 생물 사이에서도 조금씩 다른 특징이 나타나는데 이것을 변이라고 해.

생물 다양성은 어떤 지역에 얼마나 다양한 생물이 살고 있는지를 나타내는 것으로 생물의 종류가 많을수록, 같은 종류에 속하는 생물의 특성이 다양할수록 생물 다양성이 더 높다고 말해. 인간을 포함한 모든 생물은 먹이 사슬로 얽혀 있어. 생물 다양성이 높을수록 먹이 사슬은 복잡해져서 안정적 생태계를 유지하지만, 생물 다양성이 낮으면 먹이 사슬은 쉽게 끊어져 돌이킬 수 없게 돼. 그러면 인간도 더 이상 살아 갈 수가 없게 돼. 그렇기 때문에 생물 다양성을 보전하기 위해 다 같이 노력하는 것이 중요해.

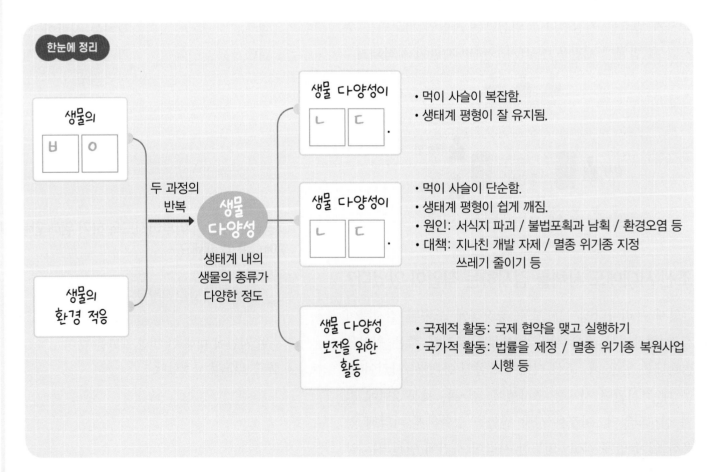

한눈에 정리

생물의 [ㅂ][ㅇ]

두 과정의 반복 →

생물 다양성
생태계 내의 생물의 종류가 다양한 정도

생물의 환경 적응

생물 다양성이 [ㄴ][ㄷ].
- 먹이 사슬이 복잡함.
- 생태계 평형이 잘 유지됨.

생물 다양성이 [ㄴ][ㄷ].
- 먹이 사슬이 단순함.
- 생태계 평형이 쉽게 깨짐.
- 원인: 서식지 파괴 / 불법포획과 남획 / 환경오염 등
- 대책: 지나친 개발 자제 / 멸종 위기종 지정 쓰레기 줄이기 등

생물 다양성 보전을 위한 활동
- 국제적 활동: 국제 협약을 맺고 실행하기
- 국가적 활동: 법률을 제정 / 멸종 위기종 복원사업 시행 등

이해 ▶ 같은 종류의 생물에서도 조금씩 다른 특징이 나타나는데, 이를 □□라고 해.

생태계 평형

생물들이 다른 생물 및 주위 환경과 서로 영향을 주고받으며 작용하는 것을 '생태계'라고 하며, 이러한 생태계를 구성하는 생물의 종류와 수가 크게 변하지 않는 안정된 상태를 유지하는 것을 '생태계 평형'이라고 해. 생물 다양성이 높을수록 생물 사이의 먹고 먹히는 먹이 사슬이 복잡해져서 생물이 멸종될 가능성이 낮아지고 생태계 평형을 잘 유지할 수 있어.

생물 다양성 보전의 중요성

인간을 포함한 모든 생물은 생태계 구성원으로 살아갈 권리가 있기 때문에 생물 다양성을 보전하는 것은 중요해. 한편, 우리는 생물 다양성이 보전된 생태계에서 맑은 공기, 깨끗한 물, 비옥한 토양 등을 얻고 몸과 마음을 건강하게 해. 또 우리가 살아가는 데 필요한 식량, 의약품, 섬유, 목재 등은 대부분 생물에서 얻은 자원이야. 그래서 국제 사회는 협약 등을 통해 생물의 다양성을 지키기 위해 노력하고 있어.

생물은 어떻게 다양해졌을까?

남아메리카 대륙의 서쪽에 있는 갈라파고스제도에는 갈라파고스 땅거북이 살고 있는데 목이 짧은 종류도 있고, 목이 긴 종류도 있어. 갈라파고스 땅거북은 원래 목이 짧은 종류가 대다수였는데 오랜 세월 동안 먹이 경쟁과 환경 변화에 적응한 결과 목이 긴 거북이 나타나게 된 거야. 이렇게 무리에서 환경에 알맞은 변이를 지닌 생물이 더 많이 살아남아 자손을 남겨. 이와 같이 생물의 변이와 생물이 환경에 적응하는 과정은 오늘날 생물이 다양해진 주요 원인이야.

◉ 빈 곳에 알맞은 말을 쓰세요.

여러 생태계에서 얼마나 다양한 종류의 생물이 살고 있는지 나타낸 것을 (   )이라고 한다.

◉ 알맞게 선으로 이으세요.

생물들이 다른 생물 및 주위 환경과 서로 영향을 주고받으며 작용하는 것 •	• 생태계
생태계를 구성하는 생물의 종류와 수가 크게 변하지 않는 안정된 상태를 유지하는 것 •	• 생태계 평형

◉ 생물의 다양성과 생태계 평형에 대한 설명으로 알맞은 것에 ○표를 하세요.

생태계 내에 생물의 (종류 , 수)가 많으면 생물의 다양성이 높고, 먹이 사슬이 (복잡 , 단순)해져서 생태계 평형이 쉽게 (깨지지 않는다 , 깨진다).

생물을 무리 짓는 생물의 분류

생물의 분류: 생물을 객관적이고 일정한 기준에 따라 구분하는 것.

공통점, 차이점 등 특징을 기준으로 무리 지어 보는 것을 분류라고 하는데 지구의 다양한 생물도 기준을 정하여 분류할 수 있어. 이처럼 기준을 정하여 생물을 무리 짓는 것을 생물의 분류라고 해. 그런데 생물을 인간의 편의에 따라 분류하면 사람에 따라 결과가 달라질 수 있어. 그래서 광합성 여부, 번식 방법, 호흡 등 생물의 고유한 특징을 기준으로 정해서 생물을 분류해. 또 생물 고유의 특징에 따라 분류하면 생물들 사이의 멀고 가까운 관계를 알 수 있어. 상어와 고래, 사람을 비교하면 고래는 모습이 비슷한 상어보다 폐호흡을 하는 사람과 더 가깝다는 것을 알 수 있어. 생물을 분류하는 '여러 단계'를 생물의 분류 단계라고 하는데 가장 작은 기본 단위를 종이라고 해. 종은 번식이 가능한 자손을 낳을 수 있는 생물 무리야. 생물의 분류 단계는 '종<속<과<목<강<문<계'로 나누는데 하나의 '계' 안에 비슷한 특징의 생물끼리 모인 여러 개의 '문'이 있고, 하나의 '문' 안에서는 또 더 비슷한 특징의 생물끼리 모인 '강'이 여러 개가 있어. 따라서 생물은 '계'에서 '종'으로 갈수록 점점 공통점이 많아져.

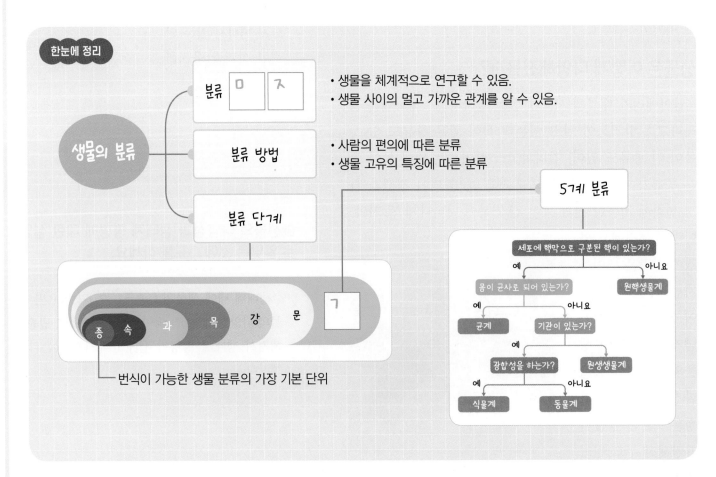

한눈에 정리

- 생물의 분류
  - 분류 □ ㅈ
    - 생물을 체계적으로 연구할 수 있음.
    - 생물 사이의 멀고 가까운 관계를 알 수 있음.
  - 분류 방법
    - 사람의 편의에 따른 분류
    - 생물 고유의 특징에 따른 분류
  - 분류 단계
    - 종 속 과 목 강 문 ㄱ
    - └ 번식이 가능한 생물 분류의 가장 기본 단위

5계 분류

세포에 핵막으로 구분된 핵이 있는가?
- 예 → 몸이 균사로 되어 있는가?
  - 예 → 균계
  - 아니요 → 기관이 있는가?
    - 예 → 광합성을 하는가?
      - 예 → 식물계
      - 아니요 → 동물계
    - 원생생물계
- 아니요 → 원핵생물계

이해 ▶ 생물을 분류하는 가장 기본 단위로 번식이 가능한 자손을 낳을 수 있는 생물의 무리를 □이라고 해.

같은 종인 것과 아닌 것

생김새가 비슷한 말과 당나귀는 짝짓기를 하여 노새를 낳을 수는 있어. 하지만 자손인 노새는 번식 능력이 없어. 그렇기 때문에 말과 당나귀는 같은 종이 아니야. 생김새가 다른 불테리어와 불도그 사이에서 태어난 보스턴테리어는 번식 능력이 있기 때문에 불테리어와 불도그는 같은 종이야.

나는 번식 능력이 없어 대를 이을 수 없어.

나는 불테리어와 불도그 사이에서 태어났어. 난 새끼를 낳을 수 있어.

단세포 생물과 다세포 생물

단세포 생물은 몸이 하나의 세포로 되어 있는 생물이고, 다세포 생물은 몸이 여러 개의 세포로 이루어져 있는 생물을 말하는 거야. 예를 들면 아메바는 단세포 생물이고, 고양이는 다세포 동물이야.

▲ 아메바

생물의 5계 분류

18세기 스웨덴의 린네가 생물을 동물계와 식물계로 분류한 이후 과학이 발달하면서 지구의 다양한 생물은 핵막이나 세포벽이 있는지 없는지, 단세포인지 다세포인지, 영양분을 얻는 방법 등에 따라 동물계, 식물계, 균계, 원생 생물계, 원핵 생물계의 5가지 계로 분류할 수 있게 되었어.

◉ 알맞은 것에 ○표를 하세요.

생물을 분류하면 생물 다양성을 이해하는 데 도움이 된다.

자연 상태에서 짝짓기하여 번식이 가능한 자손을 낳을 수 있는 무리를 속이라고 한다.

공통점과 차이점에 따라 무리 지어 보는 것을 분석이라고 한다.

◉ 생물의 분류 5계 중에서 빈 칸에 알맞은 말을 쓰세요.

붕어	고사리	버섯	짚신벌레	대장균
동물계	식물계	균계		원핵 생물계

◉ 빈 곳에 알맞은 말을 쓰세요.

아메바처럼 몸이 하나의 세포로 되어 있는 생물을 (   )이라고 한다.

3회 ①

평면 위에 있는 평면도형

평면도형: 평면 위에 있는 도형으로 원, 삼각형, 사각형 등과 같이 선으로 둘러싸인 도형.

평면 위에 있는 도형으로 원, 삼각형, 사각형 등과 같이 선으로 둘러싸인 도형을 평면도형이라고 해. 다각형은 3개 이상의 선분으로 둘러싸인 평면도형인데 모든 변의 길이가 같고 모든 내각의 크기가 같은 다각형을 정다각형이라고 해. 다각형에서 안쪽의 각을 내각, 다각형에서 바깥쪽의 각을 외각이라고 해. 삼각형의 내각의 크기의 합은 180°, 사각형의 내각의 크기의 합은 360°임을 이용해서 다각형의 내각의 크기의 합이나 외각의 크기의 합도 구할 수 있어.

이번엔 원탁에 6명의 친구가 정육각형 모양의 꼭짓점 위치에 앉아 있는 모습을 떠올려 봐. 서로 악수를 빠짐없이 주고받았다면 모두 몇 번의 악수를 한 건지 알고 싶을 때는 정육각형의 대각선의 수를 구하는 공식을 이용하여 구할 수도 있어.

평면도형에는 꼭짓점이 없이 곡선으로 둘러싸인 평면도형도 있어.

바로 원인데 피자 하면 떠오르는 도형이지. 8조각으로 나누어진 원 모양의 피자 중 한 조각의 모양을 보면 부채 모양처럼 생겼지? 원에서는 이 모양을 부채꼴이라고 하고 부채꼴 중 원의 일부를 호라고 해.

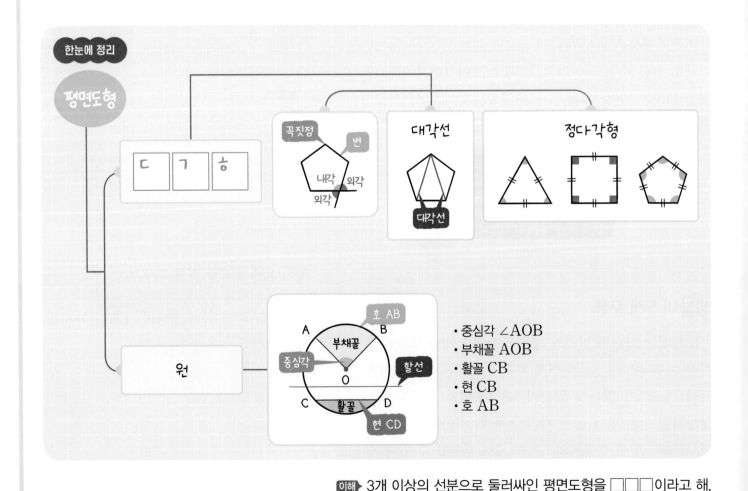

한눈에 정리

평면도형

ㄷ ㄱ ㅎ

꼭짓점 / 변 / 내각 / 외각

대각선

정다각형

원

- 중심각 ∠AOB
- 부채꼴 AOB
- 활꼴 CB
- 현 CB
- 호 AB

이해 3개 이상의 선분으로 둘러싸인 평면도형을 ☐☐☐이라고 해.

내각과 외각

다각형에서 이웃하는 두 변으로 이루어진 내부의 각을 내각, 다각형의 한 꼭짓점에서 한 변과 그 변에 이웃한 변의 연장선이 이루는 각을 외각이라고 해.

두 외각은 서로 맞꼭지각으로 그 크기가 같아서 외각은 둘 중에 하나만 생각하면 돼.

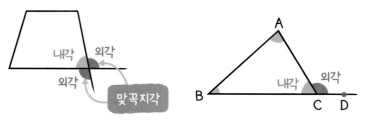

삼각형의 세 내각의 크기의 합은 180°인데 삼각형의 한 꼭짓점에서 내각과 외각의 크기의 합도 180°야. 삼각형의 한 외각의 크기는 그와 이웃하지 않는 두 내각의 크기의 합과 같지.

대각선

다각형에서 이웃하지 않는 두 꼭짓점을 이은 선분을 대각선이라고 해. 삼각형은 이웃하지 않는 두 꼭짓점이 존재하지 않으므로 대각선을 그을 수 없어.

원과 부채꼴

원 위의 두 점 A, B를 양 끝점으로 하는 원의 일부분을 호 AB라 하고 기호 $\overparen{AB}$로 나타내. 원 위의 두 점 A, B를 이은 선분을 현 AB라고 하고 기호 $\overline{AB}$로 나타내. 원의 중심을 지나는 현은 지름이고 지름은 길이가 가장 긴 현이야.

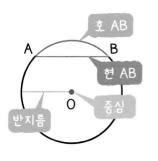

또, 원 위의 두 점 C, D를 지나는 직선을 할선 CD. 원 O에서 두 반지름 OA, OB와 호 AB로 이루어진 도형을 부채꼴

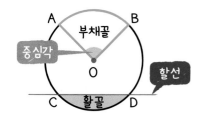

AOB라고 하고 호 CD와 현 CD로 이루어진 도형을 활꼴이라고 해.

⊙ 알맞은 것에 ○표를 하세요.

다각형의 한 꼭짓점에서 한 변과 그 변에 이웃한 변의 연장선이 이루는 각을 (내각 , 외각)이라고 한다.

⊙ 빈칸에 알맞은 말에 ○표를 하세요.

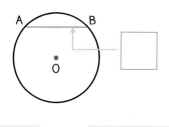

부채꼴 AOB	현 AB

⊙ 관계 있는 것끼리 선으로 이으세요.

원 위의 두 점을 잇는 선분	·	·	현
원에서 현과 호로 이루어진 도형	·	·	할선
원과 두 점에서 만나는 직선	·	·	활꼴

3회 ②

공간을
차지하는
입체도형

입체도형: 평면도형이 아닌 도형.

평면도형이 아닌 도형을 입체도형이라고 해. 입체도형은 면이 최소한 4개는 있어야 만들어져. 이때 4개 이상의 면으로 둘러싸인 입체도형을 다면체라고 해. 다면체에서 '다'는 '많다'라는 의미니까 다면체는 여러 개의 면으로 둘러싸인 도형이란 뜻으로 이해하면 돼. 다면체 중에서 면의 개수가 가장 적은 것은 각 면의 모양이 삼각형인 사면체야.

면이 다각형이 아닌 원이나 곡면으로 둘러싸여 있으면 다면체가 아니야. 따라서 원기둥, 원뿔, 구와 같이 곡면이 있는 도형은 다면체가 아니야.

원기둥, 원뿔, 구는 회전하여 생기는 입체도형이야. 그래서 회전체라고 생각하면 돼. 회전체는 평면도형을 회전하여 만들어진 도형이기 때문에 옆면은 반드시 곡면으로 되어 있어.

직사각형을 회전시키면 원기둥이 되고, 직각을 낀 한 변을 회전축으로 하여 직각삼각형을 회전시키면 원뿔이 만들어져. 구는 회전시키는 평면도형이 반원일 때 생기는 회전체야. 구는 옆면이 따로 없으니 모선도 없고 어느 방향으로 잘라도 단면이 원이니까 회전시킬 때 축이 되는 회전축도 무수히 많은 회전체야.

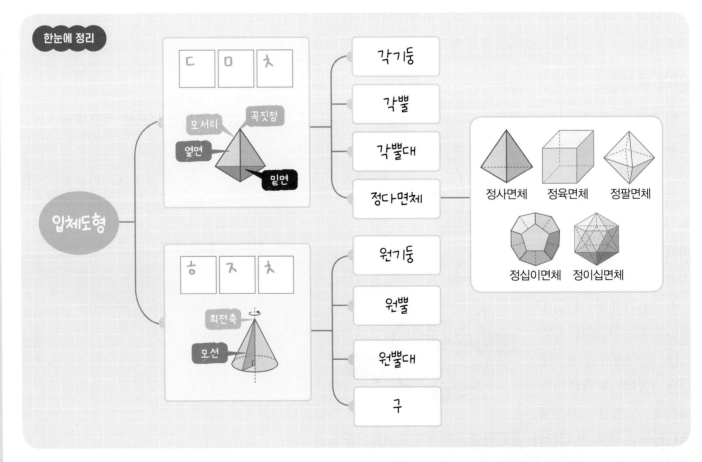

한눈에 정리

ㄷ ㅁ ㅊ

모서리 / 꼭짓점 / 옆면 / 밑면

입체도형

각기둥
각뿔
각뿔대
정다면체

ㅎ ㅈ ㅊ

회전축 / 모선

원기둥
원뿔
원뿔대
구

정사면체 정육면체 정팔면체
정십이면체 정이십면체

이해▶ 다각형으로만 둘러싸인 입체도형을 ☐☐☐☐라고 해.

각뿔대

각뿔을 그 밑면에 평행한 평면으로 잘라서 생기는 두 다면체 중에서 각뿔이 아닌 쪽의 다면체야. 각뿔대의 밑면은 다각형이지만 옆면은 모두 사다리꼴이야.

원뿔대

회전체 중에 원뿔대는 원뿔을 밑면에 평행한 평면으로 잘라서 생기는 두 입체도형 중에서 원뿔이 아닌 쪽의 입체도형이야.

회전체

회전체는 평면도형을 한 직선을 축으로 하여 1회전 시킬 때 생기는 입체도형이야. 회전시킬 때 축이 되는 직선을 회전축, 회전체의 옆면을 이루는 선분을 모선이라고 해. 회전체에는 원기둥, 원뿔, 원뿔대, 구 등이 있어.

원기둥	원뿔	원뿔대	구

▲ 회전체를 회전축에 수직인 평면으로 자르면 그 단면은 항상 원이야.

원기둥	원뿔	원뿔대	구
직사각형	이등변삼각형	사다리꼴	원

▲ 회전체를 회전축을 포함하는 평면으로 자르면 그 단면은 모두 합동이고 회전축을 대칭으로 하는 선대칭도형이야.

⊙ 다음 중 다면체에 모두 ○표를 하세요.

각기둥	원뿔대	각뿔
원뿔	각뿔대	원기둥

⊙ 알맞은 말에 ○표를 하세요.

회전시킬 때 축이 되는 직선을 (모선 , 회전축), 회전체의 옆면을 이루는 선분을 (모선 , 회전축) 이라고 한다.

⊙ 알맞은 내용에 ○표를 하세요.

회전체를 회전축에 수직인 평면으로 자르면 그 단면은 항상 원이다.

회전체를 회전축을 포함하는 평면으로 자르면 그 단면은 항상 사각형이다.

4회 ①

정보를 주고받는 매체

매체: 대중에게 정보를 전달하는 기술 수단.

매체는 개인 사이에서 의사소통을 가능하게 해 주는 모든 주변 도구들을 말해. 일반적으로 멀티미디어와 관련되어 있지. 산업화와 도시화로 인한 사회 환경의 변화와 정보량의 증가로 활자를 매개로 하는 인쇄 매체 시대에서 전파 매체 시대로 발전해 왔어. 이러한 매체에 사용되는 언어는 매체를 통해 대중에게 겉으로 드러나지 않게 전달되지. 이러한 익명성으로 인해 국어 훼손이 매우 심각해지고 비속어가 난무하고, 외계어가 증가하는 문제가 발생하고 있어. 또한 정보의 공유가 많아짐에 따라 저작권을 침해하는 경우도 늘어나고 있어.

저작권이란 창작물을 만든 사람의 노력과 가치를 인정하고, 만든 사람, 즉 저작자의 권리를 보호하는 것을 말해. 저작권이 만들어진 초기에는 지적 내용을 창작한 개인의 명성에 초점이 맞춰졌었는데 사회의 급격한 발전으로 경제적인 측면이 강조되어 지적인 내용에 대한 노력의 대가를 지불하는 것으로 변하게 되었어. 그래서 영화, 음악 등 문화 콘텐츠에 관한 저작권의 세계는 점점 복잡하고 어려워지고 있어.

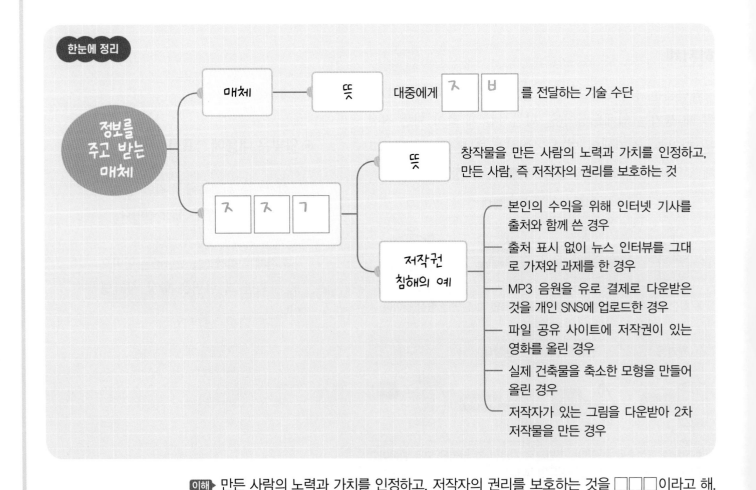

한눈에 정리

정보를 주고 받는 매체

- 매체 — 뜻 — 대중에게 [ㅈ][ㅂ]를 전달하는 기술 수단
- [ㅈ][ㅈ][ㄱ]
  - 뜻 — 창작물을 만든 사람의 노력과 가치를 인정하고, 만든 사람, 즉 저작자의 권리를 보호하는 것
  - 저작권 침해의 예
    - 본인의 수익을 위해 인터넷 기사를 출처와 함께 쓴 경우
    - 출처 표시 없이 뉴스 인터뷰를 그대로 가져와 과제를 한 경우
    - MP3 음원을 유로 결제로 다운받은 것을 개인 SNS에 업로드한 경우
    - 파일 공유 사이트에 저작권이 있는 영화를 올린 경우
    - 실제 건축물을 축소한 모형을 만들어 올린 경우
    - 저작자가 있는 그림을 다운받아 2차 저작물을 만든 경우

이해 만든 사람의 노력과 가치를 인정하고, 저작자의 권리를 보호하는 것을 □□□이라고 해.

매체 환경 변화의 문제점과 태도 //////////////

매체 환경 변화로 인한 문제점

매체 환경 변화가 가져오는 문제점은 첫째, 사생활 침해 문제야. 각 개인과 관련된 정보까지 네트워크를 통해 이용할 수 있게 되므로 개인 정보 보호가 힘들지. 둘째, 비인간화를 들 수 있어. 직접적인 의사소통보다 컴퓨터와 네트워크를 통한 화상 회의나 인공지능 로봇을 이용한 대화도 가능해졌거든. 셋째, 정보의 홍수 속에서 사람들의 판단력이 흐려지는 정보 공해 문제를 들 수 있어. 이러한 결과로 정보 부유층과 빈곤층이 생기겠지? 그러면 정보 격차도 빈부 격차처럼 분명히 벌어질 거야.

저작권 보호를 위한 태도

창작자의 창작 노력에 대한 정당한 대가는 더 나은 창작의 밑거름이 돼. 그래서 저작권의 보호는 반드시 지켜져야 하지. 기술이 발전하면서 불법 복제가 늘어날 수 있기 때문에 무엇보다 이용자 자신이 저작물 보호 의식을 가져야 할 필요성이 있어. 기술 수준과 함께 국민들의 저작권 보호에 대한 의식 수준도 높아져야겠지?

저작권법은 뭐야? ///////////////////////////////

저작자를 보호하기 위해 만든 거야.

저작권법에 의해 보호받을 수 있는 저작물은 첫째, 문화, 학술 또는 예술의 범위에 속하여야 하고 둘째, 창작물이어야 해. 멀티미디어의 기술적 발전에 의한 매체의 변화가 가져온 파급이 저작권법에 대한 심각한 문제를 제기하고 있어. 저작자가 투자한 노력, 즉 지적재산권에 대해서는 정당한 권리를 보호해야 해.

특별한 경우를 제외하면 출처를 표시해야 해.

무료 이미지나 음원을 제외하고 저작권 보호를 위해 다른 사람이 쓴 글이나 그림, 이미지, 음원 등을 가져와 쓸 때에는 출처를 꼭 밝히면서 허락받은 이용 방법과 조건을 지켜야 해. 영상의 경우에는 장면에 직접 넣기도 하고 영화는 엔딩 장면에 출처를 넣기도 해.

◉ 오늘날의 매체 환경 변화의 특성에 알맞지 <u>않</u>은 것에 ○표를 하세요.

정보량 증가	☐
인쇄 매체 시대	☐

◉ 알맞은 내용에 ○표를 하세요.

(창작권 , 저작권)이란 창작물을 만든 사람의 노력과 가치를 인정하고, 만든 사람, 즉 저작자의 권리를 보호하는 것을 말한다.

◉ 다른 사람이 그린 그림을 이용하는 것에 대한 태도에 ○표를 하세요.

몇몇 친구들과 공유할 것이기 때문에 출처 표시는 굳이 안 해도 된다.	☐
출처를 꼭 밝히면서 허락받은 이용 방법과 조건을 지켜 써야 한다.	☐

재미를 주는 연극과 영화

연극: 배우가 대본에 따라 어떤 사건이나 인물을 말과 동작으로 관객에게 보여 주는 무대 예술.

영화: 필름을 연속적으로 촬영해 화면에 재현시킨 움직이는 영상 및 그 기술.

연극은 무대 위에서 등장인물이 말과 몸짓으로 대본에 있는 이야기를 관객에게 전하는 예술이야. 연극은 연기를 하는 사람인 배우, 연극을 하는 장소인 무대, 연극을 관람하는 사람인 관객, 연극을 위해서 쓴 대본으로 이루어져 있어. 그 외에도 조명, 분장, 음악, 무용, 무대 장치 등을 사용하기 때문에 종합 예술이라고도 해. 연극은 배우와 관객이 직접 만나기 때문에 장소와 등장인물 수에 제한이 있어. 배우의 연기가 관객에게 직접 전달되므로 배우 예술이라고도 해.

영화는 스크린 위의 움직이는 영상과 음향으로 이루어진 예술을 말해. 영화는 연기를 하는 사람인 배우, 영화를 연출하는 감독, 영화를 위해서 쓴 시나리오로 이루어져 있어. 시각 매체이기 때문에 시각 정보를 전달하고, 음향을 포함한 영상에 이야기를 담은 것이라 할 수 있어. 연극과 달리 배우와 관객이 화면을 통해 만나고 장소와 등장인물 수에 제한이 거의 없어. 또, 동일한 장면을 다양한 장소에서 다수의 관객에게 반복적으로 전달할 수 있지. 카메라를 통해 전달되므로 감독의 카메라 기법과 편집 기술이 내용 전달에 큰 부분을 차지하지. 그래서 영화는 감독 예술이라고 해.

한눈에 정리

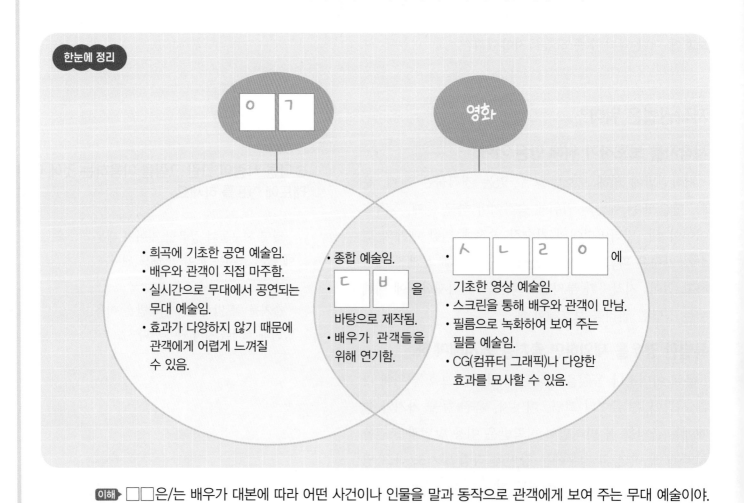

이해▶ □□은/는 배우가 대본에 따라 어떤 사건이나 인물을 말과 동작으로 관객에게 보여 주는 무대 예술이야.

연극과 영화의 구성 단계와 종류

5단계 구성

소설에도 '발단, 전개, 위기, 절정, 결말'의 단계가 있듯이 연극과 영화에도 '발단, 전개, 절정, 반전, 대단원'의 구성 단계가 있어. 시간적, 공간적 배경과 인물이 제시되고, 갈등의 실마리가 나타나는 발단, 인물들 사이의 대립과 갈등이 점점 상승되는 단계로, 긴장이 고조되는 전개, 긴장과 위기감이 최고조에 이르면서 극적 장면이 나타나며, 해결의 실마리가 마련되는 절정, 그리고 해결의 상황으로 급속하게 기울어지는 반전, 사건과 갈등이 끝나고 주인공의 운명이 결정되는 대단원의 단계를 거쳐.

형식과 내용에 따른 갈래

연극을 형식에 따라 나누면 단막극은 1막으로 이루어진 극, 장막극은 2막 이상으로 이루어진 극을 말해. 내용에 따라서는 주인공이 불행으로 치닫는 결말의 비극과 유쾌한 분위기와 웃음으로 행복한 결말로 가는 희극이 있어. 또, 비극과 희극이 결합된 희비극은 불행한 사건이 전개되다가 나중에는 행복한 결말로 끝이 나지.

영화를 형식상에 따라 나누면 짧은 단편 영화와 긴 장편 영화가 있어. 내용에 따라서는 액션 영화, SF 영화(공상과학 영화), 코미디 영화, 공포 영화, 판타지 영화, 뮤지컬 영화, 애니메이션 영화 등 연극보다 훨씬 다양한 종류가 있어.

영화와 만화의 차이점은 뭐야?

영화가 시간에 따른 인물과 사물의 움직임을 필름을 통해 스크린 안에 나타낸다면 만화는 칸의 모양과 크기를 다양하게 하여 공간에 나열된 정지된 이미지를 자유롭게 나타내는 거야.

또, 영화는 촬영된 이미지라면 만화는 수작업으로 만들어진 이미지야. 그래서 영화는 촬영장의 상황이나 촬영 여건과 같은 제약이 따르지만 만화는 현실과 이미지 사이에 인과 관계가 있지 않아.

◉ 알맞게 선으로 이으세요.

연극 ·

영화 ·

· 시나리오에 기초

· 무대 예술

· 필름 예술

· 희곡에 기초

◉ 알맞은 내용에 ○표를 하세요.

형식에 따라 단막극, 장막극으로 나누고, 내용에 따라 희극, 비극, 희비극으로 나눌 수 있는 것은 (영화 , 연극)(이)다.

◉ 알맞은 내용에 ○표를 하세요.

영화는 칸의 모양과 크기를 다양하게 하여 정지된 이미지를 나타낸다.

만화는 현실과 이미지 사이에 인과 관계가 있지 않다.

5회 ①

물체를 볼 수 있게 하는 빛

빛: 눈을 자극해서 물체를 볼 수 있게 하는 것.

아무것도 보이지 않는 어두운 방안에 문틈으로 한줄기 밝은 빛이 들어오면 주변이 보이기 시작하지? 이처럼 빛이 있어야 물체를 볼 수 있어.

태양처럼 스스로 빛을 내는 것을 광원이라고 해. 컴퓨터나 텔레비전의 화면이나 전등, 촛불, 반딧불이도 스스로 빛을 내므로 광원이야. 광원의 빛은 눈으로 바로 들어오기 때문에 볼 수가 있지.

그럼 광원이 아닌 물체는 어떻게 볼 수 있을까? 대부분의 물체는 광원이 아니야. 그러므로 광원에서 나온 빛이 물체에 부딪쳤다가 반사되면서 우리의 눈에 들어오면 그 물체를 볼 수가 있어. 예를 들어 전등이라는 광원에서 나온 빛이 지우개에서 반사된 후, 우리의 눈에 들어오면 우리는 그 지우개를 볼 수 있는 거지.

여러 가지 색을 나타내는 빛은 빨간색, 초록색, 파란색을 이용하면 만들 수 있어. 그래서 이 세 가지 색을 삼원색이라고 해. 빨간색과 초록색을 합하면 노란색이 만들어지고, 초록색과 파란색을 합하면 청록색이 만들어져. 이렇게 서로 다른 색의 빛을 합하여 또 다른 색의 빛을 만드는 것을 빛의 합성이라고 해.

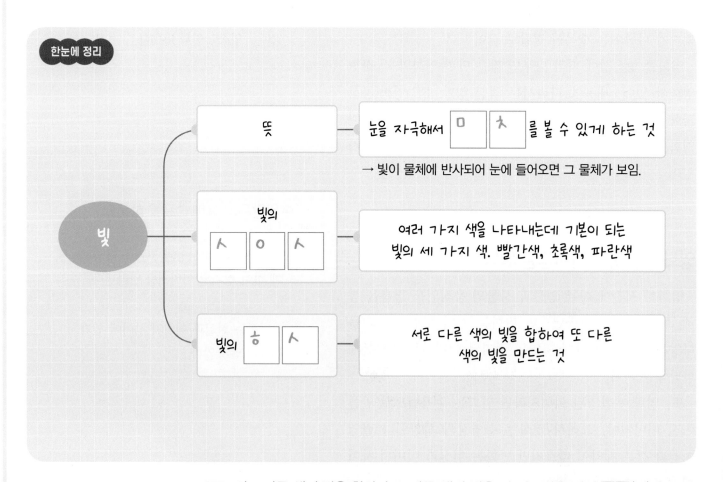

한눈에 정리

빛

- 뜻 ── 눈을 자극해서 □ ㅊ 를 볼 수 있게 하는 것
  → 빛이 물체에 반사되어 눈에 들어오면 그 물체가 보임.

- 빛의 ㅅ ㅇ ㅅ ── 여러 가지 색을 나타내는데 기본이 되는 빛의 세 가지 색. 빨간색, 초록색, 파란색

- 빛의 ㅎ ㅅ ── 서로 다른 색의 빛을 합하여 또 다른 색의 빛을 만드는 것

이해 ▶ 서로 다른 색의 빛을 합하여 또 다른 색의 빛을 만드는 것을 빛의 □□(이)라고 해.

물체를 보는 과정

광원을 보는 경우

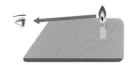

광원인 촛불에서 나온 빛이 눈에 들어와서 촛불을 볼 수 있어.

광원이 아닌 물체를 보는 경우

촛불에서 나온 빛이 책에서 반사되어서 눈에 들어오면 책을 볼 수 있어.

빛의 삼원색과 빛의 합성

빛의 삼원색

여러 가지 색을 만들 수 있는 기본이 되는 세 가지 색으로, 빨간색, 초록색, 파란색이야.

빛의 합성

서로 다른 색의 빛을 합하여 다른 색 빛을 만드는 것을 말해. 물감은 색을 여러 개 섞을수록 색이 어두워지지만 빛은 물감과는 달리 여러 색의 빛을 섞으면 섞을수록 색이 밝아져.

컴퓨터 모니터나 텔레비전 화면도 빛의 삼원색인 빨간색, 초록색 파란색, 빛의 세기를 조절하거나 색을 합성하여 여러 가지 색을 표현해.

물체의 색이 다르게 보이는 이유?

우리의 눈에 보이는 물체의 색은 그 물체가 반사하는 색이기 때문이야. 예를 들어 초록색 상자는 빛이 상자를 비추었을 때 초록색 빛만 반사하여 내보내기 때문에 우리 눈에는 초록색으로 보이는 것이지.

◉ 알맞은 말에 ○표를 하세요.

> 태양처럼 스스로 빛을 내는 것을 (광원 , 삼원색)이라고 한다.

◉ 빛의 삼원색을 골라 모두 ○표를 하세요.

빨간색	노란색	초록색
파란색	보라색	검은색

◉ 빛의 합성에 대한 설명으로 알맞은 것에 ○표를 하세요.

텔레비전 화면은 빛을 합성하여 만든다.	
빛은 여러 가지 색을 섞을수록 색이 어두워진다.	

사방으로 퍼져 나가는 파동

파동: 한 곳에서 만들어진 진동이 주위로 퍼져 나가는 것.

　잔잔한 연못에 돌을 던지면 돌이 떨어진 곳을 중심으로 물결이 주위로 퍼져 나가.

　물결이 생겼다고 해서 물이 사방으로 움직이며 직접 옮겨 가는 것이 아니라 물은 제자리에서 위아래로 움직이기만 하는 거야. 이때 사방으로 퍼져 나가는 움직임을 파동이라고 하고, 연못의 물처럼 파동을 전달하는 물질을 매질이라고 해.

　조용한 방에서 큰소리를 내 봐. 내 목소리는 매질인 공기를 진동시키고 공기는 제자리에서 진동만 하고 소리의 파동이 퍼져 나가. 지진이 날 때에도 마찬가지야. 지진이 일어난 곳을 중심으로 땅은 제자리에 있지만 진동이 주위로 퍼져 나가지.

　위에서 말한 연못의 물결파의 매질은 물, 소리의 매질은 공기이고, 지진파의 매질은 땅이야.

　파동의 종류에는 파동의 진행 방향과 매질의 진동 방향이 서로 수직인 횡파와 파동의 진행 방향과 매질의 진동 방향이 서로 나란한 종파가 있어. 물결파나 빛은 횡파이고, 소리는 종파야.

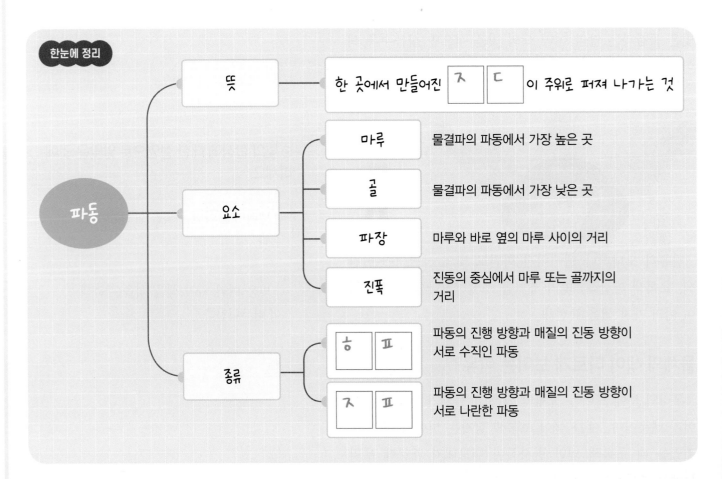

한눈에 정리

- 뜻 ── 한 곳에서 만들어진 [ㅈ][ㄷ]이 주위로 퍼져 나가는 것
- 파동
  - 요소
    - 마루 ── 물결파의 파동에서 가장 높은 곳
    - 골 ── 물결파의 파동에서 가장 낮은 곳
    - 파장 ── 마루와 바로 옆의 마루 사이의 거리
    - 진폭 ── 진동의 중심에서 마루 또는 골까지의 거리
  - 종류
    - [ㅎ][ㅍ] ── 파동의 진행 방향과 매질의 진동 방향이 서로 수직인 파동
    - [ㅈ][ㅍ] ── 파동의 진행 방향과 매질의 진동 방향이 서로 나란한 파동

이해▶ 한 곳에서 만들어진 진동이 주위로 퍼져 나가는 것을 □□(이)라고 해.

파동의 종류

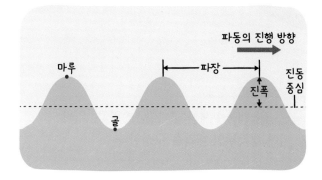

물결파에서 파동의 가장 높은 곳을 마루라고 하고, 가장 낮은 곳은 골이라고 해. 이때 마루와 바로 옆의 마루 사이의 거리를 파장이라고 하고, 진동의 중심에서 마루 또는 골까지의 거리를 진폭이라고 해.

파동의 종류

횡파

파동의 진행 방향과 매질의 진동 방향이 서로 수직인 파동을 말해.

종파

파동의 진행 방향과 매질의 진동 방향이 서로 나란한 파동을 말해. 음악이 나오는 스피커의 소리는 파동의 진행 방향과 매질의 진동 방향이 서로 나란한 종파야.

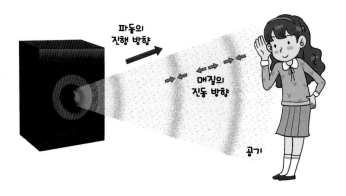

달에서는 소리가 안 나요?

소리는 매질이 액체, 고체, 기체일 때 모두 잘 전달돼. 액체인 물속에서 보트가 달리면 소리가 물 밖에서보다 더 크게 들리고, 고체인 땅바닥을 멀리서 두드리면 소리가 더 빨리 전달되지. 하지만 소리를 전달해 줄 매질인 공기가 없는 달에서는 소리가 나지 않아.

◉ 알맞은 말에 ○표를 하세요.

진동의 중심에서 마루 또는 골까지의 거리는 (마루 , 진폭)(이)라고 한다.

◉ 다음에서 설명하는 파동의 종류는 무엇인지 쓰세요.

- 소리의 파동이다.
- 파동의 진행 방향과 매질의 진동 방향이 서로 나란하다.

◉ 파동에 대한 설명으로 알맞은 것에 ○표를 하세요.

파동은 매질이 직접 움직이는 것이다. ☐

마루와 바로 옆 마루 사이의 거리를 파장이라고 한다. ☐

4주차

확인 문제

1 **빈칸에 들어갈 알맞은 말을 쓰시오.** 사회

> 정부 형태는 입법부와 행정부의 관계에 따라 [㉠]와 대통령제로 구분할 수 있고, 의원 내각제에서는 의회 다수당의 대표가 [㉡](이)가 되어 행정부인 내각을 구성한다.

(1) ㉠: (   )   (2) ㉡: (   )

2 **우리나라의 정부 형태에 대해 알맞게 말하지 않은 친구의 이름을 쓰세요.** 사회

> 현수 : 대통령이 각부의 장관을 임명해 행정부를 구성해.
> 지민 : 국회 의원은 행정부의 장관을 겸직할 수 있어.
> 소희 : 국회는 행정부 수반인 대통령을 불신임할 수 있어.

(   )

3 **다음에서 설명하는 재판은 무엇인지 쓰세요.** 사회

> • 범죄가 일어났을 때 국가가 범죄의 유무를 정한다.
> • 국가가 범죄의 형벌의 정도를 결정하는 재판이다.
> • 검사가 법원에 기소하면 재판이 시작된다.

(   )

▶ 정답과 해설 61쪽

4 생물 다양성에 대한 설명으로 알맞지 <u>않은</u> 것은 무엇인가요? (   ) »------------------- 과학

① 멸종하는 생물이 생기면 생물 다양성이 낮아진다.

② 한 종류의 생물만 사는 지역은 생물 다양성이 낮다.

③ 생물 다양성이 낮을수록 생태계는 안정적으로 유지된다.

④ 생태계의 종류에 따라 그곳에 서식하는 생물의 종류도 다르다.

⑤ 생태계 평형을 유지하는 생태계가 많으면 생물 다양성이 높아진다.

5 다음은 생물의 분류 단계를 순서 없이 나열한 것입니다. 분류 단계가 가장 작은 것부터 순서대로 나열하세요. »------------------- 과학

> 문, 과, 속, 강, 계, 종, 목

(   ) → (   ) → (   ) → (   ) → (   ) → (   ) → (   )

6 생물 고유의 특징을 기준으로 주변의 생물을 분류하려고 할 때 다음 중 분류 기준으로 적절하지 <u>않은</u> 것은 무엇인가요? (   ) »------------------- 과학

① 서식지   ② 생김새   ③ 광합성 여부

④ 번식 방법   ⑤ 호흡 방법

7 다음 중 $\angle A$의 외각을 바르게 표시한 것의 기호를 쓰세요. »------------------- 수학

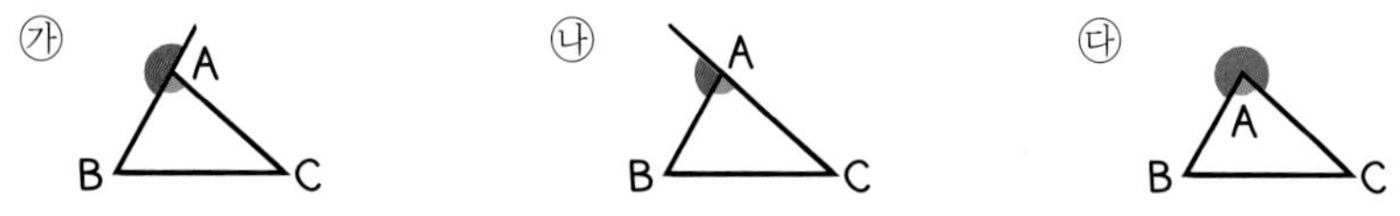

(   )

8 오른쪽 그림의 원 O에서 다음을 기호로 나타내세요. 》 ───────────────────

(1) $\overparen{BC}$에 대한 중심각: (   )

(2) ∠AOC에 대한 호: (   )

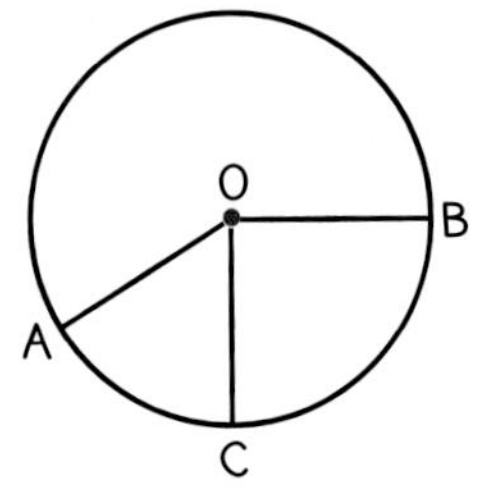

9 다음에서 회전체가 <u>아닌</u> 것을 찾아 기호를 쓰세요. 》 ────────────

㉮ 원기둥	㉯ 구	㉰ 정사면체	㉱ 원뿔

(   )

10 저작권 침해의 예가 <u>아닌</u> 것은 무엇인가요? (   ) 》 ──────

① 출처 표시 없이 뉴스 인터뷰를 그대로 가져와 과제를 한 경우

② MP3 음원을 유로 결제로 다운받은 것을 개인 SNS에 업로드한 경우

③ 실제 건축물을 축소한 모형을 만들어 올린 경우

④ 파일 공유사이트에 저작권이 있는 영화를 올린 경우

⑤ 친구들과 함께 찍은 사진을 개인 SNS에 업로드한 경우

11 연극과 영화 구성의 단계에 맞게 순서대로 기호를 쓰세요. 》 ──────

㉮ 사건과 갈등이 끝나고 주인공의 운명이 결정된다.

㉯ 해결의 상황으로 급속하게 기울어지는 반전이 생긴다.

㉰ 인물들 사이의 대립과 갈등이 점점 상승되며 긴장이 고조된다.

㉱ 시간적, 공간적 배경과 인물이 제시되고, 갈등의 실마리가 나타난다.

㉲ 긴장과 위기감이 최고조에 이르면서 극적 장면이 나타나며, 해결의 실마리가 나타난다.

(   ) → (   ) → (   ) → (   ) → (   )

▶ 정답과 해설 **62**쪽

12 다음 중 연극과 영화의 공통점을 찾아 기호를 쓰세요. 》 ·· 국어

> ㉮ 배우와 관객이 직접 마주한다.
> ㉯ CG(컴퓨터 그래픽)나 다양한 효과를 묘사할 수 있다.
> ㉰ 종합예술로 대본을 바탕으로 제작된다.

(   )

13 광원에 해당하지 <u>않는</u> 것을 모두 찾아 기호를 쓰세요. 》 ···················· 과학

> ㉮ 우유갑   ㉯ 태양   ㉰ 손전등
> ㉱ 반딧불이   ㉲ 달   ㉳ 안경

(   )

14 다음 빈칸에 들어갈 알맞은 말을 쓰세요. 》 ·· 과학

> 빛과 같이 파동의 진행 방향과 매질의 진동 방향이 서로 수직인 파동은 [㉠](이)라 하고, 스피커의 소리와 같이 파동의 진행 방향과 매질의 진동 방향이 서로 나란한 파동은 [㉡](이)라고 한다.

(1) ㉠: (   )   (2) ㉡: (   )

15 그림은 파동의 요소를 나타낸 것입니다. 빈칸에 들어갈 알맞은 말을 쓰세요. 》 ······· 과학

(1) ㉠: (   )   (2) ㉡: (   )
(3) ㉢: (   )   (4) ㉣: (   )

사회 | 정부 형태

민주주의 국가의 정부 형태는 크게 ☐☐☐☐☐와 대통령제가 있어.

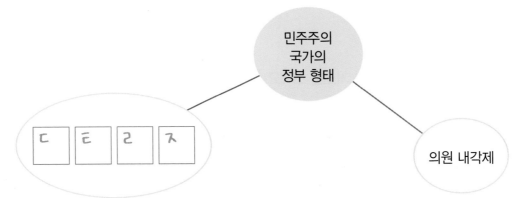

민주주의 국가의 정부 형태

(ㄷ ㅌ ㄹ ㅈ)

• 입법부와 행정부가 분리된 정부 형태
• 국민의 선거를 통해 의회 의원과 대통령 각각 선출, 대통령이 장관을 임명해 행정부 구성
• 입법부: 행정부를 불신임 할 수 없음.
• 행정부: 입법부를 해산할 수 없음.

의원 내각제

• 입법부와 행정부가 융합된 정부 형태
• 국민의 선거를 통해 구성된 의회에서 다수당의 대표가 총리가 되어 내각 구성
• 의회: 내각을 불신임 할 수 있음.
• 내각: 의회를 해산할 수 있음.

사회 | 법과 재판

법은 다루는 영역에 따라 ☐☐, 사법, 사회법으로 나눌 수 있어.

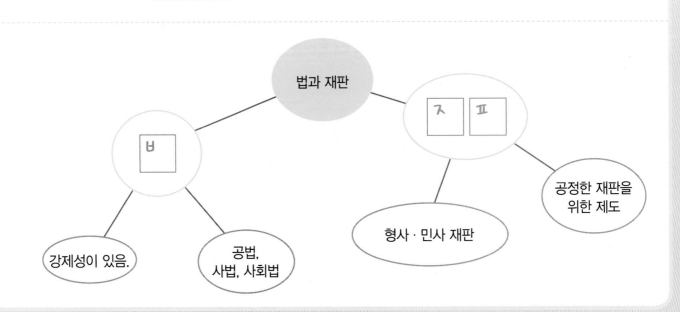

법과 재판

(ㅂ)

• 강제성이 있음.
• 공법, 사법, 사회법

(ㅈ ㅍ)

• 형사 · 민사 재판
• 공정한 재판을 위한 제도

▶ 정답과 해설 **63**쪽

과학 생물의 분류

생물을 분류하는 가장 기본 단위로 번식이 가능한 자손을 낳을 수 있는 생물의 무리를 ☐ 이라고 해.

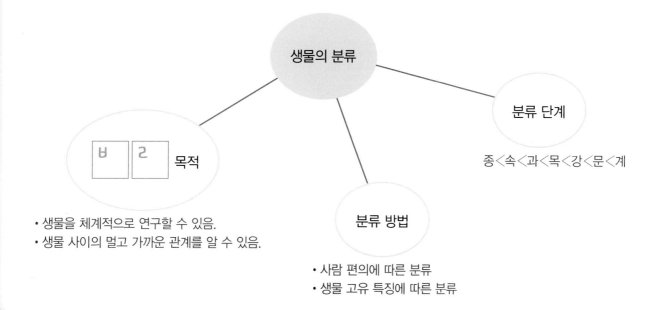

- 생물을 체계적으로 연구할 수 있음.
- 생물 사이의 멀고 가까운 관계를 알 수 있음.

분류 방법

- 사람 편의에 따른 분류
- 생물 고유 특징에 따른 분류

분류 단계

종<속<과<목<강<문<계

수학 평면도형

3개 이상의 선분으로 둘러싸인 평면도형을 ☐☐☐ 이라고 해.

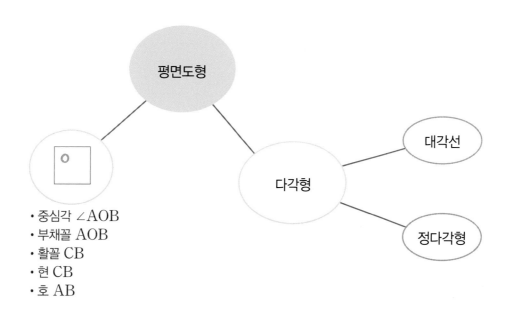

- 중심각 ∠AOB
- 부채꼴 AOB
- 활꼴 CB
- 현 CB
- 호 AB

대각선

정다각형

다각형으로만 둘러싸인 입체도형을 □□□ 라고 해.

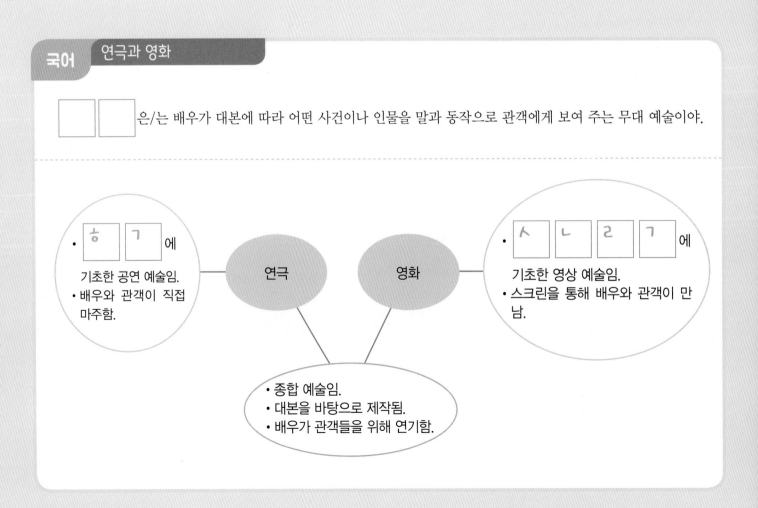

□□ 은/는 배우가 대본에 따라 어떤 사건이나 인물을 말과 동작으로 관객에게 보여 주는 무대 예술이야.

- ㅎㄱ 에
  기초한 공연 예술임.
- 배우와 관객이 직접 마주함.

연극

영화

- ㅅㄴㄹㄱ 에
  기초한 영상 예술임.
- 스크린을 통해 배우와 관객이 만남.

- 종합 예술임.
- 대본을 바탕으로 제작됨.
- 배우가 관객들을 위해 연기함.

과학 빛

서로 다른 색의 빛을 합하여 또 다른 색의 빛을 만드는 것을 빛의 ☐☐(이)라고 해.

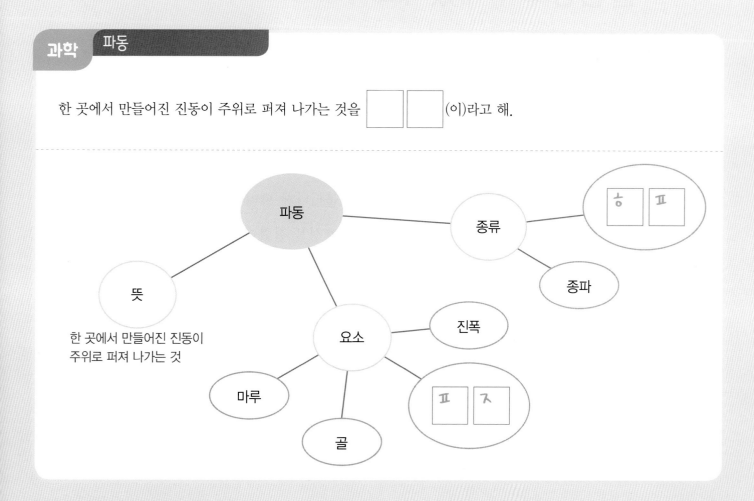

뜻

눈을 자극해서 물체를 볼 수
있게 하는 것

빛

빛의
ㅅ ㅇ ㅅ

여러 가지 색을 나타내는 데
기본이 되는 빛의 세 가지 색.
빨간색, 초록색, 파란색

빛의 합성

서로 다른 색의 빛을 합하여
또 다른 색의 빛을 만드는 것

과학 파동

한 곳에서 만들어진 진동이 주위로 퍼져 나가는 것을 ☐☐(이)라고 해.

파동

뜻

한 곳에서 만들어진 진동이
주위로 퍼져 나가는 것

종류
ㅎ ㅍ

종파

요소

진폭

마루

ㅍ ㅈ

골

슬램덩크가 해냈어요

드디어 며칠간의 알뜰 장터가 끝났어요.

슬램덩크 회원들과 선생님들이 아끼는 물건들을 아낌없이 내놓고, 김 선생님이 여러 곳의 후원을 받아서 무료 물품들을 받아왔어요. 워낙 좋은 물건들이 많아서였는지 알뜰 장터의 물품들은 정말 불티나게 팔려 나갔어요.

알뜰 장터로 모은 돈을 결산한 아이들은 환호성을 질렀어요. 무려 백삼십만천 원! 아이들의 예상보다 훨씬 많은 금액이었지요. 아이들 쪽으로 걸어오시는 김 선생님의 모습이 보이자 아이들이 얼른 달려가서 수익금을 자랑했어요. 김 선생님도 활짝 웃었어요.

"얘들아, 그동안 정말 수고 많았고 정말 애썼다. 너희가 노력해서 알뜰 장터도 성공적으로 마친 걸 보니 정말 뿌듯하구나."

김 선생님의 칭찬에 아이들은 더욱 기분이 좋아졌어요.

"교장 선생님께서 슬램덩크 회원들을 모두 데리고 오라고 하셨으니 우리 이제 같이 가보자."

아이들은 김 선생님을 따라 우르르 교장실로 들어갔어요. 교장 선생님이 음료수와 과자를 준비해 놓고 아이들을 기다리고 있었어요.

"잘들 왔어요. 여기 앉아서 천천히 음료수도 마시고 과자도 먹어요. 알뜰 장터는 잘 끝났어요? 수익금은 많은가요?"

"네에~!"

아이들이 입을 모아 대답했어요.

"고생했어요, 허허허. 나도 가봤지만 알뜰 장터가 아주 잘되더라고요. 허허허, 누구 아이디어였나요?"

"저희 동아리 1학년 회원들이 모여서 내놓은 아이디어예요."

교장 선생님은 허허 웃으시면서 간식을 먹는 아이들을 바라보았어요. 아이들이 음료수와 과자를 다 먹은 것을 본 교장 선생님이 이야기를 꺼내셨어요.

"농구장 시설을 고쳐 달라는 말을 김 선생님한테 들었을 때는 예산 문제로 단번에 거절했지요. 그런데 거듭 말씀하시기에 김 선생님과 함께 농구장을 찾아가 봤어요. 직접 가서 눈으로 보니 더 이상 미루면 안 되겠다는 생각이 들어서 어떡해야 하나 고민을 많이 했지요. 게다가 여러분이 알뜰 장터를 열어서 조금이라도 돈을 보태겠다고 나서는데 교장으로서 가만히 있을 수는 없겠다는 생각이 들었어요."

교장 선생님이 중간에 말을 끊으셨어요. 아이들은 그다음 무슨 얘기가 나올지 기대 반 걱정 반이었지요.

"사실 몇 년 전부터 농구장 시설이 너무 낡아서 고쳐 달라는 요청이 여러 번 있었고 그때마다 예산이 부족해서 못하였던 상황이었더라고요. 이번에는 특별 예산을 가져다가 시설을 고치기로 했어요. 그리고 농구장 옆의 화장실 한 곳을 수리해서 샤워 시설을 만들기로 했어요. 그러면 동아리 회원들은 물론 다른 동아리 회원들도 함께 쓸 수 있겠지요?"

교장 선생님 말씀에 아이들이 "우아!" 하고 환호성을 질렀어요. 서로 손바닥을 맞부딪히며 승리의 주먹을 불끈 쥐는 친구들도 있었지요.

"감사합니다, 교장 선생님."

아이들이 입을 모아 감사 인사를 했어요.

"허허, 나보다도 여기 계신 김 선생님에게 감사 인사를 하세요. 여러 차례 나를 찾아와서 꼭 고쳐야한다고 귀찮게 하셔서 이 일이 이루어진 거니까요, 허허허."

교장 선생님의 말씀이 끝나자마자 아이들이 큰소리로 인사를 했어요.

"감사합니다, 선생님. 사랑합니다!"

아이들은 손으로 하트를 그리며 김 선생님에게 전했어요. 그리고 김 선생님이 이어 말했어요.

"참, 여러분이 알뜰 장터를 열어 모은 돈은 학교 발전 기금에 여러분의 동아리 이름인 슬램덩크로 기부하면 좋을 것 같아요. 그러면 그 돈은 학교 안에 필요한 곳에 쓰이겠죠? 여러분은 어떻게 생각해요? 좋은가요?"

"네, 찬성입니다! 선생님, 사랑합니다."

아이들이 또 우렁차게 대답했어요. 그동안 김 선생님이 아이들에게 기울여 주신 노력을 누구보다도 잘 아는 슬램덩크 아이들이었기 때문이에요.

"대신 여러분들도 할 일이 있어요. 학교 시설을 관리하는 일은 주로 학교의 담당자 분들이 하시지만 새롭게 샤워 시설도 늘어나고 농구장 시설도 보수하는 만큼 여러분들도 담당을 정해서 차례대로 돌아가며 청소 등을 맡아 주었으면 해요."

생각지도 못한 말에 아이들은 잠시 얼음이 되었다가 곧 풀렸어요.

"네! 우리가 쓰는 장소가 깨끗하면 우리에게도 좋은 일이니까요."

"네, 청소 당번을 짜서 돌아가며 청소를 하고 시설도 잘 관리할게요."

아이들이 밝은 목소리로 대답했어요. 그런 아이들의 모습을 교장 선생님과 김 선생님이 흐뭇한 미소를 지으며 바라보셨어요. 슬램덩크 아이들의 진심과 물러서지 않는 용기가 선생님들의 마음을 움직인 거예요. 슬램덩크 아이들이 용기를 낸 결과 다른 동아리 아이들도 쓸 수 있는 샤워 시설이 생겼지요. 아이들은 벅찬 마음으로 교장실 문을 나섰어요.

7단계에서 배운 내용 다시 보기

1주차

1	①	사회	지구 위 주소, 위도와 경도
	②	사회	다양한 세계의 기후
2	①	사회	정책을 이끄는 여론과 언론
	②	국어	얼굴을 마주하는 면담
3	①	국어	고유어, 한자어, 외래어
	②	국어	노래하는 것 같은 시와 시조
4	①	과학	지구를 이루는 지구계
	②	과학	달걀과 비슷한 지권의 구조
5	①	수학	소수들만의 곱, 소인수분해
	②	수학	부호를 가진 정수와 유리수

2주차

1	①	사회	피할 수 없는 자연재해
	②	사회	착한 소비, 공정 무역
2	①	사회	환경에 따라 다른 인구 분포
	②	과학	위험한 지진대와 화산대
3	①	과학	지구의 겉 부분, 지각과 암석
	②	과학	대륙이 움직이는 판의 이동
4	①	국어	공통적인 언어의 특성
	②	국어	웃음을 유발하는 풍자와 해학
5	①	수학	해를 찾아라, 일차방정식
	②	수학	위치를 나타내는 좌표평면

3주차

1	①	사회	국민의 권리와 의무
	②	사회	권력을 획득, 행사하는 정치
2	①	과학	여러 가지 힘, 중력과 탄성력
	②	과학	여러 가지 힘, 마찰력과 부력
3	①	수학	위치에 따른 동위각과 엇각
	②	수학	작도로 알 수 있는 삼각형의 합동
4	①	과학	입자로 된 기체의 성질
	②	과학	왔다갔다 물질의 상태 변화
5	①	국어	단어를 분류하는 품사
	②	국어	사동 표현과 피동 표현

4주차

1	①	사회	국가를 운영하는 정부 형태
	②	사회	안정된 사회를 유지하는 법과 재판
2	①	과학	복잡한 먹이사슬, 생물 다양성
	②	과학	생물을 무리 짓는 생물의 분류
3	①	수학	평면 위에 있는 평면도형
	②	수학	공간을 차지하는 입체도형
4	①	국어	정보를 주고받는 매체
	②	국어	재미를 주는 연극과 영화
5	①	과학	물체를 볼 수 있게 하는 빛
	②	과학	사방으로 퍼져 나가는 파동

너듀나듀

배움에 재미를 더하다
EBS 스터디 굿즈 플랫폼, 너듀나듀

그림 속 제품이 궁금하다면? ndnd.me

배경지식이

문해력
이다

7단계
중학 1 ~ 2학년 권장

정답과 해설

EBS

ISBN 9788954762298

1

주차

정답과 해설

배경지식이 문해력이다 | 7단계

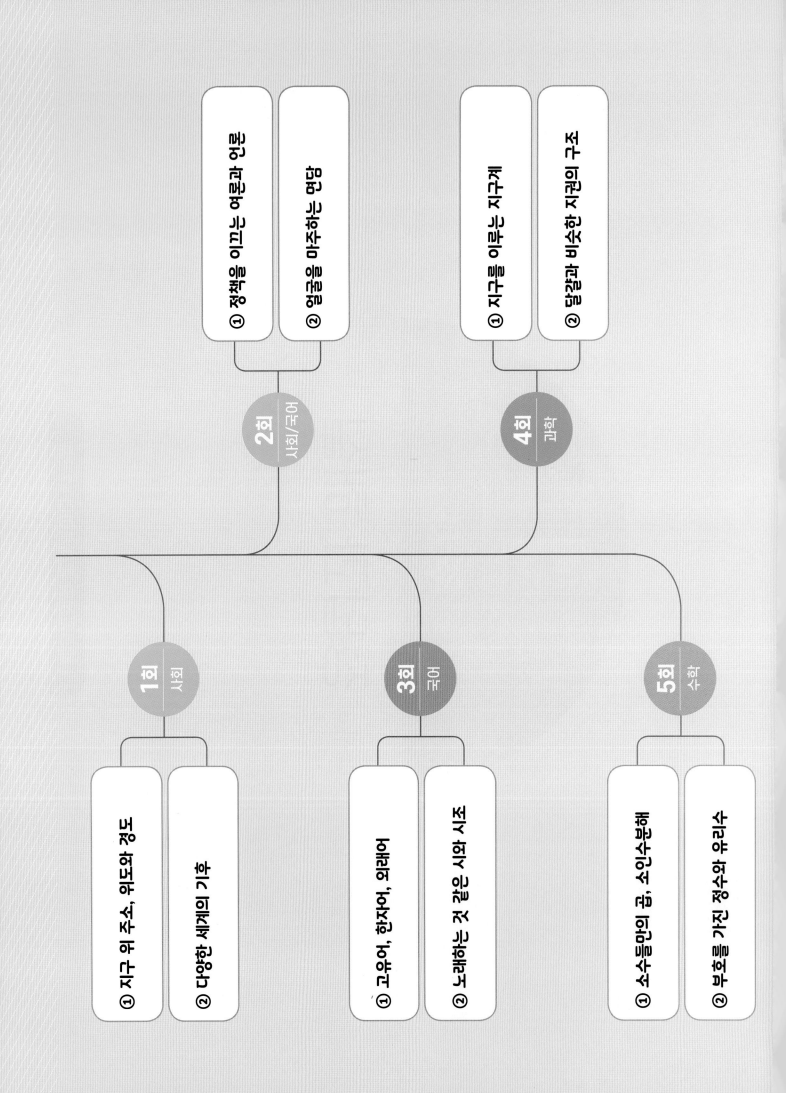

▲ 정답과 해설 3쪽

사회

1주차 ①

1회

지구 위 주소, 위도와 경도

위도: 지구상의 가상의 가로 선인 위선에 주어진 값.

경도: 북극과 남극을 잇는 지구의 가상의 세로 선인 경선과 위선에 매겨진 값입니다.

지구본에서 볼 수 있는 가로 선과 세로 선은 지구에서 위치를 정확하게 표현하기 위해 그은 가상의 선이야. 적도로 평행하게 그은 가로 선은 위선, 북극과 남극을 연결한 세로 선은 경선이라고 해.

위치를 표현할 때는 위선과 경선에 매겨진 값인 위도와 경도로 나타내지. 위도는 적도를 기준으로 북쪽이나 남쪽으로 떨어진 정도야. 그리니지 천문대를 지나는 경선을 기준으로 동쪽이나 서쪽으로 떨어진 정도를 경도라고 해. 위도는 남위 또는 북위 0°~90°로 표현하고, 경도는 본초 자오선(영국의 그리니지 천문대를 지나는 경선)을 기준으로 동경이나 서경으로 떨어진 정도에 따라 동경 또는 서경 0°~180°로 표현해.

지구는 둥글고 약 23.5°가 기울어진 상태로 공전과 자전을 하기 때문에 지역이 위치하는 위도와 경도에 따라 여러 가지 차이가 생기게 돼.

경도와 시차

하루에 한 번 서쪽에서 동쪽으로 회전하는 지구의 자전으로 인해 경도에 따라 시간이 달라져. 지구는 하루 24시간 동안 360°를 자전하기 때문에 경도 15°마다 한 시간씩 차이가 생기는데 이것을 시차라고 해.

위도에 따른 기후와 계절 차이

지구는 둥글기 때문에 위도에 따라 태양 복사 에너지를 받는 양이 달라서 기온이 다르게 나타나. 태양 복사 에너지를 가장 많이 받는 적도 부근 지역은 일 년 내내 기온이 높고, 극지방으로 갈수록 태양 복사 에너지를 적게 받아 기온이 낮아져. 또 지구는 자전축이 23.5° 기울어진 채 태양 주위를 공전하기 때문에 계절에 따라 태양의 고도와 낮의 길이가 달라지지. 북반구와 남반구는 계절이 정반대로 나타나는데 북반구의 중위도에 있는 우리나라가 여름일 때 남반구의 중위도에 있는 뉴질랜드는 겨울인 거지.

본초 자오선이 뭐야?

본초 자오선은 말 그대로 '경도의 기준'이 되는 선이야. 즉 경도가 0°인 경선을 말해. 경도의 따라 다른 시차로 생기는 혼란을 해결하기 위해 1884년 국제 회의에서 경도의 기준이 되는 선을 정하는 경선을 본초 자오선으로 정했어. 이때 영국의 그리니지 천문대를 지나는 경선을 본초 자오선으로 정했어.

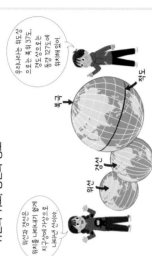

위도와 경도 더 알아보기

위선과 위도, 경선과 경도

한눈에 정리

경선	북극과 남극을 잇는 가상의 세로 선
경도	경선에 매겨진 값, 경도로 위치 표현 동경 0°~180° / 서경 0°~180°
본초 자오선	경선의 기준선, 경도가 0°인 선, 동경과 서경을 구분하는 기준선
위선	지구상의 가상의 가로 선
위도	위선에 매겨진 값, 위도로 위치 표현 남위 0°~90° / 북위 0°~90°
적도	위도가 0°인 선, 북위와 남위를 구분하는 기준
지구 자전	경도 15°마다 한 시간씩 차이 발생
표준시	본초 자오선을 기준으로 동쪽으로 갈수록 시간이 빨라지고, 서쪽으로 갈수록 시간이 느려짐. 국가나 지역에서 사용하고 있는 시각

경선과 경도 · 위선과 위도 · 경도와 시간 차이

위치를 표현하는 방법

이해 북극과 남극을 잇는 지구상의 가상의 세로 선(경선)에 주어진 값을 □□라고 해. → 경도

TIP 경도와 위도는 지구상의 가상의 가로 선과 세로 선인 위선과 경선에 매겨진 값입니다.

◉ 알맞게 선으로 이으세요.

위도 ╳ 경도

본초 자오선을 기준으로 동쪽과 서쪽의 위치를 나타내는 것으로, 동경과 서경으로 나타낸다.

적도를 기준으로 남쪽과 북쪽의 위치를 나타내는 것으로, 남위와 북위로 나타낸다.

해설 적도를 기준으로 북쪽은 북위, 남쪽은 남위로 표시합니다. 본초 자오선을 기준으로 동쪽은 동경, 서쪽은 서경으로 나타냅니다.

◉ 알맞은 말에 ○표를 하세요.

적도 부근이 가장 (덥고, 춥고), 극지방으로 갈수록 (추워, 더워)진다.

해설 적도에서 열대림일수록 태양 복사 에너지를 받기 때문에 문에 주입니다.

◉ 다음 중 경도의 기준이 되는 선을 무엇이라고 하는지 쓰세요.

위선   경선   본초 자오선

(답) 본초 자오선

해설 본초 자오선은 경도가 0°인 선을 말합니다.

1회 ②

다양한 세계의 기후

기후: 한 지역에서 여러 해 동안 반복되는 종합적이고 평균적인 대기 현상. 세계는 강수량이나 기온에 따라 여러 기후대가 나타난다.

사회

세계의 기후는 강수량과 기온을 기준으로 분류할 수 있어. 먼저, 강수량에 따라 강수량이 증발량보다 많으면 습윤 기후, 강수량보다 증발량이 많으면 건조 기후로 구분해. 또 기온에 따라 열대 기후, 온대 기후, 냉대 기후, 한대 기후로 구분할 수 있어. 적도에서 극지방으로 가면서 위도에 따라 열대 기후부터 한대 기후가 차례로 나타나. 그런데 같은 위도에 있는 지역이라도 지형이나 해류 등에 따라 서로 다른 기후가 나타나기도 해. 이런 각각의 기후 환경은 인간이 생활에 유리하거나 불리한 조건으로 작용해.

그러면 인간이 거주하기 유리한 기후는 어떤 기후일까? 온대 기후 지역은 기온과 강수 조건이 식물이 생장하기에 적합하여 농업과 상공업이 발달하고, 인구가 밀집해 있어. 열대 계절풍 기후 지역은 일 년 내내 기후가 온화하여 인간이 거주하기 좋은 곳이야. 반면, 강수량이 적은 건조 기후 지역이나 너무 추운 한대 기후 지역은 인간이 거주하기 불리한 지역이라고 할 수 있지.

TIP 세계에는 강수량과 기온에 따라 여러 기후 지역이 나타납니다.

한눈에 정리

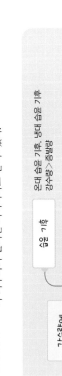

세계의 기후

- 강수량에 따라
  - 습윤 기후: 온대 습윤 기후, 냉대 습윤 기후 / 강수량 > 증발량
  - 건조 기후: 연 강수량 500 mm 이하 / 강수량 < 증발량
- 기온에 따라
  - 열대 기후: 가장 추운 달 평균 기온이 18 ℃ 이상
  - 온대 기후: 가장 추운 달 평균 기온이 -3 ℃~19 ℃
  - 냉대 기후: 겨울이 춥고 길며, 기온의 연교차 큼.
  - 한대 기후: 가장 따뜻한 달 평균 기온이 10 ℃ 미만

적도 ←→ 극지방

이해 적도에서 극지방으로 갈수록 열대 기후, 온대 기후, 냉대 기후, 한대 □□ 기후가 나타납니다.

건조 기후 지역 사람들의 생활 모습

사막 기후 지역
사막 기후 지역은 연 강수량이 250 mm 미만으로 강수량이 부족하지. 그래서 오아시스나 하천 주변에서 주로 거주하지. 오늘날에는 과학 기술의 발달로 안정적인 물 공급이 가능해지면서 사막이라도 있는 지역이라도 도시도 건설되었어. 또 라스베이거스나 두바이 등은 현대적인 도시로 건설되었지.

스텝 기후 지역
사막 주변에 주로 분포하는 스텝 기후 지역은 연 강수량 250 mm~500 mm 미만인 지역이야. 이 지역에서는 짧은 우기 동안 초원이 형성되지. 그래서 아프리카와 아시아 일부 스텝 기후 지역에서는 물과 풀을 찾아 가축과 함께 이동하며 생활하는 유목 생활을 해. 몽골 유목민들은 이동할 때 쉽게 분해하고, 새로 지을 때도 쉽게 조립할 수 있는 '게르'라는 이동식 가옥에서 생활하지.

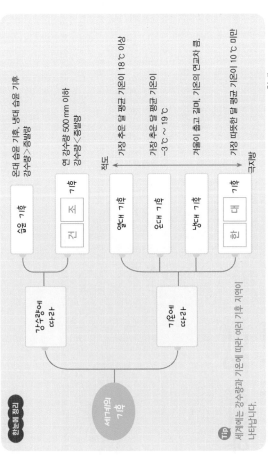

하루 종일 해가 지지 않거나 해가 뜨지 않는 기후 지역이 있다고?

한대 기후 중에서 툰드라 기후는 짧은 여름 동안 기온이 영상으로 오르는 기후를 '툰드라 기후'라고 해. 툰드라 기후는 북극해 주변인 유라시아 대륙 북부, 북아메리카 대륙 북부, 그린란드 등에서 나타나. 이 지역들은 고위도에 위치하기 때문에 여름(하지 전후)에는 해가 지지 않는 '백야'가, 또 겨울(동지 전후)에는 하루 종일 해가 뜨지 않는 '극야'가 나타나지.

◉ **알맞은 말에 ○표 하세요.**

세계의 기후는 (기온, (강수량))에 따라 습윤 기후와 건조 기후로 나눌 수 있다. 또 ((기온), 강수량)에 따라 열대 기후, 온대 기후, 냉대 기후, 한대 기후로 구분할 수 있다.

해설 강수량이 증발량보다 많으면 습윤 기후, 강수량보다 증발량이 많으면 건조 기후로 구분합니다. 또 적도에서 극지방으로 갈수록 열대, 온대, 냉대, 한대 기후로 나타납니다.

◉ **알맞은 내용에 ○표 하세요.**

연 강수량 250 mm~500 mm 미만인 곳은 사막 기후 지역이다.
[ ]

해설 연 강수량이 250 mm 미만인 곳이 사막 기후 지역이고, 과학 기술의 발달로 안정적인 물 공급이 가능해지면서 두바이 등은 현대적인 도시가 생겼습니다.

◉ **알맞게 선으로 이으세요.**

백야 ── 동지를 전후하여 하루 종일 해가 뜨지 않는 현상

극야 ── 하지를 전후하여 하루 종일 해가 지지 않는 현상

해설 툰드라 기후 지역은 고위도에 위치하기 때문에 지구의 자전축이 기울어진 채 공전하는 동안에 극 지역이 태양을 향하거나 반대편에 위치할 때 나타나는 현상입니다. 아 동지를 전후하여 극야의 현상이 나타납니다.

▶ 정답과 해설 5쪽

2회 ① 사회

정책을 이끄는 여론과 언론

현대 사회에서 국민이 가지는 생각이나 의견이 하나로 모아져 형성된 여론은 정부의 정책에 대한 국민의 지지 정도를 가늠하는 척도로 사용되지. 따라서 정부의 정책에 정당성을 얻기 위해서는 이러한 여론의 지지가 필요해. 이렇게 여론은 반드시 정책의 방향에 영향을 미쳐. 하지만 여론이 모든 국정 운영의 기준이 되어야 하는 것은 아니야. 왜냐하면 한 사회의 구성원 모두가 가진 의견이라고 해서 반드시 옳은 것은 아니기 때문이야.

사람들은 사회적으로 고립되는 것을 두려워하기 때문에 대다수가 가진 의견에 맞추려는 경향이 있어. 언론은 이러한 지배적 의견을 대중들에게 알리는 기능을 통해 여론 형성에 영향을 미치지.

민주 정치가 잘 운용되기 위해서는 다수의 의견인 여론뿐만 아니라 소수의 의견과 관심에도 균형적으로 반영되어야 해. 여기서 언론의 역할이 중요하게 작용하지. 언론은 항상 책임감을 갖고 공정한 보도를 하기 위해 노력해야 하고, 이러한 언론의 자유가 철저하게 보장되어 국민들이 올바른 판단을 내릴 수 있도록 해야 해.

여론의 기능

사회 구성원의 공통된 의견인 여론은 민주 사회에서 사회적 쟁점이나 정치적 의사 결정에 영향을 미치고, 정치 과정에도 영향을 미치게 돼. 또 정책을 결정·시행하는 집단은 여론의 동의와 지지를 받으며 정당성을 확보할 수 있어. 그래서 여론은 정치권력을 비판 및 견제, 통제하는 기능을 수행할 수 있어. 그리고 여론을 통해 자신과 같은 의견을 가진 사람이 많다는 것을 느끼며 사회적 동질감을 형성하게 돼.

언론의 기능

지구 온난화에 '슈퍼태풍' 현실로

언론은 사회 구성원들에게 정부가 무엇을 하는지, 세계 각국에서 어떤 일이 일어나는지 등의 객관적이고 정확한 정보를 전달해서 여론이 형성될 수 있도록 해. 또 언론은 국가나 정부에 여론을 전달하는 역할도 해. 그리고 언론은 사회를 비판적으로 바라보고 정부를 감시하는 역할을 하지.

우리나라 헌법에서 언론의 자유를 보장한 까닭은?

언론이 사실을 자유롭게 보도할 수 있어야 국민들이 올바른 판단을 내릴 수 있기 때문이야.

언론의 자유는 민주 정치의 필수적인 표현의 자유로, 언론은 자유롭게 정치적 의견을 말하고 있는 것을 처음 발할 수 있고 정부나 정치권력을 비판적으로 감시할 수 있도록 보장되어 있어. 그리고 언론을 비판적으로 감시받지 않으면 언론은 자유를 보장받은 언론으로 항상 책임감을 갖고 공정한 보도를 하기 위해 노력해야 해.

여론: 어떤 사회적 문제에 대해 대다수 국민들이 가지는 생각이나 의견.

언론: 개인이 말이나 글로 자기의 생각을 발표하는 일 또는 매체를 통하여 어떤 사실을 밝혀 알리거나 어떤 문제에 대하여 여론을 형성하는 활동.

한눈에 정리

- 정치 과정에 영향
- 정치권력의 견제와 통제
- 사회적 동질감 형성
→ 여[론]

- 정보 전달
- 여[론] 전달
- 정부 감시
→ 언[론]

여론과 언론의 역할

Tip) 여론은 국민의 공통된 의견이므로 사회적 쟁점이나 정치적 의사 결정에 영향을 미치는데, □□은 국민들에게 정보를 제공하고, 정보를 바탕으로 □□을 형성하는 주도적 역할을 담당해.

◉ 여론의 역할에 대한 설명으로 알맞지 않은 것을 찾아 ○표를 하세요.

여론은 정책 결정 과정과는 상관이 없다.	○
여론은 정치권력을 견제하고 통제하는 기능을 한다.	
여론은 사회적 동질감을 형성하게 한다.	

해설 국민의 공통된 의견인 여론은 사회적 쟁점이나 정치적 의사 결정에 영향을 미쳐 정책 결정 과정에 영향을 응합니다.

◉ 다음은 무엇의 역할인지 알맞은 것에 ○표를 하세요.

정보 전달 　 여론 전달 　 정부 감시

[여론] 　 [정부 감시]

해설 언론은 사람들에게 정보와 여론을 전달하고, 정부를 감시하는 역할도 합니다.

◉ 다음 빈칸에 알맞은 말을 쓰세요.

우리나라는 (　)에 언론의 자유를 규정하여 이를 보장하고 있다.

정답 헌법
해설 우리나라는 언론이 사실을 자유롭게 보도하게 국민들이 올바른 판단을 내릴 수 있도록 헌법에 언론의 자유를 보장하고 있습니다.

2회 ②

1주차

국어

얼굴을 마주하는 면담

면담: 서로 만나서 얼굴을 마주하고 이야기하는 것

정보를 얻는 여러 가지 방법 중에서 알고 싶은 내용을 자세하고 정확하게 얻을 수 있는 방법이 바로 면담이야. 면담은 알고 싶은 내용을 얻어보기 위하여 얼굴을 마주하고 이야기하는 것이야. 그래서 면담은 궁금한 점이 있으면 바로 질문을 통해서 쉽고 빠르게 얻을 수 있다는 장점이 있어. 또 직접 만나 대화를 주고받는 과정에서 정보를 얻고, 직접 경험한 이야기를 들으며 생생함을 느낄 수 있어.

면담할 때 주의할 점

면담을 진행하기 전에

우선 면담 목적에 맞는 면담 대상자를 정할 때는 인터넷 누리집이나 관련 도서 검색을 통해 해당 분야에 대한 전문성이나 지식 정도, 전공 분야, 경력, 연령 등을 고려해야 해. 면담 대상자가 정해지면 대상자에게 면담을 요청하고 약속을 정해야 해. 약속은 전화나 전자 우편을 이용하거나 직접 찾아가서 정할 수도 있어. 대상자에게는 면담의 목적을 사전에 반드시 알려 주어야 하고, 면담에 필요한 질문과 자료를 미리 준비해야 해.

면담 대상자와 대화할 때

면담에 참여하는 사람은 침착하고 자연스러운 자세로 면담에 임해야 하며 예의 바르게 말해야 해. 그리고 면담 대상자가 말하는 도중에 끼어들어 말하지 않고 면담 주제에서 벗어나는 질문은 하지 않아야 해.

면담의 목적과 정보 수집 방법

면담은 목적에 따라 설득, 정보 수집, 상담 면담으로 나눌 수 있어.

설득을 위한 면담은 면담자가 면담을 원하는 사람을 설득함으로써 문제를 해결하고자 하는 거야. 정보 수집을 위한 면담은 상담을 통해 면담을 원하는 면담자가 면담을 원하는 사람의 조언을 통해 문제를 해결하고자 하는 것은 상담이므로 면담의 목적의 성공과 실패를 좌우하는 것은 '질문'이므로 면담의 목적을 이루려면 적절하고 구체적인 질문을 미리 생각해 두는 게 좋아.

정보 수집 방법에 있어서 쌍방 면담은 차이가 있어.

책은 정보를 얻기 전에 미리 준비 과정이 필요하지 않지만 주어진 내용 이외의 정보는 얻기 어렵지만 잘 이해되지 않는 부분은 언제든 다시 펼쳐 확인할 수 있어. 면담은 직접 만나서 정보를 얻어야 해서 미리 질문을 준비하고 비하고 면담 대상자와 약속을 정해야 해. 대화를 주고받는 과정에서 정보를 얻을 수 있고 생생함을 느낄 수 있어.

한눈에 정리

면담의 절차

1. 면담 열기	준비하기	• 면담 목적에 맞는 대상자 찾기 • 면담 대상자에게 면담을 요청하고 약속 정하기
2. 질문하기	진행하기	• 개운 인사말 • 구체적인 사실 • 계획이나 당부 • 생각이나 느낌
3. 면담 마무리	정리하기	• 감사의 인사 • 면담을 통해 알게 된 사실 • 면담을 하고 난 뒤 느낀 점

TIP 면담은 두 사람 이상이 만나서 이야기하는 담화의 한 형태로, 일상 대화와 달리 공식적인 성격을 지닙니다. 정보를 수집하거나 상담을 하거나 설득을 하는 등 그 목적이 있습니다.

어휘 읽고 싶은 내용을 알아보기 위하여 얼굴을 마주하고 이야기하는 것을 □□이라고 해. (면담)

▲ 정답과 해설 6쪽

◉ 다음은 면담의 절차 중 어느 단계에서 해야 할 일인지 빈칸에 알맞은 말을 쓰세요.

> 면담 열기 → 질문하기 → 면담 마무리
>
> 면담 (🌐 **진행**)하기

해설 면담 진행하기의 과정은 '면담 열기 → 질문하기 → 면담 마무리'의 단계를 거칩니다.

◉ 알맞은 말에 ○표를 하세요.

> 면담 대상자를 찾기 전에 해야 할 일은 면담의 (**목적**, 시간)을 정하는 것이다.

해설 면담 대상자를 찾기 전에 면담의 목적과 그에 알맞은 질문을 미리 생각해 두는 게 좋습니다.

◉ 면담이 가진 정보 수집 방법으로 알맞은 것에 ○표를 하세요.

> □ 주어진 내용 이외의 정보는 얻기 어렵다.
>
> ○ 대화를 주고받는 과정에서 정보를 얻을 수 있다.

해설 주어진 내용 이외의 정보를 얻기 어려운 것은 쌍방향 정보 수집 방법입니다.

3회 1주차 ①

국어

고유어, 한자어, 외래어

고유어: 본디부터 있던 말이나 그것에 기초하여 새로 만들어진 말.
한자어: 한자를 바탕으로 만들어진 말.
외래어: 다른 나라에서 들어와 우리말처럼 쓰이는 말.

고유어는 본디부터 있던 말이나 그것에 기초하여 새로 만들어진 말로 '순우리말' 또는 '토박이말'이라고도 불러. 고유어는 예로부터 우리의 문화와 정서를 표현해 온 말이고 일상생활에서도 자주 쓰여 왔어.

한자어는 한자를 바탕으로 하여 만들어진 낱말로 우리나라 어휘의 반 이상을 차지하고 있어. 삼국 시대에 사람 이름과 땅 이름 등을 한자로 나타내면서 우리말에 한자어가 많이 들어오게 되었지.

다른 나라 말이 우리말이 되면 외래어라고 해. 외래어란 다른 나라에서 들어와 우리말처럼 쓰이는 말이야. 외래어의 예로는 '텔레비전, 라디오, 컴퓨터, 스키' 등을 들 수 있어. 외래어는 어떻게 생겨날까? 다른 나라의 문화와 문물이 들어오면서 그에 따른 말도 함께 들어와. 이럴 때 그 말을 고유어나 한자어로 바꾸어 쓰기도 하고, '텔레비전, 컴퓨터'와 같이 그 말을 그대로 받아들여 쓰기도 해. 다른 나라에서 들어온 말을 그대로 받아들여 쓰면 외래어가 되는 거지.

유행어, 은어, 비속어의 특성

'유행어'란 비교적 젊은 시기에 여러 사람의 입에 오르내리는 단어나 문장을 말해. 대중 매체의 발달로 유행어를 더욱 많이 만들어 냈어.

'은어'는 특정 계층이나 특정 집단에 속한 사람들이 자기들끼리만 사용하는 비밀스러운 말이야. 은어는 그것을 사용하는 구성원들끼리 소속감과 동질감을 느끼게 하고 집단의 비밀을 지켜 이익을 유지하는 데 쓰여.

'비속어'는 상스럽고 거친 말로, 점잖지 못하고 천한 말. 대상을 얕잡아 보고 경멸하는 태도로 하는 말이야. 비속어는 듣는 사람에게 불쾌감을 주게 되지.

다른 나라에서 들어온 말도 우리말이야?

한자어도 우리말이야.

한자 자체는 중국의 글자이지만 한자어는 순우리말보다 더 중요한 것도 더 중요한 것 도 아닌 둘 다 똑같이 우리말이야. 하지만 어려운 한자어 대신에 우리말로 바꾸어 쓸 수 있는 것들이 있는지 생각해 보면 좋겠지?

외래어는 우리말이지만 외국어는 다른 나라 말이야.

'빵', '텔레비전', '라디오'와 같은 외래어는 다른 나라에서 들어와 우리말이 된 것이야. 이처럼 외래어는 그것을 대신할 만한 고유어나 한자어가 없어. 그런데 외국어는 다른 나라 말이라서 그것을 고유어나 한자어로 바꾸어 쓸 수도 있어. 예를 들어, '밀크'는 '우유로', '땡큐'는 '고마워'로 바꿀 수 있잖아? 일상생활에서 우리말을 바르게 잘 사용하는 것도 우리말을 소중히 여기는 자세라는 것을 기억해.

'어제 자전거를 타는데 기분이 좋아서 다리고 우리들으로 말하면 다른이 좋을 것 같아.'

'어제 바이시클을 타는데 기분이 정말 나이스했어.'

[TIP] 우리말에는 고유어, 한자어, 외래어가 차지하는 비율은 한자어, 고유어, 외래어 순입니다.

[한끝에 참고]

우리말

	고유어	본디부터 있던 말이나 그것에 기초하여 새로 만들어진 말	예) 하늘, 땅, 나무
한자어	한자를 바탕으로 하여 만들어진 말	예) 감기, 공부, 학교
외래어	다른 나라에서 들어와 우리말처럼 쓰이는 말	예) 버스, 택시, 마우스

[이해] 다른 나라에서 들어와 우리말처럼 쓰이는 말을 □□□라고 해.
외래어

● 알맞게 선으로 이으세요.

고유어 — 다른 나라에서 들어와 우리말처럼 쓰이는 말

한자어 — 본디부터 있던 말이나 그것에 기초하여 새로 만들어진 말

외래어 — 한자를 바탕으로 만들어진 말

[해설] 고유어는 본디부터 있던 말이나 그것에 기초하여 새로 만들어진 말이고, 한자어는 한자를 바탕으로 만든 말, 외래어는 다른 나라에서 들어와 우리말처럼 쓰이는 말이에요.

● 알맞은 것에 ○표를 하세요.

특정 계층이나 특정 집단에 속한 사람들이 자기들끼리만 사용하는 비밀스러운 말은 (비속어, **은어**)라고 한다.

[해설] 은어는 다른 말로 '사회 방언'이라고도 하는데 이는 계층어, 지역어로 나타나는 말입니다.

● 외국어에 대한 설명으로 알맞은 것에 ○표를 하세요.

고유어나 한자어로 바꾸어 쓸 수 있는 말이다. ☐

다른 나라에서 들어와 우리말이 되었다. ☐

[해설] 외국어는 다른 나라 말이 고유어나 고유어나 한자어 로 바꾸어 쓸 수 있습니다. 다른 나라에서 들어와 우리말이 된 것은 외래어입니다.

3회

② 노래하는 것 같은 시와 시조

국어

시: 짧은 글 속에 느낌을 담아 내는 글
시조: 고려 말부터 발달한 우리나라 고유의 정형시.

시는 줄글처럼 자세하고 길게 풀어서 쓰는 것이 아니라 짧은 글 속에 느낌을 담아 내는 거야. 자신의 생각이나 느낌을 리듬이 있는 짧은 말로 쓰는 것을 말하지. 시는 특별한 말을 여러 번 되풀이해서 쓰거나, 흉내 내는 말, 비슷한 말을 써서 노래하는 것 같은 느낌을 줘. 그리고 시는 이야기에 비해 길이가 짧고, 말 속에 숨어 있는 뜻이 담겨 있어.

시의 형식과 내용

시의 형식을 이루는 요소
시에 쓰이는 언어를 '시어'라고 하고, 시의 한 줄은 '행'이야. 행이 모여서 이루어진 한 덩어리를 '연'이라고 하자. 운율은 시에서 느껴지는 말의 가락, 리듬이야. 그럼 운율은 어떻게 느낄 수 있을까? 글자 수를 일정하게 반복하거나 같은 말을 여러 번 반복하면 자연스럽게 운율을 느낄 수가 있어. 운율은 마치 노래를 부르는 듯한 느낌이므로 시를 쉽게 읽게 해 주어서 이야기와 구별되는 특징이기도 해.

시의 내용을 이루는 요소
시에 담겨 있는 글쓴이의 중심 생각을 '주제', 시의 내용을 이루는 재료를 '소재', 소재 중에서 가장 중심이 되는 것을 '제재'라고 해. '심상'은 시를 읽을 때 마음속에 떠오르는 모양, 소리, 냄새, 맛, 촉감 등의 감각적인 느낌을 말해. 시에 표현된 어떤 대상이나 사물을 실제로 보지 않고도 그것의 모습이나 느낌을 마음속에 그려 볼 수 있지.

시조의 특징은 어떤 게 있어?

시조는 대부분 정형시야.
정형시란 시구, 글자의 수, 배열의 순서, 운율 등이 일정하게 정해져 있는 시야. 자유시나 산문시와 반대되는 뜻이지. 시조는 각 행별 글자 수가 대개 3/4/3/4로 이루어져 있어. 또 연시조가 있는데, 이는 2수 이상의 평시조가 한 편을 이룬 시조를 말해.

시조는 형태상 갈래와 시대상 갈래가 있어.
형태상 갈래로는 기본 형식의 평시조와 2장 이상이 평시조에 비해 긴 사설 시조가 있어. 사설 시조는 특히 종장이 거의 무제한으로 길어진 것이 중장이 이상의 평시조가 한 편을 이룬 시조를 말해.

시대상 갈래로는 시조는 시조가 발생한 때로부터 갑오경장 (1894년) 이전까지 지어진 고시조와 갑오경장 이후부터 지어진 현대 시조가 있어.

한눈에 정리

시

- 행과 연이 자유로움.
- 서정적인 것이 대부분임.
- 독자의 마음 안에서 은은하게 올라오는 운율(내재율)이 느껴짐.

시조

- 언어(말)로 표현됨.
- 소재가 다양함.
- 운율이 있음.

- 정해진 형식을 지켜야 함.
- 시대적인 요소가 들어가 있음.
- 시의 형태와 걸 으로 느껴지는 운율(외형률)이 느껴짐.

Tip
시조에서 글의 초장은 중장이 중장이 중장이 있기 때문에 시조에서의 초장은 중요한 역할을 합니다.

이해 ☐☐는 고려 말에 발달하여 오늘날까지 만들어지고 있는 우리 고유의 ☐를 말해.

시조 / 시

● 알맞게 선으로 이으세요.

시에 쓰이는 언어. 시어	
시를 읽을 때 마음 속에 떠오르는 심상	
노래를 부르는 듯한 느낌을 주는 운율	

시의 내용 / 시의 형식

해설 시의 형식을 이루는 요소는 시어와 행, 연이고, 시의 내용을 이루는 요소는 주제, 소재, 제재, 심상 등을 말합니다.

● 알맞은 내용에 각각 ○표를 하세요.
시의 내용을 이루는 재료는 (주제 . 소재)이고 그 중에서 가장 중심이 되는 것을 (주제 . 제재)(이)라고 한다.

해설 시의 내용을 이루는 재료는 '소재'이고, 소재 중에서 가장 중심이 되는 것을 '제재'라고 합니다.

● 시조에 대한 설명으로 알맞은 것에 ○표를 하세요.

☐ 시대상으로 갑오경장 이전의 시만 을 말한다.

◯ 형태상으로 종장이 거의 무제한으로 길어진 시조를 사설 시조라고 말한다.

해설 시조는 시조가 발생한 현대 시조까지 있습니다.
이후부터 지어진 현대 시조까지 있습니다.
사설 시조는 2장 이상이 평시조에 비해 긴, 특히 중장이 거의 무제한으로 길어진 시조를 말합니다.

4회 1주차 ①

지구를 이루는 지구계

과학

초등학생 때 배웠던 태양계란 말, 기억나니? 태양과 그것을 중심으로 공전하는 천체의 모임을 말해. 태양계는 태양, 행성, 위성, 소행성, 혜성, 유성 등으로 이루어져 있어. 그런 것처럼 우리가 살고 있는 지구를 이루는 여러 요소들의 모임 전체를 지구계라고 해.

지구계는 지권, 수권, 기권, 생물권, 외권 이렇게 다섯 가지 요소들로 이루어져 있는데 이것들은 서로가 영향을 주고받으면서 다양한 자연 현상으로 나타나. 지구의 표면과 내부인 지권은 지구의 중 가장 많은 부피를 차지하고 있는데, 토양과 암석으로 이루어져 있고, 실수 있는 모든 생명체에게 서식지를 제공하고 있지. 지구의 물인 수권은 해수, 빙하, 지하수, 강과 호수 등 다양한 모습이지만, 바다가 가장 많은 부분을 차지하고 있어. 지구를 둘러싸고 있는 대기인 기권은 흔히 대기권이라고도 불려. 여러 가지 기체가 섞여 있고, 다양한 기상 현상이 나타나지. 생물권이란 지구에 살고 있는 모든 생명체를 말해. 사람도 포함하는 거지. 마지막으로 외권은 기권의 바깥 영역을 말해.

지구계: 서로 영향을 주고 받는 지구를 이루는 여러 요소들이 모인 전체.

한번에 정리

지구계	
지권	지구의 표면과 내부
수권	지구의 물
기권(대기권)	지구를 둘러싸고 있는 대기
생물권	지구에 살고 있는 모든 생명체
외권	기권의 바깥

TIP 서로 영향을 주고받는 여러 요소들이 모임을 계라고 합니다. 서로 영향을 주고받으므로 어느 한 요소에 변화가 생기면 다른 요소도 영향을 받아 변합니다.

이해 ☐☐☐의 구성 요소 다섯 가지는 지권, 수권, 기권, 생물권, 외권이야.

지구계의 특징

지권
지구의 내부와 토양과 암석으로 이루어진 지구의 표면을 말하는 것으로 생물들이 살아갈 공간과 영양분을 제공해. 수권이나 기권보다 부피가 커.

수권
해수, 빙하, 지하수, 강과 호수 등 지구에 있는 모든 물을 말하는 것으로 물 등의 생물들이 살아갈 공간이 되며 지구의 온도를 일정하게 유지하는 역할을 하지.

기권
지구 표면을 둘러싸고 있는 공기의 층으로, 기상 현상이 나타나. 기권에는 여러 가지 기체가 섞여 있는데 그중 산소는 지구의 생명체가 숨을 쉴 수 있게 해 줘. 그리고 태양에서 오는 해로운 빛을 차단하고, 생명체가 살아가기에 알맞은 온도를 유지하는 역할을 해.

생물권
사람을 비롯하여 지구에 사는 모든 생명체를 말하는 것으로 지권, 수권, 기권에 걸쳐 넓게 분포해.

외권
지구를 둘러싸고 있는 기권의 바깥 영역으로, 태양과 달 등의 천체를 포함함해. 특히 태양은 지구의 환경과 생물에 많은 영향을 끼쳐. 태양 에너지는 지구계의 가장 중요한 에너지원이야.

지구계의 상호 작용엔 어떤 게 있어?

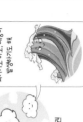

기권

◉ 알맞은 말에 ○표 하세요.

우리가 살고 있는 지구를 이루는 여러 요소들이 모인 전체의 모임을 (태양계 , **지구계**)라고 한다.

해설 우리가 살고 있는 지구를 이루는 여러 요소들의 모임 전체를 지구계라고 합니다.

◉ 알맞게 선으로 이으세요.

지권	지구의 물
수권	기권의 바깥
기권	지구의 표면과 내부
생물권	지구를 둘러싸고 있는 대기
외권	지구에 살고 있는 모든 생명체

해설 지권은 지구의 표면과 내부, 수권은 지구의 물, 기권은 지구를 둘러싸고 있는 대기, 생물권은 지구에 살고 있는 모든 생명체, 외권은 기권의 바깥입니다.

◉ 다음은 지구계 중 무엇의 특징인지 쓰세요.

• 태양에서 오는 해로운 빛을 차단한다.
• 생명체가 살아가기에 알맞은 온도를 유지해 준다.

답 **기권**

해설 태양에서 오는 해로운 빛을 차단하고 생명체가 살아가기에 알맞은 온도를 유지해 주는 것은 기권의 특징입니다.

4회 ②

달걀과 비슷한 지권의 구조

과학

지권의 구조: 지구의 표면과 내부가 이루어진 얼개.

내가 서 있는 지구의 표면과 내부인 지권은 어떻게 이루어져 있을까? 과학자들은 지구 내부를 조사하기 위해 직접 땅을 파서 조사하기도 하고, 화산이 분출할 때 나오는 물질을 분석하기도 했어. 또 지진이 일어날 때 지구 내부를 통과하여 전달되는 지진파를 분석하기도 했지. 그런데 지진파를 분석하여 지구 내부의 모습을 알 수 있게 되었어.

지권의 층상 구조

지권은 지각, 맨틀, 외핵, 내핵이라는 4개의 층으로 된 층상 구조를 이루고 있어.

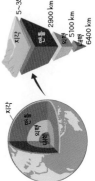

지권은 4개의 층으로 된 층상 구조로 되어 있어. 지권의 가장 바깥에 있는 층인 지각, 지각 아래에 있는 층인 맨틀, 맨틀 아래에 있는 층인 외핵, 외핵 아래에 있는 층인 내핵 이렇게 4층으로 되어 있어. 암석으로 된 지구의 겉 부분인 지각은 두께가 가장 얇은 고체 상태이며, 대륙 지각과 해양 지각으로 구분할 수 있어. 맨틀은 두께가 가장 두꺼운 고체 상태로 지구 전체 부피의 약 80%를 차지하며, 지각보다 무거운 암석으로 되어 있어. 그리고 외핵과 내핵은 둘 다 철과 니켈로 이루어져 있지만, 둘의 상태는 달라서 외핵은 액체 상태이고, 내핵은 고체 상태야.

모호면

지각과 맨틀의 경계면의 이름이 모호면이야. 지각의 두께가 두꺼울수록 그 깊이가 깊어져.

지구 내부 구조는 어떻게 알 수 있는 걸까?

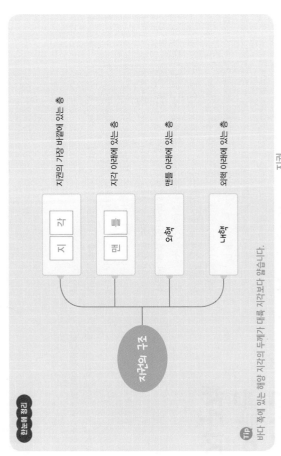

지구 내부는 시추와 화산 분출물 조사 등이 있는데 이 방법은 지표 부근을 조사할 수 있지만, 지구 내부 전체의 모습을 알 수 없어. 가장 효과적인 방법은 지진이 발생할 때 전달되는 지진파 모습을 분석하는 지진파 분석 방법이야. 지진파는 통과하는 물질의 성질에 따라 속도가 달라지거나 휘어지는 성질이 있어. 그래서 지진파를 분석하면 마치 X선처럼 지구 내부 구조를 알 수 있어.

한눈에 정리

지권의 구조

- 지각 — 지권의 가장 바깥에 있는 층
- 맨틀 — 지각 아래에 있는 층
- 외핵 — 맨틀 아래에 있는 층
- 내핵 — 외핵 아래에 있는 층

이해 지각, 맨틀, 외핵, 내핵 4개의 층으로 되어 있는 □□의 구조는 삶은 달걀과 비슷한 구조야.

TIP 바다 속에 있는 해양 지각의 두께가 대륙 지각보다 얇습니다.

◉ 지구 내부를 조사하는 방법으로 알맞은 것에 ○표를 하세요.

- [ ] 직접 땅을 파고 맨틀까지 가 본다.
- [○] 지진이 일어날 때 지구 내부를 통과하여 전달되는 지진파를 분석한다.

해설 지진이 일어날 때 지구 내부를 통과하여 전달되는 지진파를 분석하는 방법으로 알맞습니다.

◉ 알맞게 선으로 이으세요.

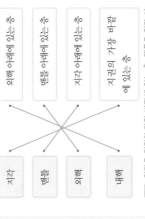

지각	외핵 아래에 있는 층
맨틀	맨틀 아래에 있는 층
외핵	지각 아래에 있는 층
내핵	지권의 가장 바깥에 있는 층

해설 지각은 지권의 가장 바깥에 있는 층, 맨틀은 지각 아래에 있는 층, 외핵은 맨틀 아래에 있는 층, 내핵은 외핵 아래에 있는 층입니다.

◉ 지권의 구조 중 무엇의 특징인지 쓰세요.

- 두께가 가장 두꺼운 고체 상태이다.
- 지구 전체 부피의 약 80%를 차지한다.

답 맨틀

해설 두께가 가장 두꺼운 고체 상태이며, 지구 전체 부피의 약 80%를 차지하는 것은 맨틀입니다.

▲ 정답과 해설 10쪽

5회

① 1주차

소수들만의 곱, 소인수분해

수학

소인수분해란 1보다 큰 자연수를 소수들만의 곱으로만 나타낸 것을 말해. 처음이라서 어렵게 생각할 수도 있지만 기본 원리를 알면 어렵지 않아. 소인수분해를 알려면 먼저 인수와 소수를 알아야 해.

자연수 ■, ●, ▲를 예로 들어. ■=●×▲라고 할 때, ●와 ▲를 ■의 인수라고 해. 어? 그런데 인수 어디서 본 듯하지? 맞지, 초등학교에서 배운 약수와 인수는 같은 거야. 그럼 이제 소수를 알아볼까? 소수는 1보다 큰 자연수 중에서 꼭 자기 자신과 1로만 나누어지는 수로 2, 3, 5, 7, 11, 13, 17…가 있어. 그리고 인수 중에서 소수인 인수를 소인수라고 해. 예를 들면 6의 인수는 1, 2, 3, 6이고 그 중 소인수는 2와 3이야. 따라서 6을 소인수분해하면 6=2×3이야.

그리고 소인수분해를 하다 보면 같은 소수를 여러 번 곱하는 경우가 생겨. 예를 들어 18을 소인수분해하면 18=2×3×3으로 나타내는데 3이에서 같은 수 3을 두 번 거듭해 곱했다는 뜻으로 거듭제곱이라고 해. 이처럼 같은 수를 여러 번 곱한 것을 간단히 나타내는 것을 거듭제곱이라고 해.

소수

1보다 큰 자연수 중에서 자기 자신과 1로만 나누어지는 수를 소수라고 해. 그렇기 때문에 소수는 약수가 1과 자기 자신으로 약수는 2개뿐이야.

나는 오직 약수가 2개 나뉘어(5) 뿐이야!

소인수분해

자연수를 소인수들만의 곱으로 나타내는 것을 소인수분해 해라고 해.

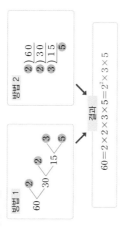

방법 1

60
2   30
2   15
3   5

방법 2

2) 60
2) 30
3) 15
   5

결과

60=2×2×3×5=2²×3×5

소인수: 자연수를 소인수들만의 곱으로 나타내는 것.

2²은 소인수일까? 아닐까?

60=2²×3×5에서 2는 소인수이지만 2²은 소인수로 착각할 수 있어. 그러나 2²=4로 소인수가 아닌 합성수이 니까 2²은 소인수가 아니야.

소인수분해일까? 아닐까?

60=2²×15   60=2×3×5

60을 수의 곱으로 나타내었지만 15나 4는 모두 소인수 가 아니기 때문에 소인수분해한 것이 아니야. 소인수분해 는 인수가 모두 소수가 되어야 해.

TIP

소인수분해하는 방법은 여러 가지이지만 소인수분해한 결과 는 오직 한 가지입니다.

한눈에 정리

3×3=3² ←지수
    └밑

거듭 곱한 횟수 지수
밑   └ 곱 ─ 제 ─ 곱
        가   듭

같은 수를 여러 번 곱한 것을 간단히 나타낸 것

소인수분해

1보다 큰 자연수 중에서 1과 자기 자신만 약수로 가지는 수   소   수

1보다 큰 자연수 중에서 소수가 아닌 수   합성수

인수   소인수   인   수

자연수의 약수

인수 중에서 소수인 것

가지를 뻗어 나가며 나누는 방법

나누어떨어지는 소수로 차례로 나누는 방법

소인수분해하는 방법

자연수를 소인수들만의 곱으로 나타내는 것을 소□□□□□□라고 해.

어휘 자연수를 소인수들만의 곱으로 나타내는 것을 소인수분 해라고 한다.

◉ 알맞은 말에 ○표를 하세요.

자연수를 소인수들만의 곱으로 나타내는 것을 (소인수 · 소인수분해)라고 한다.

◉ 42를 소인수분해한 것으로 알맞은 것에 ○표를 하세요.

$42 < \dfrac{6}{7}$

2) 42
3) 21
   7

□

해설 가지의 끝이 모두 소수가 될 때까지 가지를 뻗어 나가며 나눕니다.

◉ 알맞은 것에 ○표를 하세요.

36=3²×4에서 4는 소인수가 아니다.   □ ○ □

12=2²×3에서 2²은 소인수이다.   □ □

해설 12=2²×3에서 2²=4는 소수가 아닌 합성수이므로 소인 수가 아닙니다.

$42 < \begin{matrix} 2 \\ 21 < \begin{matrix} 3 \\ 7 \end{matrix} \end{matrix}$

5회 ②

부호를 가진 수
정수와 유리수

정수: 양의 정수, 0, 음의 정수를 통틀어 이 말함.
유리수: 양의 유리수, 0, 음의 유리수를 통틀어 이르는 말임.

부호를 가진 수

어떤 기준에 대하여 서로 반대되는 성질을 갖는 수량을 나타낼 때, 기준이 되는 양을 0으로 정하고 한쪽 수량에는 양의 부호 '+'를, 다른 쪽 수량에는 음의 부호 '−'를 붙여 나타낼 수 있어. 이때 부호 '+'를 붙인 수를 '양수', 부호 '−'를 붙인 수를 '음수'라고 해.

자연수, 분수, 소수로 생활 속에서 일어나는 모든 것을 표현할 수 없을 때가 있어. 그래서 부호를 가진 수가 필요하게 되었지.

'+'나 '−' 부호를 사용하여 기준점을 0으로 잡고 양의 부호는 '+'로, 음의 부호는 '−'로 나타내는 거지. 예를 들어 온도에는 0℃를 기준으로 하여 위쪽은 0℃보다 높은 온도를 나타내고, 아래쪽은 0℃보다 낮은 온도를 나타내.

이 밖에도 부호를 가진 수는 인구, 회계, 높이, 스포츠 점수에도 활용되고 있어. 인구를 말할 때 증가는 '+', 감소는 '−'로, 높이를 말할 때 해수면에 대하여 산의 높이는 해발 '+', 바다의 깊이는 해저 '−'로, 스포츠에서는 득점은 '+', 실점은 '−'로 부호를 붙여 나타내는 것처럼 말이야. 이와 같이 자연수에 부호를 붙인 수를 양의 정수라고 해. 1부터 시작하는 자연수에 '+' 부호를 붙인 수를 양의 정수, 1부터 시작하는 자연수에 '−' 부호를 붙인 수를 음의 정수, 그리고 0을 모두 통틀어 정수라고 생각하면 돼. 여기서 양의 정수는 다른 말로 자연수라고 말할 수도 있어. 유리수는 자연수가 아닌 수에 양의 부호 '+'와 음의 부호 '−'를 붙인 수야.

정수와 유리수

정수

자연수에 양의 부호 '+'를 붙인 수를 양의 정수, 음의 부호 '−'를 붙인 수를 음의 정수라고 하는데 정수는 양의 정수, 0, 음의 정수를 통틀어 정수라고 해.

유리수

분자, 분모가 자연수인 분수에 양의 부호 '+'를 붙인 수를 양의 유리수, 음의 부호 '−'를 붙인 수를 음의 유리수라고 해. 양의 유리수, 0, 음의 유리수를 통틀어 유리수라고 해.

$$(유리수) = \frac{(정수)}{(0이\ 아닌\ 정수)}$$

절댓값

부호를 가진 수에서 부호를 뗄 때 수를 절댓값이라고 하는데 절댓값은 수직선 위에서 어떤 수에 대응하는 점과 원점 사이의 거리를 나타내는 거야. 절댓값은 기호 '| |'를 사용하여 나타내.

◎ 알맞은 것에 ○표를 하세요.

정수는 양의 정수와 음의 정수로 이루어진다.

양의 정수는 부호를 생략하여 나타 낼 수 있다.

해설 정수는 양의 정수, 0, 음의 정수로 이루어졌습니다.

◎ 알맞은 말에 ○표를 하세요.

· 모든 정수는 (유리수이다), 유리수가 아니다).
· 모든 분수는 (유리수이다), 유리수가 아니다).

해설 모든 정수는 유리수입니다. 모든 분수는 유리수입니다.

◎ 알맞은 것에 ○표를 하세요.

절댓값은 항상 양수이다.

절댓값이 2인 수는 −2이다.

−6의 절댓값은 6이다.

해설 절댓값은 0 또는 양수입니다. 절댓값이 2인 수는 −2 와 2입니다.

1주차 확인 문제

1 다음 설명에 알맞은 기후 지역을 쓰세요. 》 〔사회〕

- 주로 사막 주변에 분포하며 연 강수량이 250 mm~500 mm 미만이다.
- 짧은 우기 동안 초원이 형성된다.
- 물과 풀을 찾아 가축과 함께 이동하는 유목 생활을 한다.

(**스텝 기후 지역**)

해설 연 강수량 250 mm~500 mm 미만인 스텝 기후 지역은 주로 사막 주변에 분포합니다.

2 다음 빈칸에 들어갈 알맞은 말을 쓰세요. 》 〔사회〕

어떤 한 국가나 지역의 위치를 정확하게 표현하기 위해 지구에 가상의 선을 그어 그 위치를 숫자로 표현하는데 가로 선을 ㉠ [ ] 이라고 하고 세로 선을 ㉡ [ ] 이라고 한다.

(1) ㉠: (**위선**) (2) ㉡: (**경선**)

해설 위선과 경선은 지구에 나타내는 가상의 선으로, 위선은 적도와 평행한 가로 선이고, 경선은 북극과 남극을 연결한 세로 선입니다.

3 위도에 대한 설명으로 알맞은 것에 ○표를 하세요. 》 〔사회〕

(1) 지구가 하루에 한 바퀴 돌기 때문에 위도에 따라 시간 차가 생긴다. ( )
(2) 위도에 따라 기온과 계절의 차이가 생긴다. (○)
(3) 지구의 북극과 남극을 연결한 가상의 선이다. ( )

해설 경도에 따라 시간 차가 생깁니다. 지구의 북극과 남극을 연결한 가상의 선은 경선입니다.

4 언론의 기능에 대해 알맞게 말하지 <u>않은</u> 친구의 이름을 쓰세요. 》 〔사회〕

지안: 언론은 정부가 무슨 일을 하고 있는지 홍보하는 역할을 해.
현우: 언론은 국회나 정부에 여론을 전달하는 역할을 해.
우재: 언론은 사회를 비판적으로 바라보고 정부를 감시하는 역할을 해.

(**지안**)

해설 언론은 정부가 무슨 일을 하고 있는지 홍보가 아니라 객관적이고 정확한 정보를 전달하는 역할을 합니다.

5 다음 빈칸에 들어갈 알맞은 말을 쓰세요. 》 〔국어〕

알고 싶은 내용이나 주제에 대한 정보를 수집하기 위하여 여러 사람을 맞대고 서로 주고받는 대화 방식을 [ ] 이라고 한다.

(**면담**)

해설 면담은 알고 싶은 내용을 알아보기 위하여 여러 사람을 마주하고 이야기하는 것입니다.

6 면담 대상자와 대화를 할 때 주의할 점이 아닌 것은 무엇인가요? (⑤) 》 〔국어〕

① 면담의 목적을 사전에 반드시 알려 준다.
② 면담에 필요한 질문과 자료를 미리 준비한다.
③ 면담 대상자가 말하는 도중에 끼어들어 말하지 않는다.
④ 면담 주제에서 벗어난 질문을 하지 않는다.
⑤ 면담자에 대하여 미리 조사하는 것은 예의에 어긋나므로 하지 않는다.

해설 미리 면담자에 대한 조사를 충분히 하면 면담을 진행하는데 도움이 됩니다.

7 다음 중 외래어를 모두 골라 기호를 쓰세요. 》 〔국어〕

㉮ 텔레비전 ㉯ 시계 ㉰ 라디오 ㉱ 버스 ㉲ 하늘

(㉮, ㉰, ㉱)

해설 외래어란 다른 나라에서 들어와 우리말처럼 쓰이는 말입니다.

1주차 | 확인 문제

▶ 정답과 해설 14쪽

12 다음 빈칸에 들어갈 알맞은 말을 차례대로 쓰세요. 》

지진이 발생할 때 전달되는 ⎡ ㉠ ⎤ 는 통과하는 물질에 따라 속도가 달라지거나 꺾이는 성질이 있기 때문에 지진파를 연구 분석하면 지구 ⎡ ㉡ ⎤ 구조를 효과적으로 알 수 있다.

(1) ㉠: (지진파) (2) ㉡: (내부)

해설 지진파를 분석하면 지구 내부 구조를 간접적으로 알 수 있습니다.

13 소수에 대한 설명으로 옳은 것에 ○표를 하세요. 》

(1) 1은 소수이다. ( )
(2) 소수는 약수가 2개 이상이다. ( )
(3) 소수는 약수가 1과 자기 자신뿐이다. (○)

해설 소수는 1보다 큰 자연수이므로 1은 소수가 아니며, 약수가 1과 자기 자신으로 2개뿐인 수입니다.

14 다음 설명 중 옳지 <u>않은</u> 것은 무엇인가요? (⑤) 》

① $+3$은 양의 정수이다.
② -5는 음의 정수이다.
③ $+\dfrac{1}{2}$은 양의 유리수이다.
④ $-\dfrac{2}{3}$는 음의 유리수이다.
⑤ 0은 정수도 유리수도 아니다.

해설 0은 정수이므로 유리수이기도 합니다.

15 다음 수 중에서 절댓값이 같은 것을 모두 골라 기호를 쓰세요. 》

㉮ -3 ㉯ $+3$ ㉰ $+4$ ㉱ $+\dfrac{1}{4}$ ㉲ $-\dfrac{1}{3}$

(㉮, ㉯)

해설 절댓값은 부호를 뺀 수를 말합니다. 따라서 $|-3|=|+3|=3$으로 절댓값이 같습니다.

1주차 | 확인 문제

8 한자어에 대한 설명으로 옳지 <u>않은</u> 것은 무엇인가요? (⑤) 》

① 한자어는 우리말이다.
② 한자어는 한자를 바탕으로 만들어진 말이다.
③ 한자어는 우리 어휘의 반 이상을 차지하고 있다.
④ 학교, 공부는 한자어이다.
⑤ 한자어는 고유어로 바꾸어 써야 한다.

해설 한자어 중의 글자이지만 한자어는 우리말로 모두 고유어로 바꾸어 쓸 수는 없습니다.

9 다음에서 설명하는 글의 형식을 무엇이라 하는지 쓰세요. 》

· 우리 민족이 만든 독특한 정형시이다.
· 각 행별 글자 수가 대체로 3/4/3/4로 이루어져 있다.
· 초장, 중장, 종장의 3행으로 이루어져 있다.

(시조)

해설 시조는 고려 말에 발생하여 오늘날까지 만들어지고 있는 우리 고유의 정형시입니다.

10 기권에 대한 설명으로 옳은 것에 ○표를 하세요. 》

(1) 우주 공간으로 달아서 포함한다. ( )
(2) 태양에서 오는 해로운 빛을 차단한다. (○)
(3) 토양과 암석으로 이루어져 있다. ( )

해설 우주 공간은 외권에 속합니다. 토양과 암석으로 이루어진 것은 지권입니다.

11 다음 중 수권에 해당하는 것을 모두 골라 기호를 쓰세요. 》

㉮ 빙하 ㉯ 대기 ㉰ 식물 ㉱ 지하수 ㉲ 유성

(㉮, ㉱)

해설 대기는 기권이고, 식물은 생물권, 유성은 외권입니다.

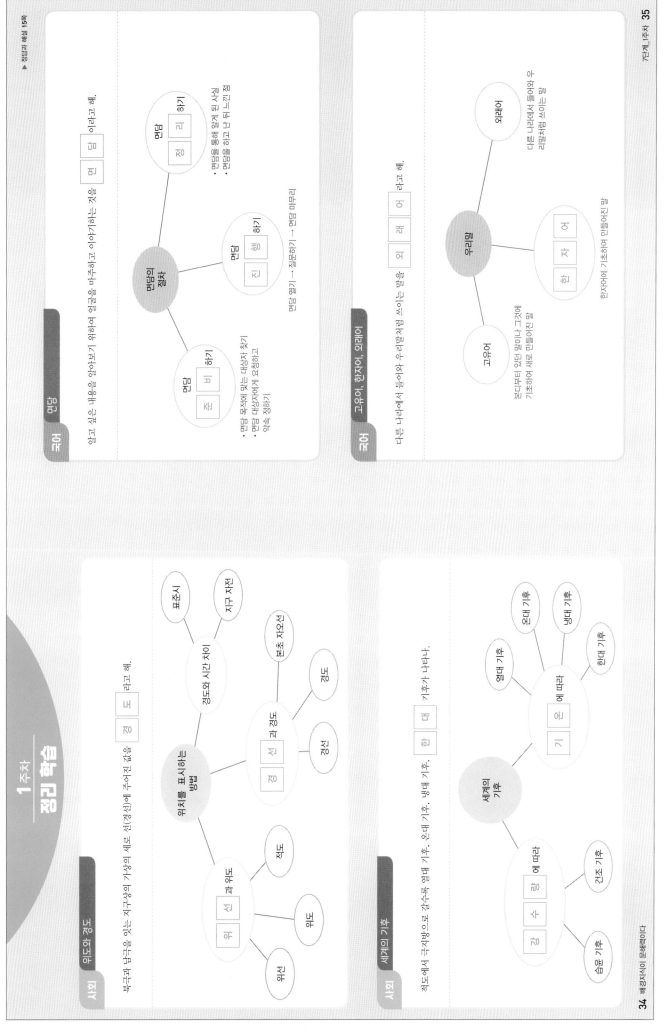

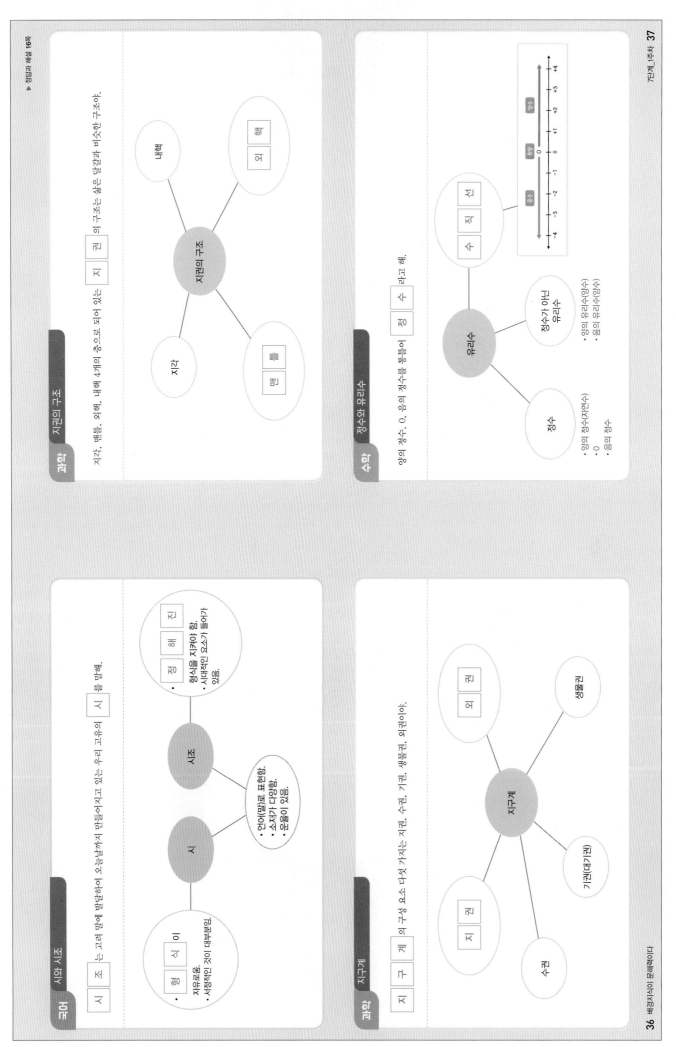

과학 — 지권의 구조

지각, 맨틀, 외핵, 내핵 4개의 층으로 되어 있는 [지][권]의 구조는 삶은 달걀과 비슷한 구조야.

- 지권의 구조
  - 내핵
  - 외핵
  - 맨틀
  - 지각

수학 — 정수와 유리수

양의 정수, 0, 음의 정수를 통틀어 [정][수]라고 해.

- 유리수
  - 정수
    - 양의 정수(자연수)
    - 0
    - 음의 정수
  - 정수가 아닌 유리수
    - 양의 유리수(양수)
    - 음의 유리수(음수)
  - 수직선
    - 음수 / 원점 / 양수
    - -4 -3 -2 -1 0 +1 +2 +3 +4

국어 — 시와 시조

[시][조]는 고려 말에 발달하여 오늘날까지 만들어지고 있는 우리 고유의 [시]를 말해.

- 시조, 시
  - 시
    - 형식, 내용, 운율
    - 자유로움.
    - 서정적인 것이 대부분임.
  - 공통
    - 언어(말)로 표현함.
    - 소재가 다양함.
    - 운율이 있음.
  - 시조
    - 형식, 내용, 운율
    - 형식을 지켜야 함.
    - 시대적인 요소가 들어가 있음.

과학 — 지구계

[지][구][계]의 구성 요소 다섯 가지는 지권, 수권, 기권, 생물권, 외권이야.

- 지구계
  - 외권
  - 생물권
  - 기권(대기권)
  - 수권
  - 지권

2주차

정답과 해설

배경지식이 문해력이다 | 7단계

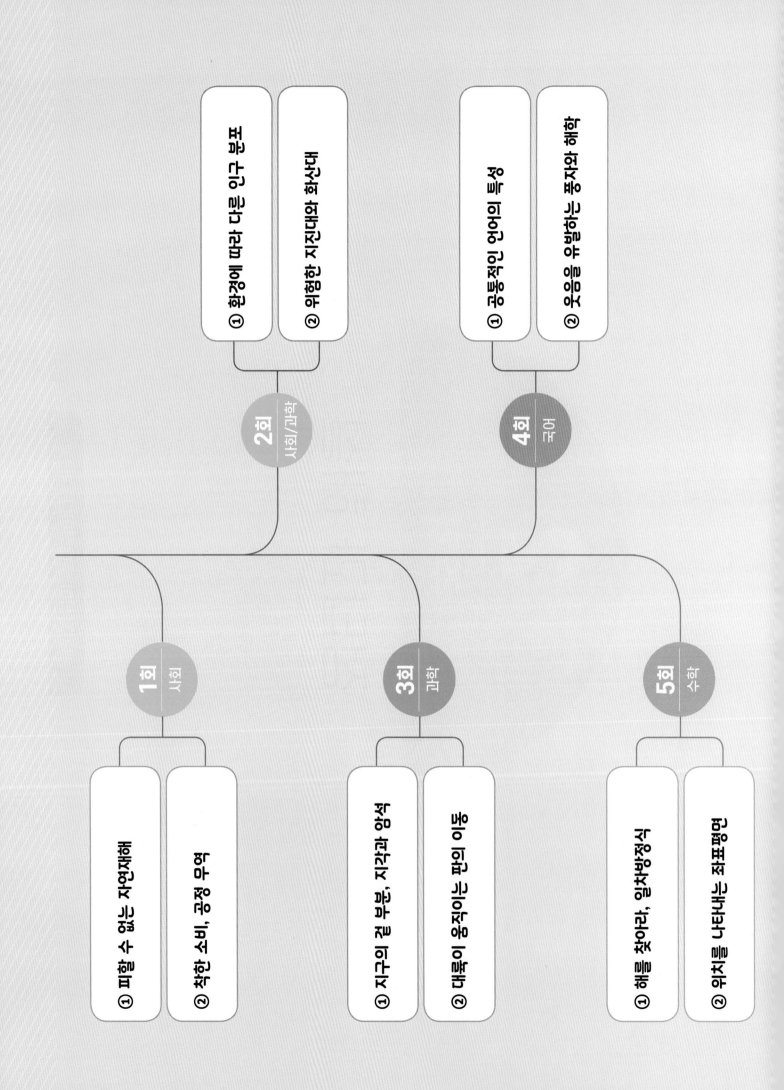

2회 사회/과학
① 환경에 따라 다른 인구 분포
② 위험한 지진대와 화산대

4회 국어
① 공통적인 언어의 특성
② 웃음을 유발하는 풍자와 해학

1회 사회
① 피할 수 없는 자연재해
② 착한 소비, 공정 무역

3회 과학
① 지구의 겉 부분, 지각과 암석
② 대륙이 움직이는 판의 이동

5회 수학
① 해를 찾아라, 일차방정식
② 위치를 나타내는 좌표평면

1회 2주차 ①

피할 수 없는 자연재해

천재지변이라고도 하는 자연재해는 피할 수 없는 자연 현상이 인간에게 피해를 주는 것을 말해. 자연재해는 피할 수 없어 많은데 기후 지역에 따라 피해 정도의 차이도 크고, 홍수, 장마, 가뭄, 태풍, 냉해, 폭설 등 종류도 다양해. 이 밖에 지진, 화산 폭발, 신사태 등 지각 변동에 의한 자연재해도 있어.

자연재해 중에서도 매우 큰 피해를 가져다주는 것은 폭설과 지진과 화산 폭발 그리고 지진 해일이야. 화산 폭발이 일어나면 용암으로 인해 도시나 인접 지역이 순식간에 피해를 입을 수 있어. 화산 폭발로 마을이 폐허되고, 지진과 화산은 여시 아마어마한 피해를 가져다주고 있어. 또 인위적인 환경 변화, 무분별한 자연 개발이 지역 개발, 지구 온난화 등으로 자연재해가 점점 더 빈번해지고 그 피해가 커지고 있어.

자연재해의 피해를 줄이기 위해서는 기상학과 지진학 등의 발전에 따른 예측 예보도 중요하지만, 평소에 대비 훈련과 자연 스스로 자연재해를 조절하는 능력을 키울 수 있도록 조건을 만들어 주는 것도 중요해.

자연재해: 태풍, 가뭄, 홍수, 지진, 화산 폭발, 해일 따위의 피할 수 없는 자연 현상이 인간에게 피해를 주는 것.

지각 변동에 의한 자연 재해

지진은 많이 흔들리고 갈라지는 현상으로 건물이나 교량 등이 인공 구조물이 붕괴되는 피해로 발생해. 화산 활동은 지표면이 갈라진 틈으로 마그마가 분출하는 현상으로 화산 폭발에 의한 피해가 발생해. 지진 해일은 지진이나 화산 활동이 해저에서 발생해서 대규모의 파도가 일어나 해안을 덮치면서 피해를 끼치는 현상이야.

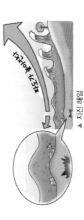

▲ 지진 해일

기상 현상에 의한 자연 재해

홍수는 비가 짧은 시간 동안 집중적으로 내리거나 장기간 지속적으로 내려서 생기는 홍수적 재해로 계절풍의 영향을 받는 동남아시아와 남부 아시아 등에서 등에서 자주 발생해. 가뭄은 오랫동안 비가 내리지 않아 많이 메마르고 물이 부족해지면서 발생하는 현상으로 건조 기후 지역에서 반번하게 발생해. 우리나라에 피해를 주는 태풍은 강력한 부근의 열대 지역 바다에서 발생하여 북동쪽으로 이동하는 열대성 저기압인데 이동 경로 예측이 쉽지 않아 큰 피해가 발생하기도 해. 열대성 저기압은 발생 지역에 따라 이름이 다른데 대서양과 북태평양의 동부에서 발생하면 허리케인, 인도양에서 발생하면 사이클론이라고 해.

인간의 활동으로 자연재해가 증가한다?

자연재해는 자연 현상으로 발생하지만, 산업화와 도시화 등으로 인한 인위적인 환경 변화, 무분별한 자연 개발과 지역 개발이 원인의 자연재해의 피해를 증가시키기도 해. 홍수 피해는 도시 개발이나 하천의 식생화, 무분별한 산지 개발로 인한 산림 황폐화 등이 원인이 되어 홍수 조절 기능을 상실하면서 발생해. 그리고 사막화는 과도한 농경지 개간과 방목, 무분별한 산림 벌체 등이 지나친 토지 이용이 같은 곳이 지진도 사막화의 원인이 되어 발생하기도 해.

한눈에 정리

```
          자연재해
   ┌──────────┴──────────┐
기상 현상에          지각 변동에
  의한 재해            의한 재해
┌──┬──┬──┐        ┌──┬──┬──┐
홍  가  태          지  화  산
수  뭄  풍          진  산  사
                      폭  태
                      발
```

[TIP] 인간에게 피해가 없는 자연 현상은 자연재해라고 하지 않습니다. 예를 들어 인간에게 피해가 없는 바다 깊은 곳의 지진은 자연재해라고 하지 않습니다.

[이해] 자연 현상이 인간 생활에 피해를 주는 것을 □□□□라고 해.

◉ 알맞은 말에 ○표를 하세요.
지진은 (기상 현상 , **지각 변동**)에 의한 자연 재해입니다.

[해설] 지진은 지각 변동에 의한 자연재해입니다.

◉ 자연 재해에 대한 설명으로 알맞은 것에 모두 ○표를 하세요.

☐ 가뭄이 발생하면 산불 발생 위험이 감소한다.
☑ 태풍은 이동 경로 예측이 쉽지 않아 피해를 준다.
☑ 화산이 폭발하면 용암이 분출되어 피해를 준다.

[해설] 가뭄이 발생하면 산불 발생 위험이 증가합니다.

◉ 발생 지역에 따른 열대성 저기압을 알맞게 선으로 이으세요.

대서양 ─── 태풍
서태평양 ─── 사이클론
인도양과 남태평양 ─── 허리케인

[해설] 열대 저기압은 발생하는 곳에 따라 그 이름이 다른데, 서태평양에서 발생하면 태풍, 인도양과 남태평양에서 발생하면 사이클론, 대서양에서 발생하면 허리케인이라고 합니다.

1회 ②

착한 소비, 공정 무역

갈래: 생산자와 소비자 간 동등한 위치에서 이루어지는 무역 형태.

공정 무역: 생산자와 소비자 간 동등한 위치에서 이루어지는 무역 형태.

우리가 커피 한 잔을 마시면서 바는 돈 가운데 농민에게 돌아가는 것은 0.5퍼센트에 불과하다는 걸 알아? 우간다의 커피 생산 농부들은 커피를 생산 임계 하여 생산자, 생산 농부들은 60퍼센트만 받고 팔았대. 이런 상황에서 아이들은 부모님을 따라서 수가 없어서 아이들도 노동을 했대. 아이들은 커피콩을 따서 말리는 작업을 하느라 학교에 가는 건 꿈도 꿀 수 없었어. 그 이유는 우리가 커피를 사면서 지불한 돈이 농민들에게 돌아간 것이 아니라 도의 99퍼센트를 다국적 기업인 가공업자와 판매업자, 중간 상인이 차지했기 때문이야.

이러한 불공정 무역의 잘못된 점을 반성하고 개선해 보자는 취지에서 시작된 것이 공정 무역이야. 공정 무역을 통해 판매되는 커피는 아이들의 노동 없이 제대로 커피콩으로 만들고 생산자와 소비자 간의 직거래를 통해 공정한 가격을 지불하지. 그리고 공정 무역 제품은 안전한 작업장에서 친환경적으로 생산된 제품들이기 때문에 소비자도 안전한 제품을 사용할 수 있게 돼. 공정 무역은 커피, 수공예품 등 일부 품목에서 시작되었지만 지금은 설탕, 초콜릿, 와인 같은 가공식품, 나아가 면제품, 청바지에 이르기까지 품목이 다양해.

한눈에 정리

공정 무역의 기본 원칙

공정한 가치	• 경제적으로 불리한 생산자에게 기회를 제공함. • 선진국보다 경제력이 낮은 개발 도상국을 보호함.
안전한 노동 환경	• 생산자를 위한 안전한 노동 환경을 제공함. • 어린이 노동을 금지하고 여성 노동자의 임금에 차별을 두지 않음.
노동의 대가	• 생산자에게 공정한 노동 대가를 지불함. • 직거래를 통해 생산자의 자립을 도움.
합리적인 가격 지시	• 생산자에 관한 정보를 소비자에게 제공하고 합리적인 소비 가격을 제시함. • 중간 유통 과정을 줄여 소비자가 가격을 지불함.

이해 → 생산자와 소비자 간 동등한 위치에서 이루어지는 무역 형태를 □□ □□(이)라고 해.

> **TIP** 공정 무역은 생산자에게 정당한 이익을 돌려주기 위한 윤리적 소비 운동입니다.

공정 무역 인증 표시

공정 무역 인증 표시가 제품에 부착이 되어 있다면 그 제품 안에 있는 원료들은 공정 무역 기준을 모두 준수했다는 것을 보장해. 공정 무역 인증 표시는 공정한 대가를 받고 있는지, 중간 상인자, 판매업자 등에게 골고루 해택을 준다. 생산자의 노동에 공정한 대가를 돌려받으면서 소비자에게는 질 좋고 신뢰할 수 있는 제품을 공급한다.

세계적으로 가장 윤리적이고 환경적인 표시로 꼽혀.

공정 여행

현지의 환경을 해치지 않으면서도 현지인에게 혜택이 돌아가는 여행으로, '착한 여행', '책임 여행', '윤리적 여행'이라고도 불러. 공정 여행은 여행자인 나 자신뿐만 아니라 여행지의 주민까지 모두가 함께 행복한 여행이야. 나의 즐거움을 위해 누군가가 힘들게 되다면 그것은 공정 여행이라고 볼 수 없어. 공정 여행은 '어디로 가는 것이 좋을지', '어느 곳에서 잠을 잘지', '무엇을 먹고 어떤 체험을 할지' 등 여행의 모든 순간을 고민하면서 하는 거야.

여행지의 자연보호

여행자의 문화체 존중

현지인에 도움이 되는 소비

착한 소비자가 되려면?

착한 소비는 공정 무역 운동을 포함한 착한 소비자 운동이 일환으로 인간과 동물을 포함한 자연 환경에 해를 끼치는 상품은 사지 않고, 공정 무역에 의한 상품을 구입하는 것을 (착한 소비), 공정 여행 (이)라고 한다.

우리는 생산자들에게 희망과 행복을 줄 수 있는 물건, 지구 환경을 보호하고 살릴 수 있는 물건을 선택하는 착한 소비자가 될 수 있어.

확인 → 공정 무역을 포함한 자연 환경에 해를 끼치지 않으면서도 현지인에게 혜택이 돌아가는 여행을 말합니다.

▶ 정답과 해설 21쪽

2회 ①
2주차 · 사회

환경에 따라 다른 인구 분포

인구 분포: 사람들이 어디에 얼마나 모여 살고 있는가를 나타낸 것.

인구가 가장 많은 대륙은 아시아로 세계 인구의 약 60%가 거주하고 있어. 그중에서 동남아시아는 기온이 높고 강수량이 많아서 벼농사가 발달하여 쌀 생산량이 많았어. 쌀 재배에는 많은 노동력이 필요하기 때문에 벼농사가 발달한 동남아시아에는 인구가 밀집해 있지. 1980년대 이후 동남아시아 국가들은 풍부한 지하자원과 저렴한 노동력을 바탕으로 산업화가 이루어지면서 인구가 더 빠르게 증가했어.

서부 유럽은 일 년 내내 온난 습윤한 기후와 이로 인해 발달한 농업과 일찍부터 진행된 산업화·도시화의 영향으로 많은 인구가 밀집해 있지. 서부 유럽은 세계에서 가장 먼저 산업이 발생한 지역이야. 기술과 공업이 급속히 발달하면서, 공업 중심의 사회로 전환되었어. 그러면서 서부 유럽의 농촌에 거주하던 농민들이 일자리가 많은 도시로 이동하면서 도시화가 빠르게 진행되어 대부분의 사람들이 도시에 거주하고 있지.

이처럼 인구 분포는 지형·기후·자원의 분포 등 자연적 요인과 역사·문화적 배경과 산업 발달·사회 변화 등 사회·경제적 요인 등에 의해 달라져.

환경이 인구 분포에 미치는 영향

기후가 인구 분포에 미치는 영향

지역의 기온·강수·바람 등은 인간이 정착할 곳을 선택하는 데 가장 큰 영향을 끼쳐. 세계에서 인구가 희박한 곳은 대부분 기후 환경이 열악한 곳이야. 북아메리카의 북쪽 내륙이 북쪽 내륙이 극도로 춥기 때문에, 아프리카 북부의 유라시아의 내륙에 이르는 사막 지대도 몹시 건조하기 때문에 인구 밀도가 낮아.

 한대 지역
 사막 지역

지형이 인구 분포에 미치는 영향

히말라야 산지나 로키 산지 등높이는 대체로 인적이 드물고, 대평원에는 사람들이 많이 살아. 오스트레일리아 역시 해안과 인구 분포도를 살펴보면 비교적 해발 고도가 낮은 지형과 인구 분포도가 매우 유사하다는 것을 알 수 있어. 그래미트니마닝 산에 동쪽에 인구가 집중되어 있음을 알 수 있어.

 오스트레일리아 지형도
 오스트레일리아 인구 밀도

오늘날 인구 분포는 어떠한 특징이 있을까?

개발도상국 중 중산층이 높은 곳들이 세계의 인구 밀집 지역으로 새롭게 떠오르고 있어. 중남부 아프리카·라틴아메리카·남부아시아 등이 그 지역에 속해. 반면, 전쟁이나 분쟁이 자주 발생하는 지역, 산업화가 이루어지지 않은 지역, 경제가 나쁘고 자연 환경 등 인문 환경이 불리한 지역 등 인구가 점차 빠져나가서 인구가 희박해지는 현상이 나타나고 있는데, 이로 인해 세계의 인구 분포는 인구 밀집 지역과 인구 희박 지역 사이의 편차가 점점 커지고 있어.

한눈에 정리

동남아시아
- 벼농사를 짓기에 알맞은 기후로 쌀 생산량이 많아짐.
- 풍부한 지하자원과 저렴한 노동력을 바탕으로 산업화가 이루어져서 인구가 밀집함.

서부 유럽
- 대도시나 교통이 편리한 곳을 중심으로 놓아둠. 원래 농업 등 산업형 농업이 발달함.
- 기술과 공업이 급속히 발달하면서, 공업 중심의 사회로 전환되어서 인구가 밀집함.

인구 **밀집 지역**

TIP 인구 분포는 자연적 요인과 사회·경제적 요인 등 산업화가 빠르게 진행된 곳에 따라 다르게 나타납니다.

이해 인구 □□ 의 특징을 살펴보면 벼농사가 발달한 곳, 산업화가 빠르게 진행된 곳에 사람이 많이 모여 살고 있다.

◉ 알맞은 내용에 ○표를 하세요.

(**동남아시아**, 북아메리카) 지역에 인구가 밀집한 까닭은 기온이 높고 강수량이 많은 지역이어서 벼농사가 발달하여 쌀 생산량이 많기 때문이다.

해설 동남아시아에는 벼농사가 발달하여 많은 노동력이 필요하기 때문에 인구가 밀집해 있습니다.

◉ 서부 유럽이 인구 밀집 지역인 까닭에 ○표를 하세요.

세계에서 가장 먼저 산업이 발생해서 기술과 공업이 급속히 발달하였다. [○]

1980년대 이후 풍부한 지하자원과 저렴한 노동력을 바탕으로 산업화가 이루어졌다. [ ]

해설 서부 유럽이 인구 밀집 지역인 까닭은 세계에서 가장 먼저 산업이 발달하면서 인구가 많이 몰렸기 때문입니다.

◉ 다음 지역이 인구가 희박한 까닭을 찾아 선으로 이으세요.

사막	춥다
산지	건조하다
밀림	험준하고 덥다

해설 세계에서 인구가 희박한 곳은 대부분 기후 환경이 열악한 곳입니다.

2주차 ②

2회

위험한 지진대와 화산대

지진대: 지진이 자주 일어나는 지역.
화산대: 화산 활동이 활발하게 일어나는 지역.

과학

지진은 지구 내부의 오랫동안 쌓인 에너지가 갑자기 방출되면서 땅이 흔들리는 현상을 말해. 지구에 지진으로부터 안전한 곳은 없다고 해. 그런데 지진이 특히 자주 일어나는 지역이 있어. 그 지역을 지진대라고 하며 지구 지각을 이루는 판의 경계를 따라 좁고 긴 띠 모양으로 나타나. 대표적인 지진대는 태평양 주변에 둥근 고리 모양으로 분포하는 환태평양 지진대와 알프스 산맥과 지중해, 그리고 히말라야 산맥을 잇는 알프스-히말라야 지진대야. 또 대서양의 중앙 지역으로 길게 이어지는 해령을 따라 좁은 띠 모양으로 형성된 지진대도 있어. 해령은 깊은 바다에 있는 거대한 산맥 모양으로 솟아오르는 부분을 말하는 거야.

한편, 화산 활동은 지하 깊은 곳에 있는 암석이 녹아 생긴 마그마가 지각의 터진 틈을 통하여 지표로 나오는 현상을 말해. 화산 활동이 활발하게 일어나는 지역을 화산대라고 하는데 지진대와 마찬가지로 가늘고 좁은 띠 모양으로 나타나. 또 판의 경계와도 일치한단다. 그런 지진대와 화산대 활동이 일치하는 건 지진과 화산 활동 등이 지각 변동이 주로 판의 경계에서 발생하기 때문이야.

TIP 지진과 화산 활동이 발생한 건 판의 운동과 관련이 있습니다.

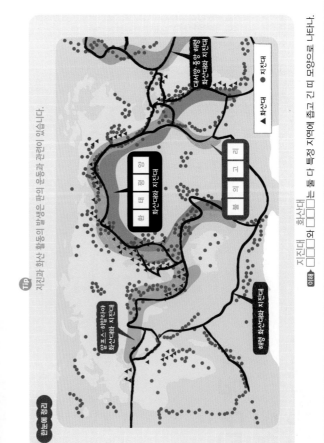

환태평양 화산대와 지진대
알프스-히말라야 화산대와 지진대
해령 화산대와 지진대
▲ 화산대 ● 지진대

이해 지진[ ][ ]와 화산[ ][ ]는 둘 다 특정 지역에 좁고 긴 띠 모양으로 나타나.

지진과 관련된 용어

지진이 발생한 지구 내부의 지점을 '진원'이라고 하고, 진원 바로 위의 지표면의 지점을 '진앙'이라고 해. 그리고 지진의 세기는 규모와 진도로 나타내. 규모는 지진이 발생할 때 나오는 에너지의 양을 숫자로 나타낸 것이고, 숫자가 클수록 강한 지진이야. 진도는 지진이 발생할 때 어떤 지역의 땅이 흔들린 정도나 피해 정도를 나타내는 거야. 지진이 땅이 발생하면 규모는 일정하지만 진도는 관측 지점에 따라 달라지지.

환태평양 지진대 화산대

태평양 가장자리를 따라 나타나는 지진대·화산대를 말해. 둥근 고리처럼 생겨서 '불의 고리'라고 불리기도 해. 전 세계에서 지진과 화산 활동이 가장 활발하게 일어나는 곳이야.

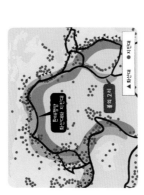

환태평양 화산대와 지진대
불의 고리
● 지진대

우리나라 부근의 지진과 화산 활동

우리나라는 유라시아 판의 안쪽에 있어서 판의 경계에서 멀어져 있어. 그래서 지진이나 화산 활동이 활발하지 않지만 안심할 수는 없어. 그런데 일본은 유라시아 판과 태평양 판, 필리핀 판이 만나는 경계에 가까이 있기 때문에 지진이나 화산 활동이 땅이 발생해.

유라시아 판
태평양 판
필리핀 판
▲ 화산대 ● 지진대

◉ 다음을 알맞게 선으로 이으세요.

화산대 — 지진이 자주 일어나는 지역

지진대 — 화산 활동이 자주 일어나는 지역

해설 지진대는 지진이 자주 일어나는 지역을, 화산대는 화산 활동이 자주 일어나는 지역을 말합니다.

◉ 빈 곳에 알맞은 말을 쓰세요.

( ) 지진대·화산대는 태평양 가장자리를 따라 나타나며 전 세계에서 지진과 화산 활동이 가장 활발하게 일어나는 곳으로 '불의 고리'라고도 불린다.

해설 환태평양 지진대·화산대에 대한 설명입니다.

답 환태평양

◉ 알맞은 말에 모두 ○표를 하세요.

지진대와 화산대는 대체로 판의 경계와 일치한다.

일본에 비해 우리나라에서 지진이 더 자주 일어난다.

지진의 규모를 나타내는 숫자가 클수록 강한 지진이다.

해설 우리나라에 비해 판의 경계에 가까이 있는 일본이 지진이 더 자주 일어난다.

3회 2주차 ①

지구의 겉 부분, 지각과 암석

과학

지각은 지구의 가장 겉 부분으로, 매우 지각과 해양 지각으로 구분해. 지각은 대부분 암석으로 이루어져 있어. 암석은 지각을 구성하는 단단한 물질로 생성 과정에 따라 화성암, 퇴적암, 변성암으로 구분해. 화성암은 마그마가 굳어서 된 암석으로 화산암과 심성암으로 구분하고, 퇴적물이 굳어서 된 암석은 퇴적암이라고 해, 또 퇴적암이나 화성암이 마그마나 용암에 의해 높은 열을 받거나 지하 깊은 곳에서 열과 압력을 받으면 성질이 변하는데, 이를 변성암이라고 해.

지각을 구성하는 암석은 언제나 같은 상태로 있는 것이 아니고 주변 환경의 변화에 따라 끊임없이 변하고 있어. 마그마가 식어 화성암이 되고, 화성암이 풍화·침식으로 퇴적물이 되어 쌓이고 다져져서 퇴적암이 되었다가 다시 화성암이나 퇴적암이 지하 깊은 곳에서 높은 열이나 압력을 받아 성질이 변하면서 변성암이 돼. 이렇게 만들어진 화성암, 퇴적암, 변성암이 위의 과정을 되풀이하면서 다른 종류의 암석으로 끊임없이 변화하게 되는데, 이것을 암석의 순환이라고 해.

지각: 지구의 가장 겉 부분.

암석: 지각을 구성하고 있는 단단한 물질.

물질: 광물

한눈에 정리

암석은 주위 환경에 따라 다른 종류의 암석으로 끊임없이 변화합니다.

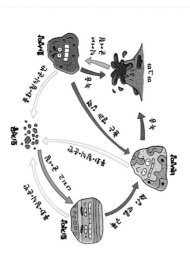

화성암 / 심성암	화 성 암	마그마가 식어서 굳어짐	현무암·유문암 / 화강암·반려암
역암 / 사암 / 셰임	퇴 적 암	퇴적물이 쌓여	자갈 / 모래 / 진흙
규암 / 대리암 / 편마암	변 성 암	열·압력으로 성질이 변하여	사암 / 석회암 / 셰일/화강암

[이해] 암석이 주위의 환경 변화에 따라 다른 종류의 암석으로 변하는 과정을 암석의 □□이라고 해. → 순환

암석의 순환

지각을 구성하는 암석이 시간과 주변의 환경 변화에 따라 다른 종류의 암석으로 변하는 과정으로, 암석 순환이라고도 해.

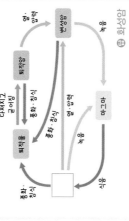

총리와 엽리

퇴적물이 쌓일 때, 주변 환경이 달라지면 퇴적물의 종류도 달라져서 퇴적암에 결이 생기기도 하는데, 이를 '총리'라고 해. 또 변성암에서는 암석을 누르는 힘의 수직 방향으로 구성 알갱이들이 재배열하여 줄무늬 구조가 나타나기도 하는데 이러한 줄무늬를 '엽리'라고 해.

암석을 이루는 알갱이는 무엇일까?

지구의 표면인 지각을 이루고 있는 것은 암석이고 암석을 이루고 있는 것은 '광물'이야. 여기서 말하는 광물이란 암석을 이루고 있는 알갱이를 말해. 돌이나 바위를 자세히 보면 알갱이가 마구 섞여 있는 걸 볼 수 있을 거야. 바로 이것들이 광물이야. 대부분의 광물들은 여럿이 모여 하나의 암석을 형성하고 있어. 그리고 암석을 이루는 주요 광물들을 '조암광물'이라고 해.

▶ 정답과 해설 23쪽

◉ 빈 곳에 알맞은 말을 쓰세요.

지각을 이루는 대부분의 물질을 암석이라고 하며, 이것을 이루는 크고 작은 알갱이를 ( )(이)라고 한다.

[답] 광물

[해설] 지각을 이루는 대부분의 물질이 암석이고 이것을 이루는 크고 작은 알갱이를 광물이라고 합니다.

◉ 다음에서 설명하는 암석은 무엇인지 쓰세요.

지하 깊은 곳에서 열과 압력을 받아 성질이나 배열이 변한 암석이다.

[답] 변성암

[해설] 변성암은 지하 깊은 곳에서 열과 압력을 받아 성질이나 배열이 변한 암석입니다.

◉ 그림은 암석의 순환 과정을 나타낸 것입니다. 빈칸에 알맞은 말을 쓰세요.

[답] 화성암

[해설] 마그마가 식으면 화성암이 됩니다.

2주차 ②

3회 대륙이 움직이는 판의 이동

과학

판: 단단한 암석층으로, 지각뿐만 아니라 맨틀 윗부분까지를 말함.

세계 지도를 자세히 보면 대륙과 대륙의 가장자리가 퍼즐처럼 서로 잘 들어맞는 것을 발견할 수 있어. '이러한 현상은 우연일까?' 하는 의문을 가졌던 독일의 과학자 베게너는 과거에는 한 덩어리였던 거대한 대륙(판게아)이 여러 대륙으로 갈라지고 이동하여 오늘날과 같은 대륙 분포를 이루게 되었다고 주장했는데 이를 대륙 이동설이라고 해.

베게너는 대륙 이동설에 대해 대륙이 해안선 모양뿐이 아니라 화석, 산맥, 빙하의 흔적 등 여러 가지 증거를 제시했지만, 대륙을 이동시키는 거대한 힘을 밝히지 못해 당시에는 인정받지 못했어. 하지만 과학이 발전함에 따라 대륙을 이동시키는 힘은 맨틀의 대류로 설명되고, 대륙 이동설은 판 구조론으로 발전하게 되었어. 판 구조론이란, 지구의 표면이 여러 개의 판들로 이루어져 있으며, 이 판들이 이동함에 따라 다양한 지각 변동이 일어난다는 이론이야. 이때, 판의 이동 속도나 방향이 제각기 다르기 때문에 서로 충돌하거나 멀어지거나 어긋날 때 판의 경계 부분에서 지진, 화산 활동, 조산 운동 등의 지각 변동이 활발하게 일어나게 돼.

대륙 이동의 증거

지질학적 증거
아프리카 대륙 서해안과 남아메리카 대륙 동해안의 해안선 모양이 비슷하고, 석탄기부터 쥐라기 동안에 형성된 퇴적층이 쌓인 순서가 비슷하다는 거야.

고생물학적 증거
남아메리카 대륙과 아프리카 대륙에서 민물에 사는 중생대 넓은 바다를 헤엄쳐 건널 수 없는 메소사우루스 화석이 발견되고, 남반구의 대륙들과 인도 대륙에서 페름기의 글로소프테리스 식물 화석이 발견된다는 거야.

고기후학적 증거
남극 대륙과 북극 지방에서 석탄층과 산호초가 발견되는 것은 현재 기후 조건에 맞지 않고, 아프리카 대륙, 오스트레일리아 대륙, 인도 대륙 등 현재 여러 곳에 흩어져 있는 대륙에서 고생대 말기의 빙하 흔적이 발견된다는 거야.

판은 지각이랑 같은 건가요?
않은 아니야. 판은 단단한 암석층이지만, 지각과 같은 개념이 아니라 지각과 맨틀의 윗부분 일부를 포함한 단단한 부분을 말해. 지구 표면에는 10개 정도의 크고 작은 판이 있어. 이 판들이 맨틀의 움직임에 의해 이동하면서 판끼리 부딪치거나 멀어지면서 지진이 나고 화산이 폭발하게 돼. 화산 활동이나 지진은 판의 운동에 의해 일어나기 때문에 화산대와 지진대는 판의 경계와 거의 일치해.

한눈에 정리

판의 이동

- 대륙 → 대륙 이동설
- 판 → 대륙 이동의 증거 · 대륙이 해안선 모양 비슷 · 화석, 빙하의 흔적 등
- 맨틀 → 판의 경계 지각 변동 → 지진 발생 / 화산 활동 / 조산 운동
- 판 구조론

이해 단단한 암석층으로, 지각뿐만 아니라 맨틀 윗부분까지를 [판]이라고 해.

이해 판은 지각과 맨틀의 윗부분을 포함하고 대륙판과 해양판으로 나누어집니다.

이해 지구 내부에서 맨틀의 이랫부분이 가열되면서 대류가 일어나는 현상입니다.

이해 지구의 표면이 여러 개의 판들로 이루어져 있고 이 판들에 따라 다양한 지각 변동이 일어난다는 이론입니다.

◉ 알맞게 선으로 이으세요.

판 구조론 — 판이 운동으로 대륙이 이동하고, 지진과 화산 활동 등의 지각 변동이 일어난다는 이론이다.

대륙 이동설 — 과거에 하나의 땅덩이를 이루고 있던 대륙이 판게아가 점차 분리되고 이동하여 현재와 같은 모습이 되었다는 이론이다.

해설 대륙 이동설은 과거에 하나의 땅덩이를 이루고 있던 대륙인 판게아가 점차 분리되기 시작하여 현재의 모습이 되었다는 이론입니다.

◉ 대륙 이동의 증거로 알맞은 것에 ○표를 하세요.

□ 멀리 떨어진 대륙에서 같은 종의 화석이 발견된다.

□ 멀리 떨어져 있는 대륙의 산맥과 지질 구조가 서로 연결되지 않는다.

해설 하나의 대륙이었다가 분리되었기 때문에 멀리 떨어져 있는 대륙의 산맥과 지질 구조가 서로 연결되어 있습니다.

◉ 빈 곳에 들어갈 알맞은 말을 쓰세요.

화산 활동이나 지진은 판의 운동에 의해 일어나기 때문에 화산대와 지진대는 ( )의 경계와 거의 일치한다.

해설 화산 활동이나 지진은 판의 운동에 의해 일어나기 때문에 화산대와 지진대는 판의 경계와 거의 일치합니다.

답 판

4회 ①
2주차

공통적인
언어의 특성

국어

언어 특성: 모든 언어가 공통적으로 지니고 있는 특성.

우리가 일상생활에서 많은 말을 하면서 의사소통이 제대로 되지 않는 다면 어떻게 될까? 다른 사람과의 원활한 의사소통에 도움이 되는 언어가 어떤 특성을 지니고 있는지 알아보자.

우선 언어는 기호성, 자의성, 사회성, 역사성, 창조성, 규칙성이 있 어. 내용(의미)을 형식(음성과 문자)으로 표현하는 기호라는 것이 기호성이. 언어의 내용과 형식 사이에는 필연적인 관계가 없다는 것이 자의성이. 한국어로 '나무'가 영어로는 'tree'라고 표현하는 것처럼 언어의 의미라도 언어마다 다른 말로 나타내는 것을 말하지. 다음으로 사회성은 언어의 내용과 형식이 그 언어 사회의 약속으로 쉽게 바꿀 수 없다는 것이고, 역사성은 언어의 내용과 형식이 시간의 흐름에 따라 바뀌다는 것이야. 창조성은 하나의 기호 체계를 가지고 수많은 상황을 표현할 수 있다는 것이고, 규칙성은 언어 사회에서 그 언어를 사용할 때 적용되는 일정한 규칙이 있다는 거야. 이렇게 언어의 특성은 나라마다 문화마다 달라.

언어의 기능

정보적 기능
"이쪽으로 가시면 우체국이 있어요."라는 말처럼 어떤 사실이나 상황, 지식을 듣는 이에게 알려 주는 기능이야.

정서적 기능
"바다에 가면 기분이 정말 좋아.", "와 같이 말하는 사람이 현실 세계에 대한 자신의 판단이나 대상에 대한 자신의 태도, 감정 등을 언어로 표현하는 기능이야.

친교적 기능
"안녕? 반가워.", "와 같이 말하는 사람과 듣는 사람이 서로간의 친교 관계를 확인하면서 사회적인 관계를 돈독히 하는 기능이야.

명령적 기능
"안 춥니? 난 좀 추운데.", '(창문을 닫으라는 의미)와 같이 말하는 사람이 듣는 사람으로 하여금 자신의 의도에 따라 행동하도록 유도하는 기능이야.

미적 기능
"나는 풀잎이 좋아. / 풀잎 같은 친구 좋아.", "와 같이 언어를 통해 아름다움을 느낄 수 있도록 하는 기능을 미적 기능이라고 해. 이는 문화 작품에서만 드러나는 게 아니다 '말이 말이 밝은 말이~'와 같이 노래나 속담, 관용구 등에서도 찾아볼 수 있어.

신조어는 어떻게 생겨나는 거야?

언어의 창조성, 사회성과 일정한 관련이 있어.

시대의 변화에 따라 시대와 상황을 반영하는 새로운 말들이 만들어지고 있어. 이는 문화 작품에서만 드러나는 게 아니다 '말이 말이 밝은 말이~'와 같이 노래나 속담, 관용구 등에서도 찾아볼 수 있어.

이렇게 새롭게 만들어진 말을 '신조어'라고 해. '갑분 싸', '짐쩔빼빼, 댕댕이' 등 신조어는 급증에 따라 언어 파괴까지 작정하는 목소리도 있지만 이러한 변화는 시대의 흐름을 반영한 자연스러운 것일지도 몰라.

언어 특성

- 기 [ ] 성
- 자의성: [ ] 성
- 사 [ ] 회성
- 역사성: [ ] 성
- 창 [ ] 조성
- 규칙성: [ ] 성

TIP '자의성'에서 필연적인 관계가 없다는 것은 언어의 의미와 형식이 일정한 관계가 없이 하고 싶은 대로 하는 '임의적'이라는 뜻입니다.

[관계 정리]

기호성	음성이나 문자라는 형식을 통해 내용(의미)을 나타내는 기호라는 것 예 '나무'라는 내용을 '나무'라고 표현함.
자의성	언어의 내용과 형식 사이에는 필연적인 관계가 없는 것 예 한국어 '나무' / 영어 'tree'
사회성	언어의 내용과 형식은 그 언어를 쓰는 사람들 사이에서 반드시 지켜야 하는 사회적인 약속 예 '나무를 혼자서 '나무로 바꾸면 의사소통이 되지 않음.
역사성	언어의 내용과 형식을 가지고 무수히 많은 상황을 표현할 수 있다는 것 예 15세기 '어리다'는 '어리석다'의 뜻 / 현대어 '어리다'는 '나이가 적다'의 뜻
창조성	하나의 기호 체계를 가지고 무수히 많은 말을 만들어 낼 수 있는 것 예 아기가 처음 말을 배울 때 단어 수준으로 말하다가 점차 문장 수준으로 말할 수 있음.
규칙성	언어에는 단어나 구절, 문장을 만들거나 발음할 때 적용되는 일정한 규칙이 있다는 것 예 동생이 밥을 먹다. (○) / 동생이 밥을 먹다. (×)

[이해] 언어의 특성 중 언어의 내용과 형식 사이에는 필연적인 관계가 없다는 것이 [ ] 이다.

자의성

▲ 정답과 해설 25쪽

◎ 언어의 특성에 대한 설명을 바르게 찾아 선으로 이으세요.

- 기호성 — 음성이나 문자 사이에는 필연적인 관계가 없음.
- 자의성 — 언어의 내용과 형식 사이에는 필연적인 관계가 없음.
- 창조성 — 하나의 기호 체계를 가지고 무수히 많은 상황을 표현함.
- 사회성 — 음성이나 문자로 형식을 통해 내용을 나타내는 기호.
- 역사성 — 언어에 적용되는 일정한 규칙이 있음.
- 규칙성 — 사람들 사이에서 반드시 지켜야 하는 사회적 약속임. / 언어의 내용과 형식이 시간의 흐름에 따라 바뀜.

[해설] 의사소통을 위한 기호인 언어의 일반적 특성에는 기호성, 사회성, 역사성, 창조성, 자의성, 규칙성이 있습니다.

◎ 신조어와 관련된 언어의 특성에 ○표를 하세요.

| 역사성, 규칙성 | [ ] |
| 사회성, 창조성 | ○ |

[해설] 신조어는 언어의 창조성, 사회성과 밀접한 관련이 있습니다.

4회 2주차 ②
웃음을 유발하는 풍자와 해학

풍자: 주어진 사실을 과장, 왜곡, 비교
해 표현해 웃음을 유발하는 것.
해학: 익살스럽고도 품위가 있는 말이
나 행동.

풍자와 해학의 조건

풍자와 해학

풍자와 해학의 가장 큰 차이점은 인물을 바라보는 작가의 태도야. 해학은 대상을 긍정적으로 동정의 대상으로 보고 있어. 풍자는 많은 사람이 부정적으로 느낄 만한 상황이나 인물을 정하고 이 대상의 모습을 왜곡(사실과 다르게 앞뒤를 맞게 않게 함.) 과장하여 놀림거리로 만들고 있어. 풍자의 대상을 찾으려면 웃음거리가 되고 있는 것을 찾아 실제 세계에서 누구에 빗댄 것인지 생각해 보면 돼.

풍자

풍자는 곧바로 말하는 것이 아니라 돌려서 말하는 거야. 그러니까 정말 비판을 하려면 우회적으로 비판하고, 대상을 놀림거리로 만들어. 풍자의 대상을 찾으려면 웃음거리가 되고 있는 것을 찾아 실제 세계에서 누구에 빗댄 것인지 생각해 보면 돼.

해학

해학은 익살스럽고도 품위가 있는 말이나 행동이야. 흥부가 놀부 아내에게 밥주걱으로 뺨을 맞고 밥풀을 떼어 먹으며, "형수, 이쪽 뺨도 때려 주오."라고 말하며 뺨을 이쪽 저쪽 갖다 대는 상황은 우스우면서도 안쓰러울 거야. 이런 웃음이 바로 해학이야. 반면 놀부는 흥부와 대조적으로 더욱 탐욕스러운 인물로 풍자되고 있어.

언어 유희

동음이의어나 발음의 유사성을 이용하여 웃음을 재미있게 드러내는 표현법이야. 맞장단이나 말재롱이라고도 해. 붕산을 '말똥'이라는 인물이 이방을 소개하는 장면이 나와. "양반인지 허리 쭉 펴 절받인지, 개다리소반인지……" 바로 여기에 언어 유희가 쓰였지.

희화화

어떤 사람이나 사람의 과장되거나 우스꽝스러운 것이 드러나게 표현하는 것을 말해. 그렇게 표현함으로써 놀리거나 대상을 조롱하는 거야. 예를 들어 탐욕에 쓰이는 탐관 오리 모습을 사실과 다르게 과장하여 꾸며서 해학과 풍자를 이끌어 내고 있어.

풍자와 해학이 나타난 작품에는 뭐가 있어?

박지원의 〈호질〉이라는 작품이 있어.

'호질'이란 '호랑이 호랑이의 꾸짖음(질책)'이라는 뜻이야. '호질'이는 작가를 대신해 말하는 인물로 당시 양반들의 무능을 폭로하고 있어. 여기서 풍자의 주체는 '호랑이'이고, 풍자 대상은 '북곽 선생'이라는 선비야. 북곽 선생으로 대표되는 그 시대 선비의 위선과 거짓이 풍자의 내용이야.

김유정의 〈봄봄〉이라는 작품이 있어.

점순이와 결혼을 하고 싶은 주인공은 장인에게 결혼을 시켜 달라고 조르지만 장인은 혼인을 핑계로 일만 시켜. 투덜대면서도 이용만 당하는 순박하고 어리숙한 주인공에게는 동정이 느껴지는 해학이 드러나 있어.

한눈에 정리

- **풍자**
  - 비판적 웃음
  - 공격적임.
  - (찌르며 비꼬는 웃음)
  - 주인공을 부정적으로 제시함.
  - 잘못된 상황을 비판하고 고쳐 나가고자 함.

- **해학**
  - 동정적 웃음
  - 긍정적임.
  - (따뜻한 웃음)
  - 주인공을 익살스럽게 제시함.
  - 상황을 동정적이고 호감 있게 표현함.

- **풍자 + 해학**
  - 웃음을 유발함.
  - 언어 유희, 과장, 희화화로 제시됨.

> Tip 잘못된 것을 비판하고 비웃는 '풍자'와 달리 해학은 웃음을 자아내면서도 숨기지 않은 말이나 행동을 통해 재미를 지닌 웃음을 뜻합니다.

Q해설 □□은 익살스럽고도 품위가 있는 말이나 행동을 말해.

◉ 내용에 알맞게 선으로 이으세요.

풍자 —— 익살스럽고도 품위가 있는 말이나 행동

해학 —— 주어진 사실을 과장, 왜곡, 비교해 표현해 웃음을 유발하는 것

해설 풍자는 비꼬와 웃음을 유발하는 것이고, 해학은 익살스러운 웃음을 말합니다.

◉ 알맞은 내용에 ○표를 하세요.

대상을 연민과 동정의 대상으로 보고 있는 (풍자 , 해학)은/는 주인공을 익살스럽게 제시하고 있어.

해설 대상을 연민과 동정의 대상으로 바라보는 것이, 익살스럽게 제시하는 것은 해학입니다.

◉ 풍자의 내용이 나타난 작품에 ○표를 하세요.

박지원의 〈호질〉 ○

김유정의 〈봄봄〉 □

해설 박지원의 〈호질〉에는 풍자, 김유정의 〈봄봄〉에는 해학이 들어 있습니다.

▲ 정답과 해설 26쪽

5회 2주차 ①

수학

해를 찾아라, 일차방정식

초등학교에서 사용했던 □, △ 대신 x, y와 같은 문자를 사용하면 어떤 수량 사이의 관계를 식으로 나타낼 수 있어. 예를 들어 가로의 길이가 x cm, 세로의 길이가 y cm인 직사각형의 둘레의 길이는 문자식 $2(x+y)$으로 나타낼 수 있지.

어머니의 나이는 38세, 내 나이는 14살일 때 어머니의 나이가 내 나이의 3배가 되는 것은 몇 년 후? 몇 년 후를 알고 싶을 때 몇 년을 미지수 x로 놓고 일차방정식을 세운 다음 방정식의 해를 구하면 돼.

일차방정식은 미지수의 값에 따라 참이 되기도 하고 거짓이 되기도 하는 등식을 말하는데 이항하여 정리한 방정식의 차수가 1인 방정식이라고 생각하면 돼.

$x+5=0$과 같은 식이 일차방정식이고, 미지수 x의 값이 −5이면 방정식이 참이 되므로 −5는 방정식의 해가 돼.

일차방정식은 우리 실생활에서 많이 이용되고 있어. 물건 a원씩 x개를 살 때, x개월 후의 예금액을 구하는 문제, 일정하게 공책을 나누어 줄 때 초과하여 남거나 부족한 과부족에 관한 문제 등을 방정식을 이용하여 해결할 수 있어.

일차방정식: 등식의 모든 항을 이항하여 정리했을 때 (일차식)=0의 꼴로 변하여 정리되는 식, 형태로 한다.

한눈에 정리

다항식 단항식	항이 하나인 식
다 항 식	두 개 이상의 항으로 이루어진 문자
일차식	차수가 1인 식

등식의 성질 ②

$a=b$이면
① $a+c=b+c$
② $a-c=b-c$
③ $a\times c=b\times c$
④ $\dfrac{a}{c}=\dfrac{b}{c}$ (단, $c\neq 0$)

일차방정식

식		두 수 또는 두 식이 같음을 등호로 나타낸 식
등 식		
항등식		미지수의 값에 상관없이 항상 참인 등식
		미지수의 값에 따라 참도 되고 거짓도 되는 등식
방 정 식		

일차방정식
(일차식)=0

Tip
등식의 성질을 이용하여 등식의 한 변에 있는 항을 그 항이 부호를 바꾸어 다른 변으로 옮기는 것을 이항이라고 합니다.

이해 등식의 모든 항을 이항하여 정리했을 때 (일차식)=0의 꼴로 변형되는 식을 [ ]이라고 해.

◎ 알맞은 말에 ○표 하세요.

· 수만으로 이루어진 항을 (상수 · 상수항)(이)다 각각 항이라고 한다.
· 항에서 문자가 곱해진 개수를 (상수 · 차수)라고 한다.

해결 수만으로 이루어진 항을 상수항이라고 합니다. 항에서 문자가 곱해진 개수를 차수라고 합니다.

단항식과 다항식

$7x+50$에서 수 또는 문자의 곱으로 이루어진 $7x$, 50을 각각 항이라 하고, 특히 50과 같이 수만으로 이루어진 항을 상수항이라고 해. 또, 항 $7x$에서 x에 곱한 수 7을 x의 계수라고 하지. 그리고 $7x+50$과 같이 한 개 또는 두 개 이상의 항의 합으로 이루어진 식을 다항식이라고 해. 특히 항이 한 개뿐인 다항식을 단항식이라고 하지.

항	다항식	x의 계수	y의 계수	상수항
x, $2y$, 5	$x+2y+5$	1	2	5

일차식

어떤 항에서 곱한 문자의 개수를 그 문자에 대한 항의 차수라고 해. 또 다항식에서 차수가 가장 큰 항의 차수를 그 다항식의 차수라고 하는데 특히 차수가 1인 다항식을 일차식이라고 해.

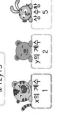

차수
$5x$ ②

◎ 알맞은 내용에 ○표, 틀리면 ✕표를 하세요.

다항식의 차수는 차수가 가장 큰 항의 차수로 결정된다. [ ]

등호를 사용하여 나타낸 식을 방정식이라고 한다. [ ]

해결 등호를 사용하여 나타낸 식은 등식이라고 합니다.

등식, 방정식, 일차방정식

$50+3x=200$과 같이 등호 '='를 사용하여 나타낸 식을 등식이라고 하고 문자 x의 값에 따라 참이 되기도 하고 거짓이 되기도 하는 등식을 x에 대한 방정식이라고 해. 이때 문자 x를 그 방정식의 미지수라고 하고, 방정식을 참이 되게 하는 미지수의 값을 그 방정식의 해 또는 근이라고 해. 등식의 모든 항을 좌변으로 이항하여 정리한 식이 (일차식)=0의 꼴로 나타나는 방정식을 일차방정식이라고 하지.

이항

등식의 성질을 이용하여 등식의 어느 한 변에 있는 항을 그 항의 부호를 바꾸어 다른 변으로 옮기는 것을 이항이라고 해.

◎ 주어진 설명에 알맞은 말에 ○표 하세요.

문자 x의 값에 따라 참이 되기도 하고 거짓이 되기도 하는 등식이다.

해결 문자 x의 값에 대한 방정식이라고 하는 등식 중 수를 그 거짓이라고 해.

(다항식 | 일차식 | 방정식)

이항
$x+4=6$
↓
$x=6-4$

5회 ②
위치를 나타내는 좌표평면

2주차

수학

좌표평면은 프랑스의 수학자 데카르트가 생각해 낸 거야. 데카르트는 천장에 날아든 파리의 위치를 정확하게 표현하려고 고민했어. 그래서 천장에 숫자를 넣은 바둑판 무늬의 그림을 그리면 파리의 위치를 정확히 표현할 수 있을 거라고 생각을 하게 되었다고 해. 이후에 수많은 연구 끝에 좌표평면을 만들게 되었어.

좌표평면이란 가로축인 x축과 세로축인 y축 2개로 이루어진 평면을 말해. 이때 좌표평면을 이용하면 직선 위, 직사각형, 정사각형, 곡선 등의 정확한 위치와 정확한 길이, 정확한 모양을 정하고 측정이 가능하게 되었어.

점의 위치를 좌표로 나타내는 것은 일상 생활에도 많은 영향을 주고 있어. 각 나라의 위치를 위도와 경도를 이용하여 나타낼 수 있는 것도 지구를 하나의 좌표평면으로 생각했기 때문이야. 우리에게 구체적인 위치 정보를 알려 주는 내비게이션도 좌표평면이 활용된 대표 함수 있어. 이밖에도 건축, 비행기, 로봇, 자동차 등이 실제나 인공위성이나 로켓 발사처럼 정교한 계산이 필요한 우주 과학에서도 좌표를 활용하고 있어.

좌표평면: 두 좌표축이 그려진 평면.

> **Tip** 순서쌍은 두 수의 순서를 생각한 것이므로 (128, 42)는 순서를 바꾼 (42, 128)과 서로 다를 것입니다.

점의 좌표

직선 위의 점의 위치나 수직선 위의 점의 좌표로 나타내고, 평면 위의 점의 위치는 좌표평면 위의 점의 좌표로 나타내.

수직선 위의 점의 좌표

수직선 위의 한 점에 대응하는 수를 그 점의 좌표라 하는데 점 $P(a)$와 같이 나타낼 수 있어. 수직선 위의 좌표가 0일 경우에는 O으로 나타내는데 이 점을 원점이라고 해.

점의 좌표
P(a)

좌표평면 위의 점의 좌표

좌표평면에서 점 P의 위치는 순서쌍 (a, b)로 나타내고 기호로 P(a, b)로 나타낼 수 있어. 이때 순서쌍으로 수 a, b의 순서를 정하여 (a, b)와 같이 짝지어 나타낸 것이야. 순서쌍은 말 그대로 순서가 중요해. 앞에 오는 숫자는 반드시 x좌표, 뒤에는 숫자는 y좌표로 다른 점이 되니 조심해.

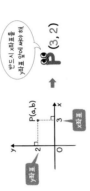

y
y좌표 2 ┄ P(a,b)
x좌표
O 3 x

반드시 x좌표를
y좌표 0에 써야 해
예 P(3, 2)

사분면

좌표평면은 좌표축에 의해 제1사분면, 제2사분면, 제3사분면, 제4사분면의 네 부분으로 나뉘고, 좌표축 위의 점인 원점 (0, 0), x축 위의 점 $(a, 0)$, y축 위의 점 $(0, a)$은 어느 사분면에도 속하지 않아.

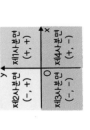

y
제2사분면 | 제1사분면
(−, +) | (+, +)
O x
제3사분면 | 제4사분면
(−, −) | (+, −)

한눈에 정리

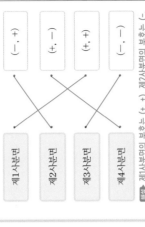

좌표평면
순서쌍

정의 좌표 — 좌표평면 위의 정의 좌표 — 좌표평면
좌표평면

X좌표 / Y좌표

점 · 면 · 사분

좌 · 표 / X축 / Y축 / 원점

축

> **이해** x축과 y축 두 좌표축이 그려진 평면을 좌표□□□이라고 해.

▲ 정답과 해설 28쪽

◎ **알맞은 말에 ○표를 하세요.**

두 수직선이 점 O에서 서로 수직으로 만날 때 가로의 수직선을 (x축, y축), 세로의 수직선을 (x축, y축)이라 하고 x축, y축을 통틀어 (좌표축, 좌표평면)이라고 한다.

> **해설** 좌표평면을 이용하면 직선 위, 직사각형, 정사각형, 곡선 등의 정확한 위치와 정확한 길이, 정확한 모양을 정하고 측정이 가능하게 되었습니다.

◎ **사분면의 부호를 알맞게 선으로 이으세요.**

- 제1사분면 ━ (−, +)
- 제2사분면 ━ (+, −)
- 제3사분면 ━ (+, +)
- 제4사분면 ━ (−, −)

> **해설** 제1사분면의 부호는 (+, +), 제2사분면의 부호는 (−, +), 제3사분면의 부호는 (−, −), 제4사분면의 부호는 (+, −)입니다.

◎ **알맞은 내용에 ○표를 하세요.**

- 순서쌍 (2, 3)과 (3, 2)는 다른 점이다.
- y축 위의 점의 좌표는 제1, 3 사분면에 속하는 점이다.

> **해설** x축, y축 위의 점은 어느 사분면에도 속하지 않습니다.

2주차 | 확인 문제

▶ 정답과 해설 29쪽

4 다음 설명에 알맞은 지역을 골라 기호를 쓰세요. ≫

[㉮ 동남아시아   ㉯ 서부 유럽]

(1) 벼농사 짓기에 알맞은 기후로 쌀 생산량이 많아졌다. (㉮)

(2) 풍부한 지하자원과 저렴한 노동력을 바탕으로 산업화가 이루어졌다. (㉮)

(3) 대도시나 교통이 편리한 곳을 중심으로 상업적 농업이 발달했다. (㉯)

(4) 기술과 공업이 급속히 발달하면서 공업 중심의 사회로 전환되었다. (㉯)

해설 인구 분포는 자연적 요인과 사회·경제적 요인 등에 의하여 다르게 나타납니다.

5 지진대와 화산대에 대한 설명으로 알맞지 않은 것은 무엇인가요? (①) ≫

① 화산대는 주로 판의 중앙에 분포한다.

② 지진대는 판의 경계와 거의 일치한다.

③ 화산대는 특정 지역에 띠 모양으로 분포한다.

④ 지진대와 화산대가 분포하는 지역은 거의 같다.

⑤ 지진의 강도를 나타내는 진도는 관측 지점에 따라 달라진다.

해설 화산대와 지진대는 거의 대부분 판의 경계와 일치합니다.

6 빈칸에 들어갈 알맞은 말을 쓰세요. ≫

지진이 발생한 지구 내부의 지점을 ㉠ 이라고 하고, 진원 바로 위의 지표면의 지점을 ㉡ 이라고 한다.

[진원   진앙]

(1) ㉠: (진원)   (2) ㉡: (진앙)

7 다음은 무엇에 대한 설명인지 알맞은 말을 쓰세요. ≫

• 지구의 가장 겉 부분이다.

• 대부분 암석으로 이루어져 있다.

(지각)

해설 지각은 지구의 가장 겉 부분으로 대부분은 암석으로 이루어져 있습니다.

2주차
확인 문제

1 지각 변동에 의한 자연재해에 대한 설명으로 알맞지 않은 것은 무엇인가요? (④) ≫

① 지진과 화산 활동은 지각의 판들이 만나는 경계 부근에서 빈번하게 발생한다.

② 지진은 많이 흔들리고 갈라지는 현상으로 인공 구조물이 붕괴되는 피해가 발생한다.

③ 화산 활동은 지표로 마그마가 분출하는 현상으로 화산 온난화가 발생한다.

④ 무분별한 자연 개발과 지역 개발로 지구 온난화가 가속화된다.

⑤ 지진 해일은 지진 또는 화산 활동이 해저에서 생기면서 생기는 거대한 파도로 해안을 덮치는 현상이다.

해설 ④ 지구 온난화는 지각 변동에 의한 자연재해가 아닙니다.

2 다음은 기상 변동에 의한 자연재해 중 하나에 대한 설명입니다. 빈칸에 들어갈 알맞은 말을 쓰세요. ≫

오랫동안 비가 내리지 않아 땅이 메마르고 물이 부족해지면 발생하는 자연재해인 ㉠ 이/가 발생한다. ㉡ 기후 지역에서 빈번하게 발생한다.

[가뭄   건조]

(1) ㉠: (가뭄)   (2) ㉡: (건조)

해설 가뭄은 강수량이 적고 증발량이 많은 건조 기후 지역에서 빈번하게 발생합니다.

3 다음 설명에 알맞은 인증 표시에 ○표를 하세요. ≫

• 선진국보다 경제력이 낮은 개발 도상국을 보호한다.

• 어린이 노동을 금지하고 여성 노동자의 임금에 차별을 두지 않는다.

• 저가격을 통해 생산자의 자립에 도움을 준다.

• 중간 유통 과정을 줄여 소비자가 공정한 가격을 지불한다.

해설 공정무역에 대한 설명입니다.

2주차 | 확인 문제

8 알맞은 것끼리 선으로 이으세요.

- 화성암
- 퇴적암
- 변성암

- 원래 암석이 열과 압력을 받아 성질이 변한 암석이다.
- 퇴적물이 쌓이고 다져져서 만들어진 암석이다.
- 마그마가 식어서 만들어진 암석이다.

해설: 화성암과 퇴적암이 높은 열과 압력을 받아 성질이 변하면 변성암이 됩니다.

9 대륙 이동설의 근거에 대해 알맞게 말하지 않은 친구의 이름을 쓰세요.

화찬: 아프리카 대륙 서해안과 남아메리카가 대륙 동해안의 해안선 모양이 비슷해.
재석: 지구온난화로 빙하가 점차 줄어들고 있어.
보람: 남반구의 대륙과 인도 대륙에서 같은 종의 식물 화석이 발견돼.

(재석)

해설: 지구온난화로 빙하가 점차 줄어들고 있는 것은 환경 문제입니다.

10 다음 설명에 알맞은 언어의 본질을 골라 기호를 쓰세요.

㉮ 기호성 ㉯ 사회성 ㉰ 역사성 ㉱ 창조성 ㉲ 자의성 ㉳ 규칙성

(1) 언어의 내용과 형식 사이에는 필연적 관계가 없다. (㉲)
(2) 언어는 고정되어 있는 것이 아니라 시간에 흐름에 따라 끊임없이 변한다. (㉰)
(3) 이미 익힌 언어를 통해 새로운 단어와 문장을 만들어 쓸 수 있다. (㉱)

해설: 의사소통을 위한 기호인 언어의 본질적 특성에는 기호성, 사회성, 역사성, 창조성, 자의성, 규칙성이 있습니다.

11 다음 중 풍자와 해학에 대한 설명을 찾아 각각 기호를 쓰세요.

㉮ 작가가 대상을 연민과 동정의 대상으로 보고 있다.
㉯ 대상의 모습을 과장하여 놀림거리로 만든다.

(1) 풍자: (㉯) (2) 해학: (㉮)

해설: 풍자는 대상의 모습을 과장하여 놀림거리로 만드는 것이고, 해학은 작가가 대상을 연민과 동정의 대상을 연민과 동정의 대상으로 봅니다.

2주차 | 확인 문제

▲ 정답과 해설 30쪽

12 다음은 다항식 $\frac{1}{5}x-5$에 대한 설명입니다. 빈칸에 들어갈 알맞은 수를 쓰세요.

- 차수가 ㉠ 인 다항식이다.
- x의 계수는 ㉡ 이다.
- 상수항은 ㉢ 이다.

(1) ㉠ : (1) (2) ㉡ : ($\frac{1}{5}$) (3) ㉢ : (−5)

해설: $\frac{1}{5}x-5$는 $\frac{1}{5}x+(-5)$이므로 항은 $\frac{1}{5}x$, -5이고, x의 계수는 $\frac{1}{5}$, 차수는 1, 상수항은 −5입니다.

13 다음 중 등식을 모두 골라 기호를 쓰세요.

㉮ $2+7=9$ ㉯ $x-\frac{1}{3}$ ㉰ $3x+1=7$ ㉱ $x+1>4$

(㉮, ㉰)

해설: 등호를 사용하여 수량 사이의 관계를 나타낸 식을 등식이라고 합니다.

14 알맞은 내용에 모두 ○표를 하세요.

(1) 좌표평면에서 원점의 좌표는 0이다.
(2) x축 위의 점은 x좌표가 0이다.
(3) 점 (3, −2)에서 x좌표는 3, y좌표는 −2이다.
(4) 두 순서쌍 (1, 3)과 (3, 1)은 서로 다르다.

해설: 좌표평면에서 원점의 좌표는 (0, 0)이고, x축 위의 점은 y좌표가 0입니다.

15 다음 점은 제 몇 사분면 위의 점인지 선으로 이으세요.

A(1, 2) ― 제1사분면
B(4, −2) ― 제4사분면

해설: 각 사분면의 점의 좌표의 부호는 다음과 같습니다.

제1사분면	제2사분면	제3사분면	제4사분면
(+, +)	(−, +)	(−, −)	(+, −)

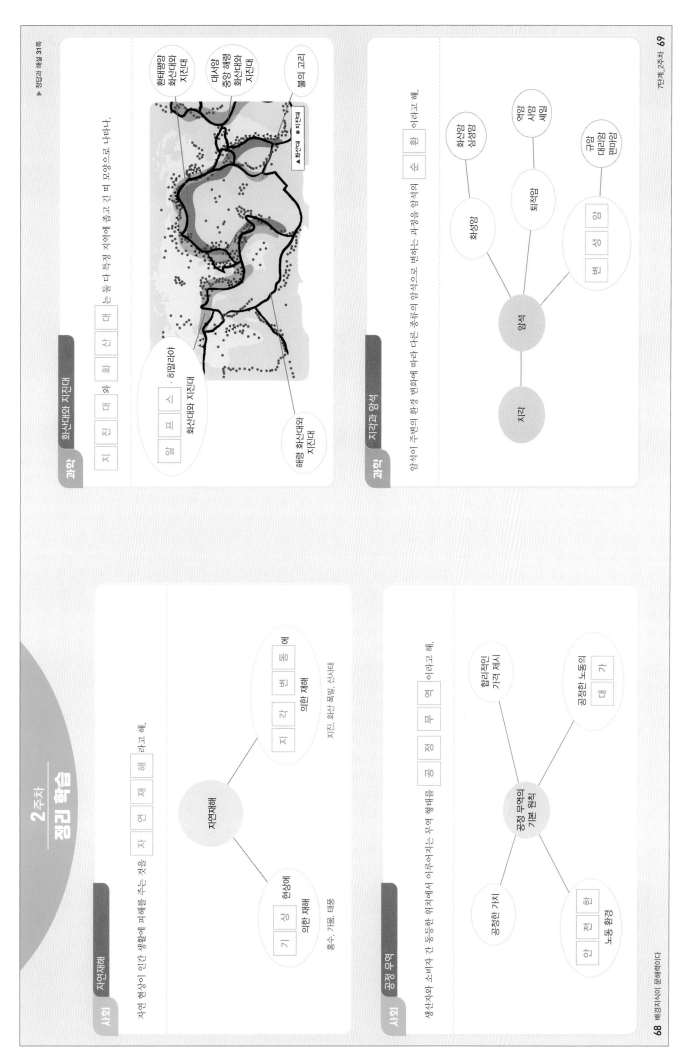

2주차 정리 학습

사회 자연재해

자연 현상이 인간 생활에 피해를 주는 것을 자 연 재 해 라고 해.

자연재해

- 기 상 현상에 의한 재해
  홍수, 가뭄, 태풍
- 지 각 변 동 에 의한 재해
  지진, 화산 폭발, 산사태

사회 공정 무역

생산자와 소비자 간 동등한 위치에서 이루어지는 무역 형태를 공 정 무 역 이라고 해.

공정 무역의 기본 원칙

- 공정한 가치
- 합리적인 가격 제시
- 공정한 노동의 대 가
- 건강한 노동 환경
  안 전

▲ 정답과 해설 31쪽

과학 화산대와 지진대

지 진 대 와 화 산 대 는 둘 다 특정 지역에 좁고 긴 띠 모양으로 나타나.

- 환태평양 화산대와 지진대
- 대서양 중앙 해령 화산대와 지진대
- 불의 고리
- 알 프 스 · 히말라야 화산대와 지진대
- 해령 화산대와 지진대

▲ 화산대 ● 지진대

과학 지각과 암석

암석이 주변의 환경 변화에 따라 다른 종류의 암석으로 변하는 과정을 암석의 순 환 이라고 해.

지각 — 암석

- 화성암
  - 화산암 심성암
- 퇴적암
  - 역암 사암 셰일
- 변 성 암
  - 규암 대리암 편마암

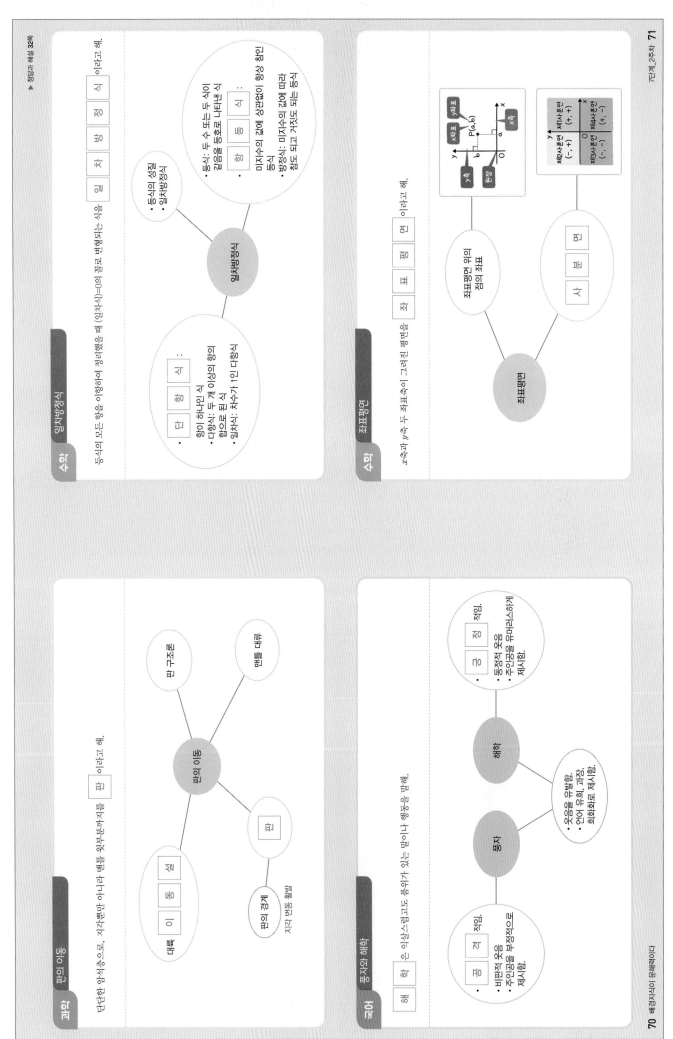

수학 — 일차방정식

등식의 모든 항을 이항하여 정리했을 때 (일차식)=0의 꼴로 변형되는 식을 일 차 방 정 식 이라고 해.

▶ 정답과 해설 32쪽

일차방정식
- 등식의 성질
- 일차방정식

항 :
등 :
식 :
- 등식: 두 수 또는 두 식이 같음을 등호로 나타낸 식
- 미지수의 값에 상관없이 항상 참인 등식
- 방정식: 미지수의 값에 따라 참도 되고 거짓도 되는 등식

단 항 식 :
- 항이 하나인 식
- 다항식: 두 개 이상의 항의 합으로 된 식
- 일차식: 차수가 1인 다항식

수학 — 좌표평면

x축과 y축 두 좌표축이 그려진 평면을 좌 표 평 면 이라고 해.

좌표평면
- 좌표평면 위의 점의 좌표
- 사 분 면

과학 — 판의 이동

단단한 암석층으로, 지각뿐만 아니라 맨틀 윗부분까지를 판 이라고 해.

판의 이동
- 판 구조론
- 맨틀 대류
- 판
  - 판의 경계 (지각 변동 활발)
- 대 륙 이 동 설

국어 — 풍자와 해학

해 학 은 이상스럽고도 품위가 있는 말이나 행동을 말해.

해학
- 공 격 적 웃음
- 동정적 웃음
- 주인공을 유머러스하게 제시함.

풍자
- 웃음을 유발함.
- 언어 유희, 과장, 희화화로 제시함.
- 공 격 적 웃음
- 비판적 웃음
- 주인공을 부정적으로 제시함.

3

주차

정답과 해설

배경지식이 문해력이다 | 7단계

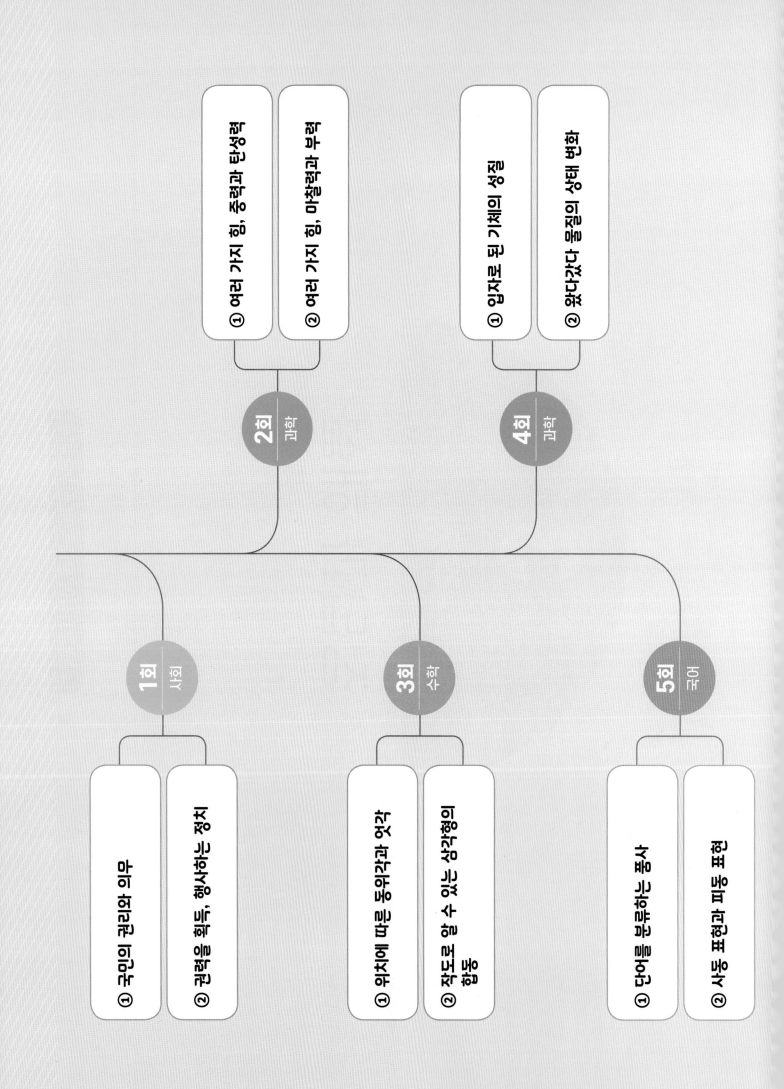

2회 과학

① 여러 가지 힘, 중력과 탄성력

② 여러 가지 힘, 마찰력과 부력

4회 과학

① 입자로 된 기체의 성질

② 왔다갔다 물질의 상태 변화

1회 사회

① 주민의 권리와 의무

② 권력을 획득, 행사하는 정치

3회 수학

① 위치에 따른 동위각과 엇각

② 자로도 할 수 있는 삼각형의 합동

5회 국어

① 단어를 풍부하게 하는

② 사동 표현과 피동 표현

1회 3주차 ①

국민의 권리와 의무

권리: 어떤 일을 하거나 당연히 누릴 수 있는 힘이나 자격.
의무: 국민으로서 마땅히 해야만 하는 일.

인간이 인간답게 살아가기 위해 마땅히 누려야 할 가장 기본적인 권리가 인권이야. 인권은 인간이 태어나면서 차별 없이 당연히 갖게 되는 자연적인 권리이며, 모든 사람에게 차별 없이 부여되는 보편적인 권리야. 부당하게 자유를 제한 당하거나 인종·성별 등에 의해 차별받아서는 안 돼. 그리고 자신의 생각을 자유롭게 표현하며 건강하고 쾌적한 환경에서 살 수 있어야 해. 따라서 다른 사람이나 국가 기관이 개인의 인권을 함부로 침해할 수 없어.

그래서 오늘날 민주주의 국가에서는 법으로 정하여 국민의 인권을 보장하고 있어. 우리나라에서도 인간의 존엄과 가치 및 행복 추구권을 기초로 하여 평등권, 자유권, 참정권, 청구권, 사회권 등을 법으로 정하고 있어. 그리고 국가를 유지하고 발전시키기 위해 국민들이 지켜야 할 의무도 법으로 정하고 있어. 그것은 교육의 의무, 납세의 의무, 근로의 의무, 국방의 의무, 그 외에도 환경 보전의 의무를 법에 명시하고 있지. **Tip**

권리

- **평등권** 성별, 종교 등에 의해 차별받지 않을 권리
- **자유권** 국가 권력으로부터 간섭을 받지 않고 자유롭게 생활할 권리
- **참정권** 국가 기관의 형성과 정치적 의사 결정 과정에 참여할 수 있는 권리
- **청구권** 국가 권력으로부터 간섭을 받지 않고 자유롭게 생활할 권리
- **사회권** 침해당한 기본권의 구제를 청구할 수 있는 권리

의무

- **교육의 의무** 자녀가 잘 성장할 수 있도록 교육을 받게 할 의무
- **납세의 의무** 세금을 내야 할 의무
- **근로의 의무** 개인과 나라의 발전을 위해 일할 의무
- **국방의 의무** 나와 가족, 우리 모두의 안전을 위해 나라를 지킬 의무
- **환경 보전의 의무** 국가는 환경을 보전하기 위해 노력해야 할 의무

한눈에 정리 권리와 의무가 균형을 이루는 것은 중요합니다. 자신의 의무를 다하는 것은 다른 사람의 권리를 소중하게 여기는 동시에 자신의 권리를 보장받을 수 있는 또 다른 방법입니다.

이해 인간으로서 당연히 누려야 할 기본적인 권리를 누리기 위해서는 국민들이 지켜야 할 □□가 따라야 해.

법으로 보장하는 기본권

평등권은 법을 공평하게 적용받아 차별받지 않을 권리이고 자유권은 자유롭게 생각하고 행동할 수 있는 권리야. 참정권은 국민이 정치 의사 형성 과정에 참여할 수 있는 권리이고, 청구권은 기본권이 침해되었을 때 국가에 어떤 일을 해 달라고 요구할 수 있는 권리야. 그리고 사회권은 인간답게 살 수 있도록 국가에 요구할 수 있는 권리야.

법으로 정한 의무

교육의 의무는 누구나 잘 성장할 수 있도록 교육을 받아야 하는 의무이고, 납세의 의무는 국민이라면 누구나 세금을 내야 하는 의무야. 또, 모든 국민은 개인과 나라의 발전을 위해 일을 해야 하는 근로의 의무가 있지. 특히 모든 남자인 국민이라는 나와 가족, 우리 모두의 안전을 위해 나라를 지켜야 하는 국방의 의무가 있어. 환경 보전의 의무는 모든 국민, 기업, 국가는 환경 보전을 위해서 노력해야 할 의무야.

권리와 의무가 충돌할 때

다양한 사람들이 함께 살아가는 사회에서 권리와 의무는 서로의 입장에 따라 종종 충돌할 때가 있지. 이렇게 권리와 의무가 충돌할 때는 문제 상황을 종합적으로 보아서 합리적으로 판단해야 하며 권리와 의무를 조화롭게 실천하기 위해서 노력해야 해.

국민의 의무를 일부러 정해 놓은 까닭은?

국민의 의무를 헌법에 정해 놓은 까닭은 헌법에 규정된 경우와 헌법이 정하는 방법 및 절차에 의하지 않고는 새로운 의무를 부과하지 못하게 하려는 데 헌법의 목적이 있었지. 국민들이 자신의 의무를 다하지 않는다면 사회 구성원 전체의 피해가 가기 때문에 미리 법으로 정해 국민들이 지키도록 하는 것이야.

◉ 알맞은 말에 ○표를 하세요.

우리나라에서는 인간의 존엄과 가치 및 행복 추구권을 기초로 하여 평등권, 자유권, 참정권, 청구권, 사회권을 국민의 (**기본권**, 행복권)으로 보장하고 있다.

해설 우리나라 국민의 기본권을 법으로 정하여 보장하고 있습니다.

◉ 알맞게 선으로 이으세요.

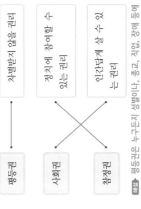

평등권	차별받지 않을 권리
사회권	정치에 참여할 수 있는 권리
참정권	인간답게 살 수 있는 권리

해설 평등권은 누구나 성별이나 종교, 직업, 장애 등에 의해 차별받지 않을 권리를 말합니다. 사회권은 인간답게 살 수 있도록 국가에 요구할 수 있는 권리, 참정권은 국민이 한 사람으로서 정치에 참여할 참여할 수 있는 권리입니다.

◉ 빈 곳에 알맞은 말을 쓰세요.

모든 국민은 개인과 나라의 발전을 위해 일을 해야 하는 (**근로**)의 의무가 있다.

해설 모든 국민은 개인과 나라의 발전을 위해 일을 해야 하는 근로의 의무가 있습니다.

▲ 정답과 해설 36쪽

3주차
1회 ②

권력을 획득, 행사하는 정치

정치: 통치와 지배, 이에 대한 복종.
협력: 자발 등의 사회적 활동의 총칭.

사회

정치는 국가의 권력을 획득하고 유지하며 행사하는 활동으로, 국민들이 인간다운 삶을 살게 하고 사회 질서를 바로잡는 일이야. 국민은 자유와 권리를 밖으로부터 보장받고, 국민 모두가 평등하게 삶의 보호를 받아야 하지. 이처럼 민주주의를 실현하는 정치를 '민주 정치'라고 해.

민주 정치의 기본 원리는 네 가지인데 국민 주권의 원리 바탕으로, 대부분이 나타는 한법에 따라 나라를 다스리는 입헌주의를 따르고 있어. 그리고 권력을 나누어 서로 감시하고 견제할 수 있는 제도를 만들고 있는데 우리나라는 입법부인 국회, 행정부인 정부, 사법부인 법원으로 국가의 권력을 나누어 국민의 자유와 권리를 보호하고 있지. 또한 그 지역의 사정을 잘 아는 사람들이 자기 지역의 지방 자치 제도를 만들고 문제를 해결하도록 하기 위해 지방 자치 제도가 만들어졌어.

현대 사회는 사회 구조가 문화되고 전문화되면서 사람들이 이익도 다양해졌지. 그래서 정책 결정 과정에 영향을 행사하여 자신들이 의 구를 관철시키려고 하는 의자가 강해졌고 그 결과 다양한 종류의 시민 단체가 등장하여 이러한 국민의 다양한 이익들을 정책에 반영하기 위한 노력들을 전개하고 있어.

우리나라 민주 정치의 발전

4·19 혁명

학생과 시민들이 부정 선거를 저지른 이승만 정부를 무너뜨린 사건이야. 1960년 3월 15일에 시행되었던 정·부통령 선거에서 이승만 정부가 부정 선거를 저지른 일이 혁명이 직접적인 원인이야. 4·19 혁명은 학생들과 시민들이 힘을 합쳐 독재 정부를 무너뜨리 뒤 민주주의를 실현한 사건으로 국민의 노력으로 정권을 바꾸었기 때문에 '혁명'이라고 부르게 된 거야.

5.18 민주화 운동

1980년 5월에 광주 시민들이 벌인 민주화 운동이야. 정변을 일으켜 정권을 차지한 신군부 세력에 그들이 대학 계엄령에 반대하고 민주화를 요구했어. 그러자 신군부 세력은 계엄군을 보내 무차별하게 진압했고 이에 분노한 광주 시민들이 나섰지만 신군부는 더욱 화대되었어. 5·18 민주화 운동 기간 동안 광주 시민들이 시위와 민주화 요구를 하는 등 신군부는 광주 전체를 시와 상이 봉쇄하면서 민주화 운동으로 선전했지만, 처음 실상이 알려지면서 '5·18 특별법'이 제정되어 5월 18일을 국가 기념일로 지정하였어.

우리 사회의 시민 단체 활동

우리나라도 민주주의가 발전하면서 시민 단체의 활동이 점점 활발해지고 있고 종류도 아주 다양해졌어. 환경 보호를 위해 활동하는 시민 단체는 기업이나 국가가 환경을 위협하는 활동을 하지 못하도록 감시하고, 한 경을 해치는 국가 정책에 반대하는 일을 해. 대표적으로 환경운동연합, 녹색연합 등이 있어.

경제 민주 실천을 위해 활동하는 시민 단체는 정부가 국민의 세금을 낭비하지 못하게 하고, 기업이 투명하고 합리적으로 기업 활동을 하도록 감시하는 역할을 하지. 대표적으로 경제정의실천시민연합(경실련)이 있어.

이해▶ 국민들이 인간다운 삶을 살게 하고 사회 질서를 바로잡는 일을 □□라고 해.

<한눈에 정리>

정치

우리나라는 국회, 정부, 법원의 세 기관으로 권력이 나누어져 있음.

나라의 주인인 국민이 뽑은 대표자가 국민의 의견을 받아들임에 대신 정치를 함.

한법에 따라 나라를 다스림.

지방의 일은 그 지방에서 스스로 해결함.

TIP 민주주의는 모든 사람들이 스스로 삶의 주인이 되어 자유롭고 평등한 입장에서 대화와 토론을 통해 정치 문제를 해결해 가는 정치 방식이에요.

◎ 민주 정치의 기본 원리에 대한 설명을 알맞게 선으로 이으세요.

| 입헌주의 | · | · | 한법에 따라 나라를 다스린다. |
| 국민 자치 | · | · | 지방의 일은 그 지방에서 스스로 해결한다. |

해설 입헌주의 원리는 국가의 일을 결정하거나 국가 살림을 운영할 때에는 헌법에 따라야 한다는 것이고 국민 자치 원리는 주권을 가진 국민이 스스로 나라를 다스려야 한다는 것을 의미합니다.

◎ 알맞은 말에 ○표를 하세요.

권력 분립이 원리는 국가 권력을 서로 독립된 기관이 나누어 맡는 것으로 우리나라는 법을 만드는 (입법부), 시민 단체), 나라살림을 하는 행정부, 법에 따라 재판하는 사법부로 국가 권력을 분산하고 있어.

해설 입법부는 우리나라 법을 만드는 국회입니다. 시민 단체는 국민의 다양한 이익들을 정책에 반영하기 위한 노력들을 하는 것입니다.

◎ 5.18 민주화 운동에 대한 설명으로 알맞은 것에 ○표를 하세요.

| 학생들과 시민들이 독재 정부를 무너뜨린 뒤 국민의 노력으로 정권을 바꾸었다. | □ |

| 광주 시민들이 신군부 세력에 그들이 내린 계엄령에 반대하고 민주화를 요구한 민주화 운동이다. | ○ |

해설 학생들과 시민들이 독재 정부를 무너뜨린 뒤 국민의 노력으로 정권을 바꾼 것은 4.19 혁명입니다.

◎ 힘을 표시하는 화살표가 나타내는 것에 알맞게 선으로 이으세요.

길이	—	힘의 크기
시작점	✕	힘의 방향
방향		힘의 작용점

해설 화살표를 이용하여 힘이 작용하는 굿(시작점), 힘의 크기(화살표 길이), 화살표 방향(힘이 방향)을 나타냅니다.

◎ 알맞은 내용에 ○표를 하세요.

우주 정거장에서는 (중력, 탄성력)이 거의 없어서 어떤 물체의 무게도 0N에 가깝다.

해설 우주 정거장에서의 무게는 어떤 물체의 무게를 측정하더라도 0N에 가깝습니다.

◎ 용수철로 무게를 측정하는 원리에 대한 설명이 로 알맞은 것에 ○표를 하세요.

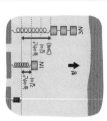

□ 용수철이 늘어난 길이를 측정하면 무게를 구할 수 있다.

○ 용수철이 늘어난 길이는 최대 범위 이상까지도 비례한다.

해설 힘을 가하면 탄성을 일게 되는 단계를 지나는데, 이 단계는 탄성 한계 일그러짐이라고 한다.

2회 ① 3주차

여러 가지 힘, 중력과 탄성력

과학에서의 힘은 물체의 모양, 운동 방향, 운동 방향, 빠르기를 변하게 하는 원인으로 그 단위는 N(뉴턴)이야.

중력: 지구와 물체를 지구 중심 방향으로 당기는 힘.

탄성력: 외부의 힘에 의해 모양이 변한 물체가 원래의 모양으로 되돌아가려는 힘.

물체에 작용하는 중력의 크기와 물체 고유의 양, 무게와 질량 알아보기

물체에 작용하는 중력의 크기를 무게라고 하며, 무게의 단위는 힘의 단위와 같은 N(뉴턴)을 사용해. 질량은 물체 이 고유한 양을 말하며, 질량의 단위는 kg(킬로그램)이나 g(그램)을 사용해.

지구, 달, 우주공간에서의 무게

용수철을 이용해서 무게를 재는 원리는 뭐야?

무게는 용수철이 늘어난 길이에 비례해.

탄성 한계 일그러짐

2회 ②

여러 가지 힘, 마찰력과 부력

과학

마찰력: 두 물체의 접촉면에서 물체의 운동을 방해하는 힘.

부력: 액체나 기체가 그 속에 있는 물체를 위로 밀어 올리는 힘.

마찰력은 두 물체의 접촉면에서 물체의 운동을 방해하는 힘을 말해. 왼쪽으로 물체를 당길 때 운동 방향은 왼쪽이지? 마찰력의 방향은 오른쪽이야. 빗면 위에 물체가 정지해 있거나 내려갈 때 운동 방향은 아래쪽, 마찰력 방향은 위쪽이고, 위쪽으로 밀어 올릴 때에는 운동 방향은 위쪽, 마찰력 방향은 아래쪽이지.

이처럼 운동 방향과 마찰력 방향은 반대로 작용해. 그럼 마찰력의 크기는 어떨까? 물체의 무게가 무거울수록, 접촉면의 거칠기가 거칠수록 마찰력의 크기가 커져.

부력은 액체나 기체가 그 속에 있는 물체를 위로 밀어 올리는 힘이야. 물속에 잠긴 물체가 받는 부력의 크기와 방향을 살펴볼게. 부력은 중력과 반대 방향이잖아. 물체가 위로 떠오르는 경우는 부력이 중력보다 큰 경우이고, 물체가 물 위에 떠 있으면 부력과 중력은 같아. 그렇다면 물체가 물속에 가라앉는 경우는 어떨까? 부력은 중력보다 더 작지. 부력은 액체나 기체 속에 잠긴 물체에 작용하는 부피와 크기가 커져.

마찰력 이용하기

미끄럼을 방지하는 고무장갑의 요철 무늬, 눈 오는 날 미끄러운 차도나 인도에 모래를 뿌리는 것, 자동차 타이어에 체인을 감는 것, 투수가 공을 던질 때 송진 가루를 묻히는 것 등은 마찰력을 크게 하기 위해서야.

창문을 열고 단을 때 바퀴를 사용하거나 기름칠을 하는 것, 기계나 자전거의 체인에 윤활유를 뿌리는 것, 스케이트 날을 세우는 것, 공기 저항을 줄이기 위한 유선형의 비행기 모양 등은 마찰력을 작게 하기 위한 것이야.

부력의 크기와 중력의 관계는?

물에 잠긴 정도에 따라 부력과 중력의 크기를 비교할 수 있어.

물에 잠긴 부분의 부피는 (가)＜(나)＝(다)이므로 물체에 작용하는 부력의 크기는 (가)＜(나)＝(다)가 돼. (가)와 (나)는 떠 있으므로 부력과 중력이 같고, (다)는 가라앉아 있으므로 부력이 중력보다 작은 경우에 해당하지.

잠수함도 부력과 중력의 차이를 이용해.

잠수함의 부피는 그대로이므로 부력은 항상 같아. 하지만 잠수함 안에는 공기 조절 탱크가 있어서 그 안에 물을 채우면 잠수함의 무게가 증가해서 가라앉고, 물을 빼면 무게가 감소해서 물 위로 뜨는 거야. 공기 탱크 물의 양을 조절함으로써 무게를 다르게 하여 잠수함이 받는 중력을 조절하는 거지.

가라앉을 때 / 떠오를 때

한눈에 정리

여러 가지 힘
- 마찰력
  - 뜻: 두 물체의 접촉면에서 물체의 운동을 방해하는 힘
  - 크기: 물체의 무게가 무거울수록, 접촉면의 거칠기가 거칠수록 커짐
  - 생활 속 마찰력:
    - 모래를 뿌린 눈길이나 빙판길
    - 소리 나는 낡은 문
    - 수영장에 있는 물 빠른 미끄럼틀
- 부력
  - 뜻: 액체나 기체가 그 속에 있는 물체를 위로 밀어 올리는 힘
  - 크기: 액체나 기체 속에 잠긴 물체의 크기가 커짐
  - 생활 속 부력: 부피가 클수록 커짐

Tip 마찰력의 크기는 물체의 무게와 빗면의 각도에 비례하지만, 접촉면의 넓이는 마찰력의 크기에 영향을 주지 않습니다. 물체가 받는 부력의 크기는 물체가 잠기기 전과 후의 무게 차이와 같습니다.

이해 두 물체의 접촉면에서 물체의 운동을 방해하는 힘을 □□□[마찰력]이라고 해.

◎ 알맞게 선으로 이으세요.

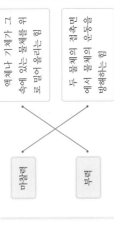

마찰력 ─ 액체나 기체가 그 속에 있는 물체를 위로 밀어 올리는 힘

부력 ─ 두 물체의 접촉면에서 물체의 운동을 방해하는 힘

해설 마찰력은 두 물체의 접촉면에서 물체의 운동을 방해하는 힘이고, 부력은 액체나 기체가 그 속에 있는 물체를 위로 밀어 올리는 힘입니다.

◎ 알맞은 내용에 ○표를 하세요.

운동 방향과 마찰력 방향은 (**반대로**, 똑같이) 작용하고, 물체의 무게가 무거울수록 접촉면의 거칠기가 거칠수록 마찰력의 크기가 (**커진다**, 작아진다).

해설 운동 방향과 마찰력의 방향은 반대로 작용하고 물체의 무게가 무거울수록, 접촉면의 거칠기가 거칠수록 마찰력의 크기가 커진다.

◎ 부력의 크기에 대한 설명으로 알맞은 것에 ○표를 하세요.

○ 액체나 기체 속에 잠긴 물체의 부피가 클수록 작아진다.

○ 액체나 기체 속에 잠긴 물체의 부피가 클수록 커진다.

해설 부력의 크기는 액체나 기체 속에 잠긴 물체의 부피가 클수록 커집니다.

수학

3회 ①

위치에 따른 동위각과 엇각

동위각: 두 직선이 다른 한 직선과 만나서 생긴 각 중 서로 같은 위치에 있는 각.

엇각: 두 직선이 다른 한 직선과 만나서 생긴 각 중 서로 엇갈린 위치에 있는 각.

각은 한 점에서 시작하여 두 반직선으로 이루어진 도형인데 반직선이 아니면 서로 다른 두 직선이 한 점에서 만나서 생기는 각도 있어.

두 직선이 한 점에서 만날 때 생기는 각을 교각이라고 하는데 이때 생기는 각은 모두 4개야. 서로 마주 보는 두 각을 맞꼭지각이라고 해. 서로 마주 보는 같이나가 각의 크기도 항상 같아.

두 직선이 점이 아닌 또다른 직선을 개를 만나서 생기는 각도 있는데 서로 다른 두 직선이 한 직선과 만나서 생기는 각을 동위각과 엇각이라고 해. 동위각은 안쪽과 바깥쪽에 상관없이 같은 위치에 있는 각이라는 뜻이고 엇각은 안쪽에 있는 각 중 엇갈려 있는 위치에 있는 각이라는 뜻이야.

동위각과 엇각은 각의 크기와 관계 없지, 각의 위치와 관계 있기 문에 동위각끼리, 엇각끼리의 크기는 서로 같을 수도 있고 다를 수도 있어. 두 직선이 서로 평행하면 동위각과 엇각의 크기가 같고, 서로 평행이 아니면 동위각과 엇각의 크기도 같지 않아.

한눈에 정리

두 직선이 한 점에서 만날 때 → **교각**

맞꼭지각 / / 직교 / 교각이 직각이다.

서로 다른 두 직선이 다른 한 직선과 만날 때 → 동 위 각 / 엇 각

수직과 수선 / 수선의 발 / 수직이등분선

| AB의 수선 | CD의 수선 |
| 점 P에서 직선 l까지의 거리 | AB의 수직이등분선 |

Tip 맞꼭지각의 크기는 항상 같지만 동위각과 엇각의 크기는 각각의 두 직선이 평행할 때만 같습니다.

이해 두 직선이 다른 한 직선과 만나서 생긴 각 중 서로 같은 위치에 있는 각을 □□□ 이라고 해.

동위각

◎ 알맞은 말에 ○표를 하세요.

두 직선이 한 점에서 만날 때 생기는 각을 (직각, **교각**)이라고 하고, 교각 중에서도 서로 마주 보는 두 각을 (**맞꼭지각**, 동위각)이라고 한다.

해설 두 직선이 한 점에서 만날 때 생기는 각을 교각이라고 하고, 교각 중에서도 서로 마주 보는 두 각을 맞꼭지각이라고 합니다.

맞꼭지각

맞꼭지각은 반드시 두 직선이 한 점에서 만날 때 생기는 각이야. 그래서 서로 마주 보는 각을 맞꼭지각이라고 하는데 이때 서로 마주 보는 두 각을 맞꼭지각이라고 해. 4개의 각 중 마주 보는 두 각을 맞꼭지각이라고 하며 각의 크기도 항상 같아.

맞꼭지각 $\angle a = \angle c$, $\angle b = \angle d$

동위각과 엇각

한 평면 위에 서로 다른 두 직선이 다른 한 직선과 만나면 서로 같은 위치에 있는 각을 동위각, 서로 엇갈린 위치에 있는 각을 엇각이라고 해. 이때 4쌍의 동위각과 2쌍의 엇각이 생겨. 엇각은 두 직선 사이에 있는 각이기 때문에 엇각은 2쌍 뿐이야.

◎ 서로 다른 두 직선 l, m이 다른 한 직선 n과 만날 때 $\angle a$와 $\angle e$의 관계에 알맞게 ○표를 하세요.

동위각 / 엇각

$\angle a$와 $\angle e$

해설 $\angle a$와 $\angle e$는 서로 같은 위치에 있는 각이므로 동위각입니다.

평행선의 성질

평행한 두 직선이 다른 한 직선과 만날 때 동위각과 크기도 엇각의 크기도 서로 다른 각이야. 동위각과 엇각은 같은 쪽의 평행선인지 아닌지를 구분해 주는 조건이 되는 거야.

엇각과 혼동하기 쉬운 동측내각

한 평면 위에서 서로 다른 두 직선이 다른 한 직선과 만나서 생기는 각 중에서 안쪽에 있는 각 중에서 안쪽에 있는 각을 동측내각이라고 해. 안쪽에 있고 엇갈린 각인 엇각과 혼동하면 안 돼.

◎ 알맞은 것에 ○표를 하세요.

맞꼭지각의 크기는 항상 같다. ○
동위각과 엇각의 크기는 항상 같다. □

해설 평행선일 때 동위각과 엇각의 크기는 같습니다.

3회 ②

작도로 알 수 있는 삼각형의 합동

작도: 눈금 없는 자와 컴퍼스만을 사용하여 도형을 그리는 것.

합동: 한 도형을 모양이나 크기를 바꾸지 않고 다른 도형에 완전히 포갤 수 있을 때의 두 도형.

도형을 그릴 때 꼭 사용해야 하는 것 중 하나가 눈금이 있는 자였다면 이번엔 자에 눈금이 없어도 컴퍼스가 있다면 도형을 그릴 수 있다는 것을 알게 될 거야. 눈금 없는 자와 컴퍼스만 있으면 길이를 옮기는 것이 가능하기 때문이야. 이렇게 눈금 없는 자와 컴퍼스만으로 도형을 그리는 것을 작도라고 해. 작도에서는 자는 선을 긋는 데만 사용하기 때문에 눈금이 있는 자는 쓸 필요 없어.

길이가 같은 선분이나 크기가 같은 각을 작도하는 것은 아주 간단한데 이 두 가지를 이용하면 삼각형의 작도도 가능해. 삼각형의 작도는 ❶ 세 변의 길이가 주어질 때, ❷ 두 변의 길이와 그 끼인각의 크기가 주어질 때, ❸ 한 변의 길이와 그 양 끝 각의 크기가 주어질 때 이 세 가지 경우에만 크기와 모양이 오직 하나로 정해진 삼각형을 작도할 수 있어.

이 세 가지 조건은 삼각형의 합동 조건과도 같아. 합동이란 한 도형을 모양이나 크기를 바꾸지 않고 다른 도형에 완전히 포갤 수 있는 도형이야. 왜냐하면 이것은 크기로 중에 모양이 가능하기 때문이야.

도형의 합동

△ABC와 △DEF가 합동이면 기호로는 △ABC≡△DEF로 나타내. 두 도형의 합동을 기호 '≡'로 써서 나타낼 때에는 반드시 두 도형의 꼭짓점을 대응하는 순서로 써야 함을 잊지 마.

> △ABC≡△DEF
> 대응하는 점끼리 같은 순서로 쓴다.

기호 '≡'를 써서 △ABC≡△DEF로 나타내면 두 도형이 넓이가 같다는 의미가 아니라 합동이라는 거야. 합동인 두 도형에서 서로 포개어지는 꼭짓점, 변, 각은 서로 대응한다고 해. 합동인 도형에서 대응하는 꼭짓점을 대응점, 대응하는 변을 대응변, 대응하는 각을 대응각이라고 해.

합동인 도형은 대응하는 변의 길이가 서로 같고, 대응하는 각의 크기도 서로 같다는 성질이 있어.

삼각형의 합동 조건

△ABC와 △DEF가 서로 합동이 되려면 다음 세 가지 경우 중 한 가지에 해당되면 돼.

❶ 대응하는 세 변의 길이가 각각 같을 때(SSS 합동)

❷ 대응하는 두 변의 길이가 각각 같고, 그 끼인각의 크기가 같을 때(SAS 합동)

❸ 대응하는 한 변의 길이가 같고, 그 양 끝 각의 크기가 각각 같을 때(ASA 합동)

S는 변(Side)을, A은 각(Angle)을 나타내는 첫 글자야. 그래서 삼각형의 합동 조건을 SSS, SAS, ASA와 같이 간단히 나타내기도 해.

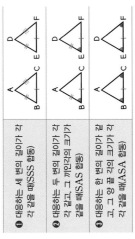

한눈에 정리

▲ 정답과 해설 40쪽

◉ 알맞은 말에 모두 ○표를 하세요.

눈금 (없는, 있는) 자와 (자도기, 컴퍼스)만을 사용하여 도형을 그리는 것을 작도라고 한다.

해설 눈금 없는 자와 컴퍼스만을 사용하여 도형을 그리는 것을 작도라고 합니다.

◉ 삼각형의 모양과 크기가 하나로 정해지는 경우에 ○표를 하세요.

□ 세 각의 크기가 주어질 경우

○ 한 변의 길이와 그 양 끝 각의 크기가 주어질 경우

해설 세 각의 크기가 주어질 경우 삼각형의 모양과 크기가 하나로 정해집니다.

◉ 삼각형의 합동 조건에 대한 그림입니다. 관계 있는 것끼리 선으로 이으세요.

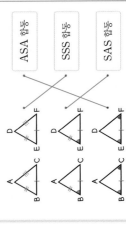

해설 대응하는 세 변의 길이가 각각 같을 때는 SSS 합동, 대응하는 두 변의 길이가 각각 같고, 그 끼인각의 크기가 같을 때는 SAS 합동, 대응하는 한 변의 길이가 같고, 그 양 끝 각의 크기가 각각 같을 때는 ASA 합동입니다.

4회
3주차 ①

입자로 된 기체의 성질

과학

기체의 성질: 기체는 매우 작은 입자로 되어 운동을 하며 기체의 부피가 변하는 것.

기체는 눈에 보이지 않을 정도로 아주 작은 입자로 이루어져 있어. 기체가 들어 있는 주사기 입구를 막고 피스톤을 누르면 피스톤이 밀려 들어가면서 공기의 부피가 줄어. 이것은 공기 중에 빈 공간이 있다는 것, 공기는 눈에 보이지 않는 작은 입자들로 이루어져 있고, 입자들은 서로 떨어진 채 끊임없이 모든 방향으로 움직일 수 있어. 물질을 이루는 입자는 스스로 끊임없이 모든 방향으로 움직이는데 이것을 입자의 운동이라고 해. 입자의 운동이 증가는 크게 두 가지가 있는데, 바로 확산과 증발이야. 꽃이나 향수 냄새가 퍼지는 것처럼 물질을 이루는 입자들이 스스로 운동하여 퍼져 나가는 현상을 확산이라고 해.

입자의 운동

물질을 이루는 입자는 스스로 끊임없이 모든 방향으로 움직이고 있어. 이것을 입자 운동이라고 하는데 입자의 운동이 증가는 확산과 증발의 두 가지가 있어.

확산

물질을 이루는 입자가 스스로 운동하여 퍼져 나가는 현상이야. 확산은 온도가 높을수록, 입자의 질량이 작을수록, 고체보다는 액체, 액체보다는 기체 상태일 때 공기 중으로 더 빨리 퍼져 나가.

증발

물질을 이루는 입자가 스스로 운동하여 액체 표면에서 기체로 변하는 현상이야. 증발은 바람이 잘 불고, 넓이가 넓고, 온도가 높고, 습도가 낮을수록 더 빨리 물질이 입자가 기체가 되어 날아가.

기체의 압력과 부피

온도가 일정할 때 압력이 증가하면 기체의 부피는 감소하고 압력이 감소하면 부피는 증가해. 일정한 압력에서 온도가 높아지면 입자의 운동 속도가 빨라지고 부피가 커져.

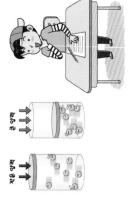

고무풍선에 공기를 불어 넣으면 각각의 풍선이 모양이 되는 이유는?

기체 입자들이 모든 방향으로 운동하면서 고무풍선의 안쪽 벽에 계속 충돌하기 때문에 각각의 고무 풍선 모양이 될 수 있는 거야.

한눈에 정리

입자의 운동의 증가 — 입자의 운동
기체의 압력 — 기체의 압력과 부피 관계
기체의 부피 변화 — 기체의 운동과 부피 관계
기체의 부피 방향 — 기체의 성질

확산 : 입자가 모든 방향으로 고르게 퍼져 나가는 현상
증발 : 액체 입자 중 일부가 표면에서 기체가 되는 현상

기체 입자가 안쪽 벽면에 충돌하면서 압력이 작용
일정한 온도에서 기체를 누르는 압력이 커지면 부피가 감소하고
일정한 압력에서 온도가 높아지면 입자의 운동 속도가 빨라지고 부피가 커짐.

TIP 확산과 증발은 모두 입자의 운동 때문에 일어나는 현상이다.

이해 물질을 이루는 입자가 스스로 끊임없이 모든 방향으로 움직이는 것을 입자의 운동 이라고 해.

◉ 알맞은 것끼리 선으로 이으세요.

확산
증발
입자의
운동

- 물질을 이루는 입자가 스스로 끊임없이 이 모든 방향으로 움직이는 것
- 물질을 이루고 있는 입자가 스스로 운동하여 액체 표면에서 기체로 퍼져 나가는 현상
- 물질을 이루는 입자가 스스로 운동하여 액체 표면에서 기체로 변하는 현상

◉ 알맞은 말에 ○표를 하세요.

온도가 (높, **낮**)을수록, 습도가 (높, **낮**)을수록 증발이 잘 일어난다.

해설 증발은 온도가 높을수록, 습도가 낮을수록 잘 일어난다.

◉ 알맞은 것에 ○표를 하세요.

기체는 온도가 일정할 때, 압력을 크게 하면 부피도 커진다.

기체는 압력이 일정할 때, 온도가 높아지면 부피가 커진다.

해설 온도가 일정할 때, 기체에 압력을 크게 하면 부피는 작아진다.

4회 왔다갔다 물질의 상태 변화

3주차 ②

과학

물질의 상태 변화: 물질이 고체, 액체, 기체로 서로 변하는 현상.

액체인 물을 얼리면 얼음이 되었다가, 고체인 얼음이 녹으면 다시 물이 되고, 물을 끓이면 기체인 수증기가 된다는 것을 알고 있을 거야. 이처럼 물질은 고체, 액체, 기체의 세 가지 상태로 변하는데, 물질이 상태가 고체, 액체, 기체로 서로 변하는 현상을 상태 변화라고 해.

고체가 액체로 변하는 것을 융해, 액체가 고체로 변하는 것을 응고라고 해. 또 액체가 기체로 변하는 것을 기화, 기체가 액체로 변하는 것을 액화라고 한단다. 또 고체가 기체로 변하거나 기체가 고체로 변하는 것을 둘 다 승화라고 하지. 그럼 앞에서 말한 얼음이 물로 변한 것은 융해, 물이 수증기로 변한 것은 기화라고 한다는 것을 알 수 있겠지?

물의 경우에서 알 수 있듯이 물질의 상태 변화는 냉각하거나 가열할 때 일어나. 그런데 물질이 상태가 변한다고 해도 물질의 성질과 질량은 변하지 않아. 물질을 이루는 입자의 종류와 개수가 변하지 않기 때문이지. 다만 물질을 이루는 입자의 배열이 달라져 입자 사이의 거리가 달라질 뿐이야. 따라서 물질이 되면서 얼음이 물에 떠서 팽팽해진 모습을 본 적이 있을 거야. 그건 물이 얼어 부피가 늘어났기 때문이야.

물질의 상태가 변화하는 예

융해(고체 → 액체)의 예로 고드름이나 아이스크림이 녹는 것을 들 수 있어. 기화(액체 → 기체)의 예는 젖은 빨래가 마르는 것이야. 혹시 아이스크림을 포장할 때 아는 것을 본 적이 있어? 드라이아이스의 크기가 작아지는 것을 본 적이 있어? 그게 바로 승화(고체→기체)의 예란다. 이런 현상은 얼음 흡수할 때 일어나지.

반대로 열을 방출할 때 일어나는 현상을 알아볼까? 먼저 응고(액체 → 고체)의 예는 양초를 타고 흘러내리던 촛농이 굳는 것이야. 액화(기체 → 액체)의 예로는 얼음물이 담긴 컵 표면에 물방울이 맺히는 것, 승화(기체 → 고체)의 예는 겨울철 유리창에 성에가 생기는 것을 들 수 있어.

물질의 상태 변화와 입자의 변화

융해(고체 → 액체), 기화(액체 → 기체), 승화(고체 → 기체)가 일어날 때에는 열에너지가 흡수되면서 입자 운동이 활발해지고 입자 배열은 불규칙적으로 변하면서 입자 사이의 거리가 멀어져.

응고(액체 → 고체), 액화(기체 → 액체), 승화(기체 → 고체)가 일어날 때에는 열에너지가 방출되면서 입자 운동이 둔해지고 입자 배열은 규칙적으로 변하면서 입자 사이의 거리가 가까워진단다.

물질의 녹는점, 어는점, 끓는점

물질을 가열하면 온도가 높아지다가 상태 변화가 일어날 때에는 온도가 일정하게 유지된단다. 왜냐고? 가해 준 열에너지가 모두 상태 변화에 사용되기 때문이야. 고체 물질이 녹는 동안 일정하게 유지되는 온도는 녹는점, 액체 물질이 끓는 동안 일정하게 유지되는 온도는 끓는점이야. 액체 물질이 어는 동안 일정하게 유지되는 온도는 어는점이라고 해. 같은 물질의 녹는점과 어는점은 서로 같아. 또, 같은 물질인 경우 물질의 양에 관계없이 녹는점(어는점과 끓는점은 일정하다는 것도 알아두렴.

물질의 상태가 고체, 액체, 기체로 서로 변하는 현상을 물질의 □□ □□라고 해.

한눈에 정리

상태 변화

냉각, 열을 방출 / 가열, 열을 흡수

기체 — (기화 / 액화) — 액체
액체 — (융해 / 응고) — 고체
기체 — (승화) — 고체

이해 물질의 상태가 고체, 액체, 기체로 서로 변하는 현상을 물질의 상태 변화라고 합니다.

Tip 물질의 상태 변화가 일어날 때에는 열을 흡수하거나 방출하면서 입자 운동, 입자 배열, 입자 사이의 거리에 변화가 생깁니다.

▲ 정답과 해설 42쪽

● 다음 물질의 상태 변화에 알맞게 선으로 이으세요.

고체 → 액체 — 기화
액체 → 기체 — 융해
기체 → 고체 — 승화

해설 기화는 액체가 기체로, 융해는 고체가 액체로, 승화는 고체가 기체로 변하는 것을 말합니다.

● 알맞은 설명을 모두 골라 ○표 하세요.

겨울철 유리창에 성에가 생기는 것은 승화이다. ○

아이스크림이 녹는 것은 열에너지가 흡수되는 경우이다.

젖은 빨래가 마를 때에는 입자 사이의 거리가 가까워지는 경우이다. □

해설 젖은 빨래가 마를 때에는 열을 흡수하면서 액체가 기체로 변하는 것이므로 입자 사이의 거리가 멀어집니다.

● 빈 곳에 알맞은 말에 ○표 하세요.

고체 물질이 녹는 동안 일정하게 유지되는 온도를 ( )이라고 한다.

녹는점 / 끓는점 / 어는점

해설 고체 물질이 녹는 동안 일정하게 유지되는 온도는 녹는점입니다.

단어를 분류하는 품사

모든 언어의 문장은 단어들이 모여서 구성되는데 우리말 또한 마찬가지야. 일정한 기준에 따라 단어를 분류하는 것은 우리말의 구조를 이해하는 데 무척 중요한 경험이야. 이러한 활동은 우리말에 대해 깊이 있게 이해하고, 국어 능력을 향상하는 데 많은 도움이 돼.

단어를 일정한 기준에 따라 분류해 놓은 갈래를 품사라고 해. 비슷한 종류끼리 정리를 해 놓으면 필요한 단어를 찾기 쉬운 것처럼 단어 역시 비슷한 성질을 지닌 것끼리 모아 놓으면 더 쉽게 이해할 수 있어. 품사는 단어가 가진 공통된 맛을 기준으로 총 9가지로 나뉘어. 이를 가리켜 '9품사'라고 하고, 각각의 이름을 '동사, 형용사, 명사, 대명사, 수사, 관형사, 부사, 조사, 감탄사'라고 해. 이때 '동사, 형용사'는 사람이나 사물의 움직임, 상태, 성질을 설명해 주는 역할을 하고, '명사, 대명사, 수사'는 문장에서 몸과 같은 역할, '관형사, 부사'는 다른 말을 꾸며 주는 역할을 해. 또한 '조사'는 문장에 쓰인 단어들의 관계를 나타내 주고, '감탄사'는 다른 말과 관계없이 독립적으로 사용되지.

품사: 단어를 문법상 의미, 형태, 기능으로 분류한 갈래.

한눈에 정리

```
                        단어
  ┌──────┬──────┬──────┬──────┐
 체언   수식언  관계언  독립언  용언
 ┌┬┐   ┌┐      │      │     ┌┐
명사    관형사  조사   감탄사 동사
대명사  부사                 형용사
수사
```

TIP 우리가 쓰는 단어 수는 어마어마한데, 그 중 실제로 사용하는 단어도 5만 개가 넘는다고 한다. 이러한 단어들 중에서 문장에서의 역할이나 성질이 공통된 것끼리 분류해 놓은 것이 바로 품사이다.

이해 단어를 문법상 의미, 형태, 기능으로 분류한 갈래를 □□라고 해.

9품사에 대해 알아보기

체언(명사, 대명사, 수사)의 특징

주로 주어가 되는 자리에 오며 때로는 목적어나 보어가 되기도 해.

명사	사물이나 사람의 이름을 나타내는 단어 예 학생 선물
대명사	사물, 장소, 사람의 이름을 대신하여 나타내는 단어 예 나, 우리, 당신, 여러분
수사	사물이나 사람의 수량 또는 순서를 나타내는 단어 예 하나, 둘, 첫째, 둘째

용언의 특징

문장의 주체(주어)를 서술하고 활용할 수 있어. 용언은 문장과 보조 용언으로 나뉘는데 서술의 주된 의미를 나타내는 부분이 보충어이고, 보충어의 의미를 보충하는 용언이 '보조 용언'이야.

동사	움직임이나 작용 등을 나타내는 단어 예 가다 / 자라다
형용사	상태나 성질을 나타내는 단어 예 착하다 / 덥다

수식언의 특징

문장에서 체언이나 용언 앞에 놓여서 뒤에 오는 말을 꾸며 주는 구실을 해.

관형사	체언 앞에 붙어 '~한'의 방식으로 체언을 꾸며 주는 단어 예 모든, 새로운
부사	용언이나 다른 부사, 관형사, 문장 전체를 꾸며 주는 단어 예 너무, 빨리

관계언의 특징

관계언인 조사는 주로 체언 뒤에 붙어 그 말과 다른 말과의 문법적인 관계를 나타내거나 특별한 뜻을 더해 주는 구실을 하는 단어야. 예 너와 나는 둘도 없는 친구이다.

독립언의 특징

독립언인 감탄사는 문장에서 다른 성분들과 관계를 맺지 않고 독립적으로 쓰여 말하는 이의 놀람, 느낌, 부름이나 대답을 나타내는 단어야. 예 어머나, 거기 누구 없소?

◉ 알맞게 선으로 이으세요.

명사 — 사물, 장소, 사람의 이름을 대신하여 나타내는 단어
대명사 — 사물이나 사람의 이름을 나타내는 단어
수사 — 사물이나 사람의 수량 또는 순서를 나타내는 단어

해설 명사는 사물이나 사람의 이름을 나타내는 단어, 대명사는 사물, 장소, 사람의 이름을 대신하여 나타내는 단어, 수사는 사물이나 사람의 수량 또는 순서를 나타내는 단어입니다.

◉ 알맞은 내용에 ○표를 하세요.

용언에서 '뛰다', '오다'와 같이 움직임이나 작용 등을 나타내는 단어를 (동사), 형용사 라고 한다.

해설 용언에서 움직임이나 작용 등을 나타내는 단어는 동사, 상태나 성질을 나타내는 단어는 형용사입니다.

◉ 관계언의 특징에 대한 설명으로 알맞은 것에 ○표를 하세요.

주로 체언 뒤에 붙어 그 말과 다른 말과의 문법적인 관계를 나타낸다. ○

문장에서 다른 성분들과 문법적 관계를 맺지 않는다. □

해설 문장 속에서 다른 성분들과 문법적 관계를 맺지 않는 것은 독립언입니다.

5회 3주차 ②
사동 표현과 피동 표현

사동 표현: 주체가 남에게 어떤 동작을 하도록 시킴을 나타내는 표현.

피동 표현: 주체가 다른 주체에 의해서 어떤 동작을 당하게 됨을 나타내는 표현.

사동 표현이 사용된 문장 만들기

• 주동문에 사용된 동사나 형용사의 어간에 '-이-, -히-, -리-, -기-, -우-, -구-, -추-'를 붙이는 방법
  예) 배가 뜨다. → 영희가 배를 띄우다.

• 주동문에 사용된 형용사나 동사의 어간에 '-게 하다'를 붙이는 방법
  예) 아이가 밥을 먹다. → 엄마가 아이에게 밥을 먹게 하다.

• 명사에 '-시키다'를 붙이는 방법
  예) 친구를 진정시키다.

피동 표현이 사용된 문장 만들기

• 능동문에 사용된 동사나 형용사의 어간에 '-이-, -히-, -리-, -기-'를 붙이는 방법(주어가 바뀜.)
  예) 모기가 아이를 물다. → 아이가 모기에게 물리다.

• 동사나 형용사의 어간에 '-아지다/-어지다', '-되다', '-게 되다' 등을 붙이는 방법
  예) 쓴다 → 쓰여지다
  신중하다 → 신중되다
  드러나다 → 드러나게 되다

사동 표현, 피동 표현을 사용하는 의도가 있어?

사동 표현은 누가 동작을 시키는 것인지를 강조하는 의도야.

사동 표현은 주체가 대상에게 동작함을 강조하는 의도가 담겼어. '종이비행기가 날았다.'라는 표현 보다 '영수가 종이비행기를 날렸다.'라는 표현에서 영수가 종이비행기를 날렸다는 것을 강조했음을 알 수 있어.

피동 표현은 동작을 당한 것을 강조하는 의도야.

피동 표현은 주체가 동작을 당한 것을 강조하고자 하는 의도가 담긴 표현이야. "경찰이 도둑을 잡았다."라는 표현 보다 "도둑이 경찰에게 잡혔다."라는 표현을 통해 도둑이 잡혔다는 것을 강조하고 있어.

한눈에 정리

사동 표현	뜻	주체가 남에게 어떤 동작을 하도록 |시|킴|을 나타내는 표현
		예) 친구가 나를 울렸다.
	만드는 방법	• 주동문의 용언 어간에 '-이-, -히-, -리-, -기-, -우-, -구-, -추-'를 붙여서 만드는 방법 • 주동문의 용언 어간에 '-게 하다'를 붙이는 방법 • 명사에 '-시키다'를 붙이는 방법

피동 표현	뜻	주체가 다른 주체에 의해서 어떤 동작을 |당|하|게| |됨|을 나타내는 표현
		예) 나무가 베이다.
	만드는 방법	• 능동문의 용언 어간에 '-이-, -히-, -리-, -기-'를 붙이는 방법 • 능동문의 용언 어간에 '-아지다/-어지다', '-되다', '-게 되다' 등을 붙이는 방법

TIP 주체가 남에게 어떤 동작을 하도록 하는 것을 [ ] 표현이라고 해.

우리말은 주어가 스스로 어떤 동작을 하는지, 다른 주체에 의해서 동작을 당하는지, 다른 주체에게 어떤 동작을 시키는지 등에 따라 주동과 사동, 능동과 피동으로 구분됩니다.

사동 [ ]

국어

사동 표현이란 주체가 남에게 어떤 동작을 하도록 시킴을 나타내는 표현이야. 이때 주체란 주어를 말해. 주어가 스스로 어떤 동작을 행하는 주동 표현의 반대 개념이지. 이 주동 표현으로 이루어진 문장을 주동문, 사동 표현으로 이루어진 문장을 사동문이라고 해. 사동문은 주동문을 바탕으로 만들 수 있어. 주동문의 용언 어간에 '-이-, -히-, -리-, -기-, -우-, -구-, -추-'를 붙여서 만드는 방법, 주동문의 용언 어간에 '-게 하다'를 붙이는 방법, 명사에 '-시키다'를 붙이는 방법이 있어.

한편, 피동 표현이란 주체가 다른 주체에 의해서 어떤 동작을 당하게 됨을 나타내는 표현이야. 주어가 제힘으로 어떤 동작을 하는 능동 표현의 반대 개념이지. 이 능동 표현으로 이루어진 문장을 능동문, 피동 표현으로 이루어진 문장을 피동문이라고 해. 피동문은 능동문을 바탕으로 만들 수 있어. 능동문의 용언 어간에 '-이-, -히-, -리-, -기-'를 붙이는 방법, 능동문의 용언 어간에 '-아지다/-어지다', '-되다', '-게 되다' 등을 붙이는 방법이 있어.

◎ 반대의 의미가 담긴 것끼리 알맞게 선으로 이어 보세요.

| 주동 표현 | ⤬ | 피동 표현 |
| 능동 표현 | ⤬ | 사동 표현 |

해설 어떤 동작을 당하는 피동 표현의 반대는 능동, 어떤 동작을 하도록 시키는 사동 표현의 반대는 주동입니다.

◎ 알맞은 내용에 ○표를 하세요.

'-이-, -히-, -리-, -기-, -우-, -구-, -추-는 (사동 , 피동) 표현을 만들기 위해 필요한 말이다.

해설 피동 표현을 만들 때 능동문의 용언에 사동 접사 '-이-, -히-, -리-, -기-'를 붙여서 만듭니다.

◎ 다음 중 동작을 당한 것을 강조한 문장에 ○표를 하세요.

| 갑자기 구름이 끼었다. | |
| 형이 동생을 울리다. | ○ |

해설 형이 동생을 울리다.'는 동작을 시키는 사동 표현입니다.

3주차
확인 문제

1 다음 빈칸에 들어갈 알맞은 말을 쓰세요. 〉〉 〔사회〕

> 인간이라면 누구나 존중받고 인간답게 살 수 있는 권리로, 인종, 성별, 연령 등에 상관없이 인간이라면 누구나 가지는 기본적이고 보편적인 권리를 [   ]이라고 한다.

해설 인권은 모든 인간이 인간이라는 이유만으로 자신의 존엄성을 지키며 살아갈 수 있는 권리입니다.

(인권   )

2 다음과 같은 국민의 기본권은 무엇인지 쓰세요. 〉〉 〔사회〕

> 법을 공평하게 적용받아 차별받지 않을 권리

해설 평등권은 법을 공평하게 적용받아 차별받지 않을 권리

(평등권)

3 다음 중 4·19 혁명에 대한 설명으로 옳지 않은 것은 무엇입니까? (⑤) 〉〉 〔사회〕
① 학생과 시민들이 부정 선거를 저지른 이승만 정부를 무너뜨린 사건이다.
② 이승만 정부가 부정 선거를 저지른 일이 혁명의 직접적인 원인이었다.
③ 학생들과 시민들이 힘을 합쳐 독재 정부를 무너뜨린 뒤 민주주의를 실현한 사건이다.
④ 국민의 노력으로 정권을 바꾸었기 때문에 '혁명'이라고 부른다.
⑤ 정권을 차지한 신군부 세력과 그들이 내린 계엄령에 민주화를 요구한 사건이다.

해설 정권을 잃으켜 정권을 차지한 신군부 세력과 그들이 내린 계엄령에 반대하고 민주화를 요구한 것은 5.18 민주화 운동입니다.

4 다음 중 중력에 의해 나타나는 현상은 무엇인가요? (②) 〉〉 〔과학〕
① 철가루가 자석에 끌려온다.
② 고드름이 아래로 자란다.
③ 못에 녹이 슨다.
④ 농구공이 튀어 오른다.
⑤ 물이 끓는다.

해설 중력은 지구가 물체를 지구 중심 방향으로 당기는 힘입니다.

3주차 | 확인 문제

▶ 정답과 해설 45쪽

5 다음 중 무게와 질량에 대한 설명을 구분하여 각각 기호를 쓰세요. 〉〉 〔과학〕

㉮ 용수철저울로 측정하며 단위는 N을 사용한다.
㉯ 윗접시저울로 측정하며 단위는 kg을 사용한다.
㉰ 물체의 고유한 양으로, 장소에 관계없이 일정하다.
㉱ 물체에 작용하는 중력의 크기로 장소에 따라 달라진다.

(1) 무게에 대한 설명: (㉮, ㉱)
(2) 질량에 대한 설명: (㉯, ㉰)

해설 질량은 물체 고유의 양으로 장소에 관계없이 일정하며 윗접시 자울이나 양팔저울로 측정할 수 있습니다.

6 다음 중 마찰력의 크기에 영향을 주는 것을 모두 골라 기호를 쓰세요. 〉〉 〔과학〕

㉮ 물체에 작용하는 힘의 종류   ㉯ 접촉면의 넓이
㉰ 접촉면의 거칠기   ㉱ 물체의 무게

(㉰, ㉱)

해설 마찰력은 물체가 접촉면이 거칠수록, 물체가 무거울수록 커집니다.

7 그림에서 다음 각의 크기를 구하세요. 〉〉 〔수학〕

(1) $\angle a$의 동위각: ($75°$)
(2) $\angle b$의 엇각: ($105°$)

해설 $\angle a$의 동위각은 $75°$, $\angle b$의 엇각은 $105°$

3주차 | 확인 문제

▲ 정답과 해설 46쪽

12 다음 빈칸에 들어갈 알맞은 물질의 상태 변화를 쓰세요. 〉〉

- 액화
- 응해
- 승화

(1) ㉠: (   )
(2) ㉡: (   )
(3) ㉢: (   )

해설 ㉠ 기체→액체로의 상태 변화는 액화, ㉡ 고체→액체로의 상태 변화는 융해, ㉢ 기체→고체로의 상태 변화는 승화입니다.

13 다음 중 사동 표현이 문장은 어느 것입니까? (②) 〉〉

① 아빠가 모기에게 물리다.
② 개그맨이 방청객을 웃기다.
③ 쥐가 고양이에게 잡히다.
④ 갑자기 비가 쏟아지다.
⑤ 친구가 학급 회장으로 선출되다.

해설 사동 표현은 주어가 남에게 동작을 시켜서 하게 하는 사동 표현으로 ②입니다. 나머지 ①, ③, ④, ⑤는 주어가 남에 의해서 어떤 동작이나 행위를 당하게 되는 피동 표현입니다.

14 다음 중 형용사를 모두 찾아 기호를 쓰세요. 〉〉

| ㉮ 착하다 | ㉯ 자라다 | ㉰ 잡다 |
| ㉱ 춥다 | | |

(㉮, ㉱)

해설 형용사는 상태나 성질을 나타내는 단어로 ㉮, ㉱입니다.

15 다음 ㉠~㉤ 중 체언이 아닌 것의 기호를 쓰세요. 〉〉

㉠나는 어제 ㉡문구점에서 고체 ㉢한 권을 사고, 오는 길에 ㉣시장에서 사과 ㉤하나를 샀다.

(㉢)

해설 체언(명사, 대명사, 수사)은 주로 주어가 되는 자리에 오며 때로는 목적어나 보어가 되기도 하며, 조사와 결합할 수 있고 관형어의 수식을 받을 수 있습니다.

3주차 | 확인 문제

8 작도를 하기 위해 필요한 도구를 선으로 이으세요. 〉〉

- 선분의 연장선을 그린다.
- 서로 다른 두 점을 연결하여 선분을 그린다.
- 선분의 길이를 재어서 옮긴다.

[컴퍼스]
[눈금 없는 자]

해설 눈금 없는 자와 컴퍼스만을 사용하여 도형을 그리는 것을 작도라고 합니다.

9 그림에서 △ABC≡△DEF일 때 다음을 각각 구하세요. 〉〉

(1) DE의 길이: (   )
(2) ∠ACB의 크기: (105°)

해설 △ABC≡△DFE이므로 AB=DE=15 cm, ∠ACB=∠DFE=105°입니다.

10 다음 중 함수의 예와 정의를 구분하여 각각 기호를 쓰세요. 〉〉

- ㉮ 함수병의 무게를 열어 놓으면 함수 내부가 주변으로 퍼져 나간다.
- ㉯ 함수병의 무게를 열어 놓으면 함수의 양이 점점 줄어든다.
- ㉰ 첫은 머리카락이 시간이 지나면 마른다.
- ㉱ 꽃가게 근처에서 가면 꽃향기가 난다.

(1) 확산의 예: (㉮, ㉱)
(2) 증발의 예: (㉯, ㉰)

11 기체의 압력과 부피에 대한 설명으로 옳은 것에 모두 ○표를 하세요. 〉〉

(1) 온도가 일정할 때 압력이 증가하면 기체의 부피는 감소한다. ( )
(2) 일정한 압력에서 온도가 높아지면 입자의 운동 속도가 빨라진다. ( )
(3) 일정한 압력에서 온도가 높아지면 입자의 운동 속도가 느려지고 부피가 작아진다. ( )

해설 일정한 압력에서 온도가 높아지면 입자의 운동 속도가 빨라지고 부피가 커진다.

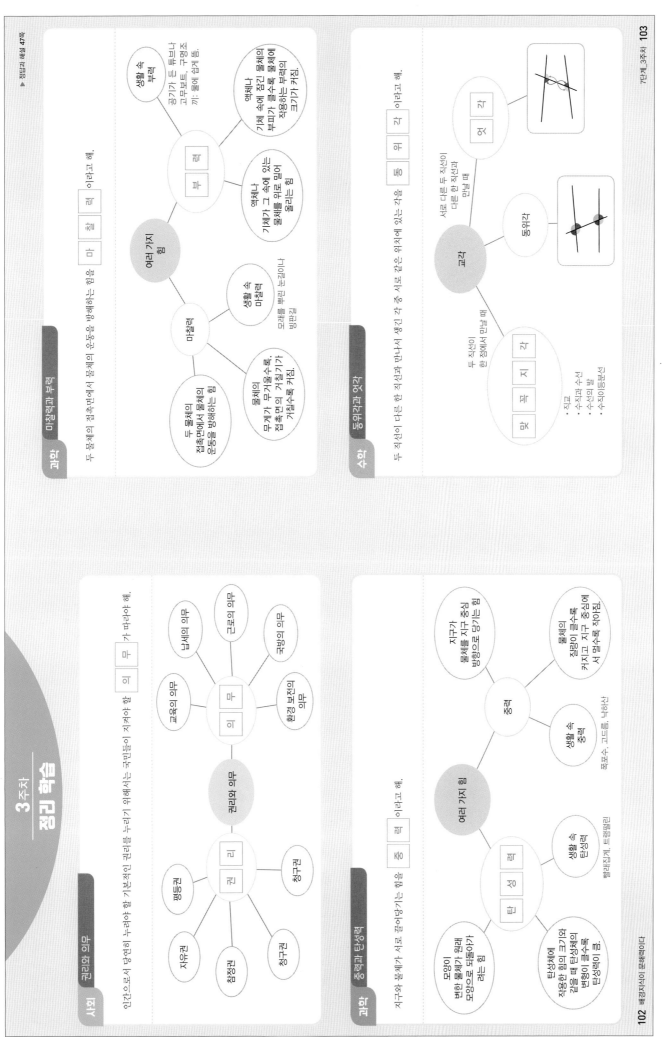

3주차
정리 학습

▶ 정답과 해설 47쪽

사회 권리와 의무

인간으로서 당연히 누려야 할 기본적인 권리를 누리기 위해서는 국민들이 지켜야 할 의 무 가 따라야 해.

- 권리와 의무
  - 권 리
    - 평등권
    - 자유권
    - 참정권
    - 청구권
    - 사회권
  - 의 무
    - 교육의 의무
    - 납세의 의무
    - 근로의 의무
    - 국방의 의무
    - 환경 보전의 의무

과학 마찰력과 부력

두 물체의 접촉면에서 물체의 운동을 방해하는 힘을 마 찰 력 이라고 해.

- 여러 가지 힘
  - 부 력
    - 생활 속 부력
      공기가 든 튜브나 고무보트, 구명조끼: 물에 쉽게 뜸.
    - 액체나 기체 속에 잠긴 물체의 부피가 클수록 물체에 작용하는 부력의 크기가 커짐.
    - 액체나 기체가 그 속에 있는 물체를 위로 밀어 올리는 힘
  - 마찰력
    - 생활 속 마찰력
      모래를 뿌린 눈길이나 빙판길
    - 두 물체의 접촉면에서 물체의 운동을 방해하는 힘
    - 물체의 무게가 무거울수록, 접촉면의 거칠기가 거칠수록 커짐.

과학 중력과 탄성력

지구와 물체가 서로 끌어당기는 힘을 중 력 이라고 해.

- 여러 가지 힘
  - 중력
    - 지구가 물체를 지구 중심 방향으로 당기는 힘
    - 물체의 질량이 클수록 커지고 지구 중심에서 멀어질수록 작아짐.
    - 생활 속 중력
      폭포수, 고드름, 낙하산
  - 탄성력
    - 탄 성 력
    - 생활 속 탄성력
      빨래집게, 트럼펄린
    - 모양이 변한 물체가 원래 모양으로 되돌아가려는 힘
    - 탄성체에 작용하는 힘의 크기가 클수록 변형이 클수록 탄성력이 큼.

수학 동위각과 엇각

두 직선이 다른 한 직선과 만나서 생긴 각 중 서로 같은 위치에 있는 각을 동 위 각 이라고 해.

- 교각
  - 동위각
    서로 다른 두 직선이 다른 한 직선과 만날 때
  - 맞 꼭 지 각
    두 직선이 한 점에서 만날 때
    - 직교
    - 수직과 수선
    - 수선의 발
    - 수직이등분선
  - 엇 각

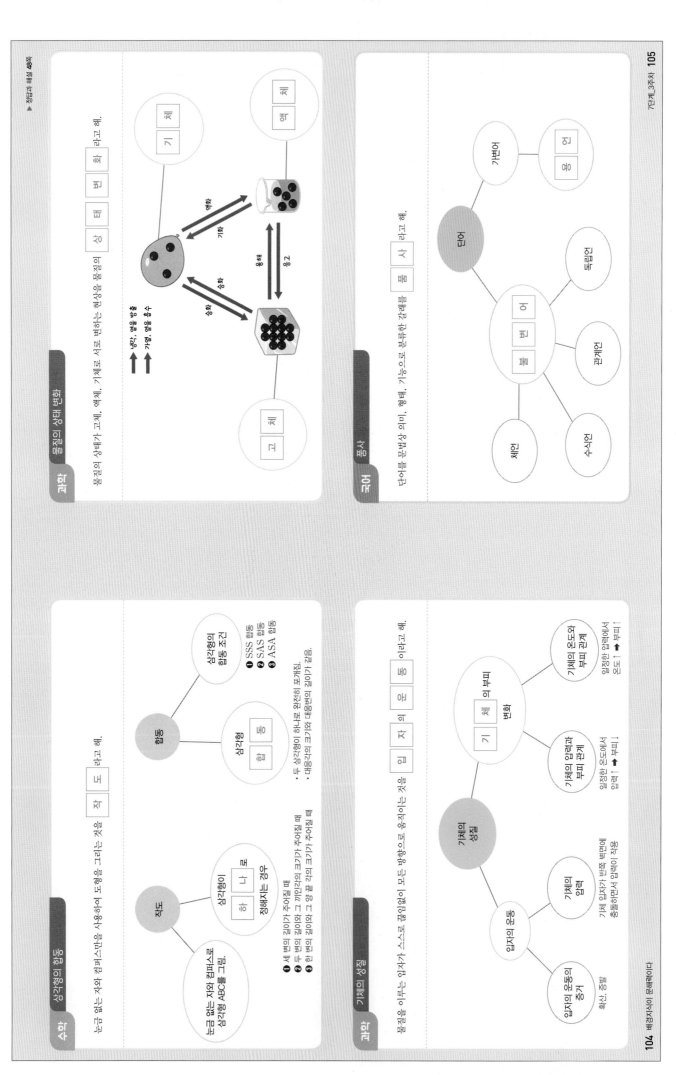

과학 — 물질의 상태 변화

물질의 상태가 고체, 액체, 기체로 서로 변하는 현상을 물질의 상 태 변 화 라고 해.

- 기체 / 액체 / 고체
- 액화 ↔ 기화
- 응해 ↔ 응고
- 융해 ↔ 승화
- 승화

냉각, 열을 방출
가열, 열을 흡수

국어 — 품사

단어를 문법상 의미, 형태, 기능으로 분류한 갈래를 품 사 라고 해.

- 단어
  - 가변어 → 용언
  - 불 변 어 → 독립언, 관계언, 수식언, 체언

수학 — 삼각형의 합동

눈금 없는 자와 컴퍼스만을 사용하여 도형을 그리는 것을 작 도 라고 해.

- 작도
  - 눈금 없는 자와 컴퍼스로 삼각형 ABC를 그림.
  - 삼각형이 하 나 로 정해지는 경우
    ① 세 변의 길이가 주어질 때
    ② 두 변의 길이와 그 끼인각의 크기가 주어질 때
    ③ 한 변의 길이와 그 양 끝 각의 크기가 주어질 때
- 합동
  - 삼각형의 합동 조건
    ① SSS 합동
    ② SAS 합동
    ③ ASA 합동
  - 삼각형의 합 동
    • 두 삼각형이 하나로 완전히 포개짐.
    • 대응각의 크기와 대응변의 길이가 같음.

과학 — 기체의 성질

물질을 이루는 입자가 스스로 끊임없이 모든 방향으로 움직이는 것을 입 자 의 운 동 이라고 해.

- 기체의 성질
  - 입자의 운동
    - 입자의 운동의 증가 (확산, 증발)
    - 기체의 압력 (기체 입자가 용기 안쪽 벽면에 충돌하면서 입자에 작용)
  - 기 체 의 부피 변화
    - 기체의 압력과 부피 관계 (일정한 온도에서 압력↑ 부피↓)
    - 기체의 온도와 부피 관계 (일정한 압력에서 온도↑ 부피↑)

▲ 정답과 해설 48쪽

4

주차

정답과 해설

배경지식이 문해력이다 | 7단계

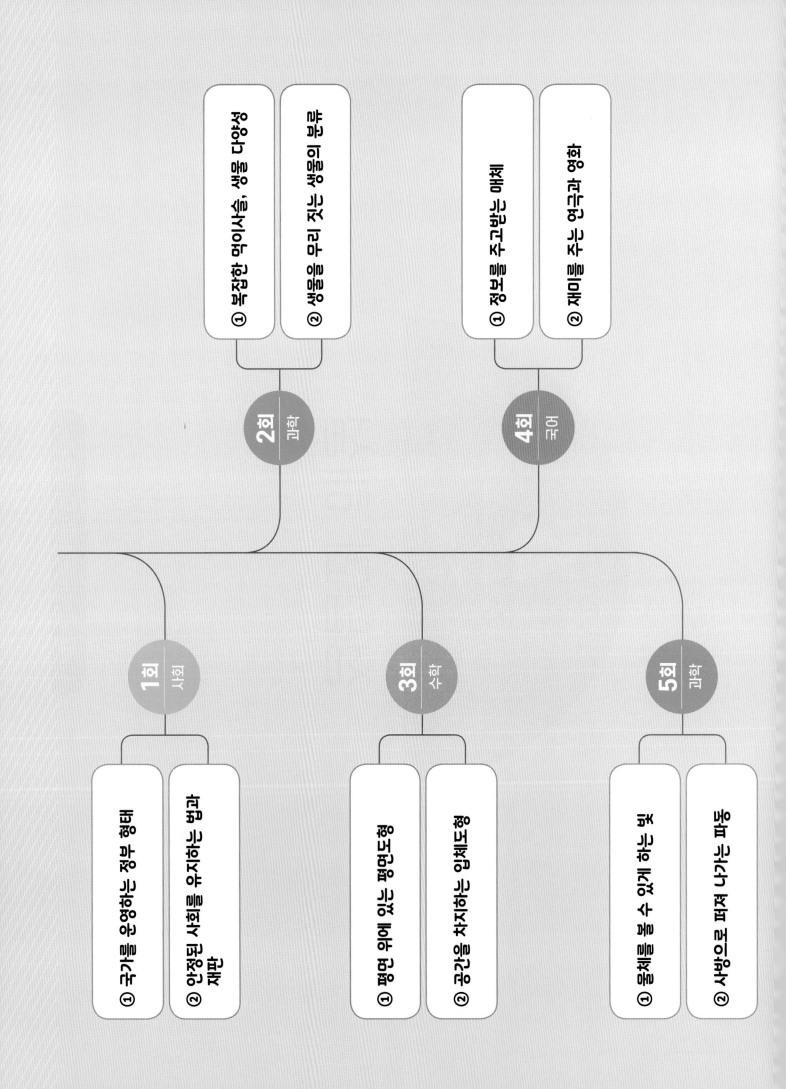

2회 과학
① 복잡한 먹이사슬, 생물 다양성
② 생물들 무리 짓는 생물의 쿰쿰

4회 국어
① 정보를 주고받는 매체
② 재미를 주는 언극과 영화

1회 사회
① 국가를 운영하는 정부 형태
② 안정된 사회를 유지하는 법과 재판

3회 수학
① 평면 위에 있는 평면도형
② 공간을 차지하는 입체도형

5회 과학
① 물체를 볼 수 있게 하는 빛
② 사방으로 퍼져 나가는 파동

4주차 ①

1회

국가를 운영하는 정부 형태

정부 형태: 국가 기관이 구성되어 있는 모습.

우리나라의 정부 형태

우리나라는 대통령제를 근간으로 하지만 의원 내각제 요소도 갖고 있어. 국민의 직접 선거를 통하여 국회의원을 선출하고, 대통령도 선출해. 의회는 국가의 예산을 임명해 행정부를 구성하고, 행정부 수반이 되어 국가를 운영하지. 그리고 국회는 대통령을 불신임할 수 없고, 대통령도 국회를 해산할 수 없어.

그러나 우리나라는 일부적인 대통령제와 달리 대통령의 명으로 행정 각부를 총괄하는 국무총리가 있어, 일부분인 국회의 원이 행정부의 장관을 겸할 수 있어.

의원 내각제는 입법부와 행정부가 융합된 정부 형태를 말해. 국민은 선거를 통해 행정부의 수반인 대통령과 의회 의원을 각각 선출하고, 대통령이 행정부를 독립적으로 구성해. 대통령제에서는 의회는 행정부도 불신임할 수 없고, 행정부도 의회를 해산할 수 없어. 이처럼 대통령제는 대통령 임기 동안 안정적인 정책을 수행할 수 있는 장점이 있지만, 대통령에 권한이 집중되어 독재화될 우려가 있어. 또 의회와 행정부가 대립하면 조정이 어려워.

정부 형태는 크게 의원 내각제와 대통령제로 구분할 수 있어.

의원 내각제는 입법부와 행정부가 융합된 정부 형태야. 국민이 선거를 통하여 의회를 구성하면, 의회 다수당의 대표가 총리(수상)가 되어 행정부인 내각을 구성하지. 의회는 내각의 구성원 가운데서 내각의 총리와 각료를 선출할 수 있고, 반대로 내각의 총리도 의회를 해산할 수 있어. 이처럼 의원 내각제는 의회와 내각이 긴밀하게 협조하면서 국민의 정치적 요구에 민감하게 대처할 수 있어. 하지만 한 정당이 의회와 내각을 모두 장악하면 다수당의 횡포가 나타날 수 있어.

대통령제는 입법부와 행정부가 분리된 정부 형태를 말해. 국민은 선거를 통해 행정부의 수반인 대통령과 의회 의원을 각각 선출하고, 대통령이 행정부를 독립적으로 구성해. 대통령제에서는 의회는 행정부를 불신임할 수 없고, 행정부도 의회를 해산할 수 없어. 이처럼 대통령제는 대통령 임기 동안 안정적인 정책을 수행할 수 있는 장점이 있지만, 대통령에 권한이 집중되어 독재화될 우려가 있어. 또 의회와 행정부가 대립하면 조정이 어려워.

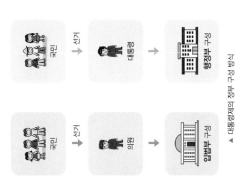

▲ 대통령제의 정부 구성 방식

한눈에 정리

민주주의 국가의 정부 형태

- 의원 내각제
  - 입법부와 행정부가 융합된 정부 형태
  - 국민의 선거를 통해 구성된 의회에서 다수당의 대표가 총리가 되어 내각 구성
  - 의회: 내각을 불신임할 수 있음.
  - 내각: 의회를 해산할 수 있음.
- 대통령제
  - 입법부와 행정부가 분리된 정부 형태
  - 국민의 선거를 통해 의회 의원과 대통령을 각각 선출, 대통령이 장관을 임명해 행정부 구성
  - 입법부: 행정부를 불신임할 수 없음.
  - 행정부: 의회를 해산할 수 없음.

TIP 민주 정치에서 정부 형태는 크게 의원 내각제와 대통령제로 나눌 수 있습니다. 대통령제는 입법부와 행정부가 분리된 정부 형태로, 다수당의 대표(수상)가 총리가 되어 내각을 구성합니다. 대통령제는 입법부와 행정부가 분리된 정부 형태로, 대통령이 장관을 임명해 행정부가 구성됩니다.

이해 민주주의 국가의 정부 형태는 크게 의원 내각제 □□□□와 대통령제가 있어.

이원 내각제 국가에 왕은 어떤 존재야?

이원 내각제는 영국이나 일본에서 시작되었어. 유럽의 많은 나라와 오스트레일리아, 일본 등도 이원 내각제를 채택해 국가를 운영하고 있어. 이원 내각제 국가에는 국가의 상징적인 존재로서 왕이나 여왕이 있는 경우도 있어. 이들은 실질적인 권한 없이 국가를 대표하는 역할을 하고, 총리(수상)가 실질적인 정치 권력을 행하지.

◉ 다음에서 설명하는 정부 형태를 쓰세요.

입법부와 행정부가 융합된 정부 형태로, 국민이 선거를 통하여 의회를 구성하면, 의회 다수당의 대표가 총리(수상)가 되어 다수당이 행정부를 구성한다.

답 의원 내각제

해설 대통령제에서는 입법부와 행정부가 분리되어 있고, 의원 내각제에서는 입법부와 행정부가 융합되어 있습니다.

◉ 관련 있는 것끼리 선으로 이으세요.

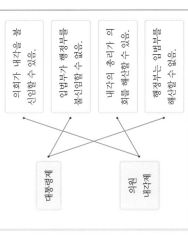

대통령제 / 의원 내각제

- 의회가 내각을 불신임할 수 있음.
- 입법부가 행정부를 불신임할 수 없음.
- 내각의 총리가 의회를 해산할 수 있음.
- 행정부는 의회를 해산할 수 없음.

해설 의원 내각제에서는 의회가 총리와 내각을 불신임할 수 있고, 의회 역시 내각을 해산할 수 있습니다. 하지만 대통령제에서는 행정부가 입법부를 불신임할 수 없고, 입법부가 행정부를 불신임할 수 없습니다.

◉ 우리나라 정부 형태에 대한 설명으로 알맞은 것에 ○표를 하세요.

○ 국민의 힘으로 선출된 의원들이 대통령을 임명한다.

● 대통령제에 의원 내각제 요소도 갖추고 있다.

해설 우리나라는 기본적으로 대통령제를 채택하고 있지만 의원 내각제적인 요소도 갖추고 있습니다.

1회
4주차 ②
안정된 사회를 유지하는 법과 재판

사회

법: 사회 규범 중 국가가 만들어 강제성이 있는 것.

재판: 법을 어긴 사람이 있거나 사람들 사이에 다툼이 생겼을 때 법에 따라 옳고 그름을 따지는 것.

정의롭고 안정된 사회를 위해 필요한 법은 국가가 만들었기 때문에 강제성이 있어. 법을 지키지 않을 경우 국가에 의해 제재를 받게 되지.

법의 유형에는 크게 공법, 사법, 사회법이 있어. 공법은 공적인 생활 관계를 다루는 법으로, 헌법, 형법, 행정법, 소송법이 있어.

사법은 개인 간의 사적인 생활 관계를 다루는 법으로, 개인의 가족과 재산 관계를 다루는 민법, 기업 활동 및 상거래를 다루는 상법이 있어.

사회법은 국가가 사회적 약자를 보호하는 법으로, 노동자의 권리를 보호하는 노동법, 최소한의 인간다운 삶을 보장하는 사회 보장법, 공정한 경제 질서를 유지하는 경제법이 있어.

사람들 사이에 법적 분쟁이 생겼을 때 이를 해결하는 가장 대표적인 방법이 바로 재판이야. 재판은 크게 민사 재판과 형사 재판이 있어. 이 외에도 가사 재판, 행정 재판, 선거 재판 등이 있지.

우리나라에서는 재판이 공정하게 이루어지도록 하기 위해 사법권의 독립을 보장하고, 재판 과정을 일반인들에게 공개해. 형사 재판에서는 구체적인 증거를 바탕으로 재판을 받을 수 있도록 구성하고 있어. 그리고 한 사건에 대해 세 번까지 재판을 받을 수 있도록 하고 있어.

민사 재판과 형사 재판

민사 재판

민사 재판은 도움을 받고 받아주는 과정에서 발생한 다툼, 손해에 대한 배상 같이 개인과 개인 사이에서 일어난 분쟁을 해결하기 위한 재판이야. 손해를 입었다고 주장하는 사람이 원고, 민사 소송을 당한 사람이 피고가 돼. 원고가 소송을 제기하면 재판이 시작되지.

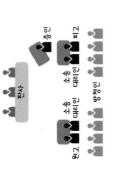

판사 / 원고 / 소송 대리인 / 소송 대리인 / 피고 / 방청인

형사 재판

형사 재판은 폭행, 절도, 사기 같은 범죄가 일어났을 때 국가가 범죄의 유무나 형벌의 정도를 결정하는 재판이야. 검사가 범죄를 저질렀다고 의심받는 사람인 피고인을 수사한 후 법원에 재판을 청구(기소)하면 재판이 시작되지.

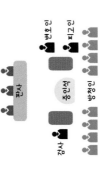

판사 / 검사 / 증인석 / 변호인 / 피고인 / 방청인

조선 시대에도 시체를 검사하는 직업이 있었다?

현재 우리나라에서는 보통 경찰에 소속된 검시관이 사건 현장에서 죽은 사람의 시체를 조사해 죽은 원인을 밝혀내는 일을 해. 조선 시대에도 시체를 살인 등 범사 사건이 있을 때 검시관이 시체를 조사했어. 검시는 보통 2번에 걸쳐 실시되었어. 이것은 사망 원인을 정확하게 파악해 억울한 일이 없게 하고, 엉뚱한 사람이 사건에 연관되는 일이 없게 하기 위해서였어.

한눈에 정리

법

- 강제성이 있음.

공법
- 공법 예 헌법, 형법, 행정법, 소송법
- 사법 예 민법, 상법
- 사회법 예 노동법, 사회 보장법, 경제법

재판
- 형사 재판
- 민사 재판
- 이 외에도 가사 재판, 행정 재판, 선거 재판 등이 있음.

공정한 재판을 위한 제도
- 사법권의 독립
- 공개 재판주의와 증거 재판주의
- 심급 제도(3심 제도)

이해 법은 다루는 영역에 따라 □□, 사법, 사회법으로 나눌 수 있어.

◀ 정답과 해설 52쪽

◎ 알맞은 말에 ○표를 하세요.

법은 크게 공법, 사법, 사회법으로 구분할 수 있다. (**공법**), 사법, 사회법은 공적인 생활 영역을 다루는 법으로 헌법, 형법, 행정법, 소송법 등이 이에 속한다.

해설 사법은 개인 간의 사적인 생활 관계를 다루고, 사회법은 국가가 사회적 약자를 보호하는 법입니다.

◎ 관련 있는 것끼리 선으로 이으세요.

민사 재판	검사가 폭행, 절도, 같은 사건에 대해 수사한 후 법원에 기소하면 재판이 시작됨.
형사 재판	손해를 입었다고 주장하는 사람이 원고가 되어 소송을 제기하면 재판이 시작됨.

해설 민사 재판은 개인과 개인 사이에서 일어난 분쟁을 해결하기 위한 재판이고, 형사 재판은 범죄의 유무나 형벌의 정도를 결정하는 재판입니다.

◎ 공정한 재판이 이루어지도록 하기 위해 만든 제도에 ○표를 하세요.

사법권의 독립을 보장한다. ○

한 사건에 대해 한 번만 재판을 받을 수 있도록 구성한다. □

해설 공정한 재판이 이루어지도록 하기 위해 한 사건에 대해 여러 번 재판을 받을 수 있게 합니다.

2회 · 4주차 ①

복잡한 먹이사슬, 생물 다양성

과학

우리는 많은 사람들 속에서 친구를 알아볼 수 있고, 많은 반려견들 속에서 우리 반려견을 알아볼 수 있어. 그 이유는 사람마다 얼굴, 키 등이 다르고, 반려견들도 얼굴, 털색 등 각각의 특성이 다르기 때문이야. 바지락의 껍데기 무늬도 같은 것이 없고, 얼룩말의 털 무늬도 색과 간격 등이 조금씩 달라서 같은 것이 없어.

이처럼 같은 종류의 생물 사이에서도 조금씩 다른 특징이 나타나는데 이것을 변이라고 해.

생물 다양성: 어떤 지역에 얼마나 다양한 생물이 살고 있는지를 나타내는 것.

생물 다양성은 어떤 지역에 얼마나 다양한 생물이 살고 있는지를 나타내는 것으로 생물의 종류가 많을수록, 같은 종류에 속하는 생물의 특성이 다양할수록 생물 다양성이 더 높다고 말해. 인간을 포함한 모든 생물은 생태계 구성원으로 살아가. 우리는 생물 다양성이 보전된 생태계에서 많은 것을 얻고 있어. 깨끗한 물, 비옥한 토양 등을 얻고 음식 마음을 건강하게 해. 또 우리가 살아가는 데 필요한 의약품, 식량, 의복 등은 대부분 생물에서 얻는 자원이야. 그래서 국제 사회는 힘을 모아 등을 통해 생물의 다양성을 지키기 위해 노력하고 있어.

생물 다양성 보전의 중요성

생물은 어떻게 다양해졌을까?

남아메리카 대륙의 서쪽에 있는 갈라파고스제도에는 갈라파고스 땅거북이 살고 있는데 목이 긴 종류도 있어. 갈라파고스 땅거북은 원래 목이 짧은 종류가 대다수였는데 오랜 세월 동안 목이 긴 거북이 나타나게 된 거야. 환경 변화에 적응한 결과 목이 긴 거북이 이렇게 무리에서 환경에 알맞은 변이를 지닌 생물이 더 많이 살아남아 자손을 남겨. 이와 같이 생물이 변이와 생물이 환경에 적응하는 과정을 오늘날 생물이 다양해진 주요 원인이야.

한눈에 정리

생물의 **변이**

생물의 **환경 적응**

두 과정의 반복 →

생물 다양성 (생태계 내의 생물의 종류가 다양한 정도)

- 생물 다양성이 **높다**:
  · 먹이 사슬이 복잡함.
  · 생태계 평형이 잘 유지됨.
- 생물 다양성이 **낮다**:
  · 먹이 사슬이 단순함.
  · 생태계 평형이 쉽게 깨짐.
- 생물 다양성 보전을 위한 **활동**:
  · 원인: 서식지 파괴 / 불법포획과 남획 / 환경오염 등
  · 대책: 지나친 개발 자제 / 멸종 위기종 지정
    쓰레기 줄이기 등
  · 국제적 활동: 국제 협약을 맺고 실행하기
  · 국가적 활동: 멸종 위기종 복원사업
    시행 등

TIP 인간도 지구 생태계의 일원으로 다른 생물들과 함께 생태계 다양성 유지를 위해 노력해야 합니다.

이휘 같은 종류의 생물에서도 조금씩 다른 특징이 나타나는데, 이를 □□라고 해.

생태계 평형

생물들이 다른 생물 및 주위 환경과 서로 영향을 주고받으며 작용하는 것을 '생태계'라고 하며, 이러한 생태계를 구성하는 생물의 종류와 수가 크게 변하지 않는 안정된 상태를 유지하는 것을 '생태계 평형'이라고 해. 생물 다양성이 높을수록 생물 사이의 먹이 사슬이 복잡해서 생물이 멸종될 가능성이 낮아지고 생태계 평형을 잘 유지할 수 있어.

◉ 빈 곳에 알맞은 말을 쓰세요.

여러 생태계에서 얼마나 다양한 종류의 생물이 살고 있는지 나타낸 것을 (　　　)이라고 한다.

답 생물 다양성

해설 여러 생태계에서 얼마나 다양한 한 종류의 생물이 살고 있는지를 생물 다양성이라고 합니다.

◉ 알맞게 선으로 이으세요.

생태계 · · 생물들이 다른 생물 및 주위 환경과 서로 영향을 주고받으며 작용하는 것

생태계 평형 · · 생태계를 구성하는 생물의 종류와 수가 크게 변하지 않는 안정된 상태를 유지하는 것

해설 생물들이 다른 생물 및 주위 환경과 서로 영향을 주고받으며 작용하는 것을 생태계, 생태계를 구성하는 생물의 종류와 수가 크게 변하지 않는 안정된 상태를 유지하는 것을 생태계 평형이라고 합니다.

◉ 생물의 다양성과 생태계 평형에 대한 설명으로 알맞은 것에 ○표를 하세요.

생태계 내의 생물의 다양성이 높고, 먹이 사슬이 (복잡, 단순)하면 생물의 종류와 수가 크게 변하지 않는 것을 생태계 평형이라고 합니다.

생태계 평형이 생물 다양성이 높을수록 먹이 사슬 사이의 먹이 부족해져서 생물이 멸종될 가능성이 이 낮아지고 생태계 평형을 잘 유지할 수 있습니다.

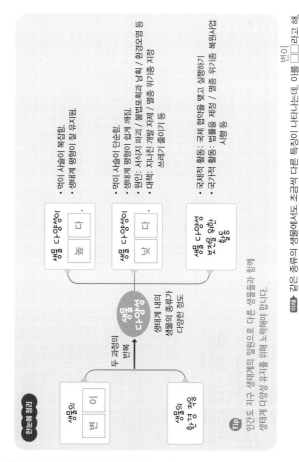

2회 (4주차 ②)

생물을 무리 짓는 생물의 분류

과학

생물의 분류: 생물을 객관적이고 일정한 기준에 따라 구분하는 것.

공통점, 차이점 등 다양한 특징을 기준으로 무리 지어 보는 것을 분류라고 하는데 지구의 생물도 기준을 정하여 짓는 것을 생물의 분류라고 해. 그런데 생물을 인간의 편의에 따라 분류하면 사람에 따라 결과가 달라질 수 있어. 그래서 과학자들은 생물의 광합성 여부, 번식 방법, 호흡 등 생물의 고유한 특징을 기준으로 정해서 생물을 분류해. 또 생물 고유의 특징에 따라 분류하면 생물들 사이의 멀고 가까운 관계를 알 수 있어. 상어와 고래, 사람을 비교하면 고래는 모습이 상어보다 사람과 더 비슷하다고 해. 종은 번식이 가능한 자손을 낳을 수 있는 생물 무리야. 생물을 분류하는 가장 작은 기본 단위를 종이라고 해. 종은 번식이 가능한 하나의 '계' 안에 여러 개의 '문'이 있고, 하나의 '문' 안에서도 또 비슷한 특징의 '계'로 나누는데 하나의 '계' 안에 여러 개의 '문'이 있고, 하나의 '문' 안에 여러 개의 '강'이 있어. 따라서 생물은 '계'에서 '종'으로 갈수록 점점 공통점이 많아져.

한눈에 정리

- 생물을 체계적으로 연구할 수 있음.
- 생물 사이의 멀고 가까운 관계를 알 수 있음.

- 사람의 편의에 따른 분류
- 생물 고유의 특징에 따른 분류

문 · 목 · 계

생물의 분류

분류 단계 / 분류 단계 / 분류의 단계

계 · 문 · 강 · 목 · 과 · 속 · 종

이해 생물을 분류하는 가장 기본 단위로 번식이 가능한 자손을 낳을 수 있는 생물의 무리를 [종]이라고 해.

TIP 종에서 계로 갈수록 속하는 생물이 다양해지고, 계에서 종으로 갈수록 강수록 생물 사이의 관계가 가까워진다.

같은 종인 것과 아닌 것

생김새가 비슷한 얼룩말과 당나귀는 짝짓기를 하여 노새를 낳을 수는 있어. 하지만 자손인 노새는 번식 능력이 없어. 그렇기 때문에 얼룩말과 당나귀는 같은 종이 아니야. 생김새가 다른 불테리어와 불도그 사이에서 태어난 보스턴테리어는 번식 능력이 있기 때문에 불테리어와 불도그는 같은 종이라고 한다.

> 나는 불테리어야. 난 새끼를 낳을 수 있어.
> 나는 당나귀와 얼룩말 사이에서 태어난 노새야.

단세포 생물과 다세포 생물

단세포 생물은 몸이 하나의 세포로 되어 있는 생물이고, 다세포 생물은 몸이 여러 개의 세포로 이루어져 있는 생물을 말하는 거야. 예를 들면 아메바는 단세포 생물이고, 고양이는 다세포 동물이야.

▲ 아메바

생물의 5계 분류

18세기 스웨덴의 린네가 생물을 동물계와 식물계로 분류한 이후 과학이 발달하면서 지구의 다양한 생물을 해마다 이나 세포벽이 있는지 없는지, 단세포인지 다세포인지, 영양분을 얻는 방법 등에 따라 동물계, 균계, 원생생물계, 원핵생물계, 식물계의 5가지 계로 분류할 수 있게 되어 있어.

종[種]

◉ 생물의 분류 5계 중에서 빈 칸에 알맞은 말을 쓰세요.

붕어	고사리	버섯	짚신벌레	대장균
동물계	식물계	균계	원생생물계	원핵생물계

해설 생물의 분류 5계는 동물계, 식물계, 균계, 원생생물계, 원핵생물계입니다.

◉ 빈 곳에 알맞은 말을 쓰세요.

아메바처럼 몸이 하나의 세포로 되어 있는 생물을 (단세포)(이)라고 한다.

해설 단세포 생물은 몸이 하나의 세포로 되어 있는 생물입니다.

◉ 알맞은 것에 ○를 하세요.

- 생물을 분류하면 생물 다양성을 이해하는 데 도움이 된다. (○)
- 자연 상태에서 짝짓기하여 번식이 가능한 자손을 낳을 수 있는 무리를 속이라고 한다.
- 공통점 차이점에 따라 무리 지어 보는 것을 분석이라고 한다.

해설 자연 상태에서 짝짓기하여 번식이 가능한 자손을 낳을 수 있는 무리를 종이라고 한다. 공통점과 차이점에 따라 무리 지어보는 것을 분류라고 한다.

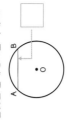

3회 ①

4주차

평면 위에 있는 평면도형

수학

평면도형: 평면 위에 있는 도형으로
원, 삼각형, 사각형 등과 같이 선으로
둘러싸인 도형.

평면 위에 있는 도형으로 원, 삼각형, 사각형 등과 같이 선으로 둘러싸인 도형을 평면도형이라고 해. 다각형은 3개 이상의 선분으로 둘러싸인 평면도형인데 모든 변의 길이가 같고 모든 내각의 크기가 같은 다각형을 정다각형이라고 해. 다각형에서 연속한 두 변으로 이루어진 내부의 각을 내각, 다각형의 한 꼭짓점에서 한 변과 그 변에 이웃한 변의 연장선이 이루는 각을 외각이라고 해.

두 외각은 서로 맞꼭지각으로 그 크기가 같아서 외각은 둘 중에 하나만 생각하면 돼.

내각과 외각

삼각형의 세 내각의 크기의 합은 180°인데 삼각형의 한 꼭짓점에서 내각과 외각의 크기의 합도 180°야. 삼각형의 한 외각의 크기는 그와 이웃하지 않는 두 내각의 크기의 합과 같지.

대각선

다각형에서 이웃하지 않는 두 꼭짓점을 이은 선분을 대각선이라고 해. 삼각형은 이웃하지 않는 두 꼭짓점이 존재하지 않으므로 대각선을 그을 수 없어.

삼각형의 내각의 크기의 합은 180°, 사각형의 내각의 크기의 합은 360°임을 이용해서 다각형의 내각의 크기나 외각의 크기의 합을 구할 수 있어.

이번에 한테에 6명의 친구가 정육각형 모양의 꼭짓점 위치에 앉아 있는 모습을 떠올려 봐. 서로 이웃을 빼짐없이 정육각형의 대각선의 수를 구하는 공식을 이용하여 구할 수도 있어.

평면도형에는 꼭짓점이 없이 곡선으로 둘러싸인 평면도형도 있어.

바로 원인데 피자 중 한 조각의 모양을 보면 부채 모양처럼 생겼지? 원에서는 이 모양을 부채꼴이라고 하고 한 조각 부채꼴 중 원의 일부를 호라고 해.

원과 부채꼴

원 위의 두 점 A, B를 양 끝점으로 하는 원의 일부분을 호 AB라 하고 기호 AB로 나타내. 원 위의 두 점 A, B를 이은 선분을 현 AB라고 하고 기호 AB로 나타내. 원의 중심을 지나는 현은 지름이고 지름은 길이가 가장 긴 현이야.

또, 원 위의 두 점 C, D를 지나는 직선을 할선이라 하고, 원 O에서 두 반지름 OA, OB와 호 AB로 이루어진 도형을 부채꼴 AOB라고 하고 현 CD와 호 CD로 이루어진 도형을 활꼴이라고 해.

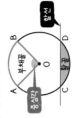

한눈에 정리

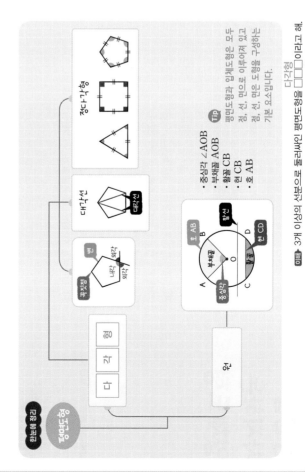

평면도형

다각형 / 원

Tip 평면도형과 입체도형은 모두 점, 선, 면으로 이루어져 있고 점, 선, 면은 도형을 구성하는 기본 요소입니다.

이해 3개 이상의 선분으로 둘러싸인 평면도형을 □□□이라고 해.

- 중심각 ∠AOB
- 부채꼴 AOB
- 활꼴 CB
- 현 CB
- 호 AB

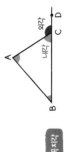

▲ 정답과 해설 55쪽

◉ 알맞은 것에 ○표를 하세요.

다각형의 한 꼭짓점에서 한 변과 그 변에 이웃한 한 변의 연장선이 이루는 각을 (내각, **외각**)이라고 한다.

해설 다각형의 한 꼭짓점에서 한 변과 그 변에 이웃한 변의 연장선이 이루는 각을 외각이라고 합니다.

◉ 빈칸에 알맞은 말에 ○표를 하세요.

현 AB

부채꼴 AOB

해설 원 위의 두 점 A, B를 이은 선분이므로 현 AB입니다.

◉ 관계 있는 것끼리 선으로 이으세요.

원 위의 두 점을 잇는 선분	현
원에서 현과 호로 이루어진 도형	할선
원과 두 점에서 만나는 직선	활꼴

해설 원 위의 두 점을 잇는 선분은, 원과 현과 호로 이루어진 도형은 활꼴이라고 합니다.

3회 ②
공간을 차지하는 입체도형

입체도형: 평면도형이 아닌 도형.

평면도형이 아닌 도형을 입체도형이라고 해. 입체도형은 면이 최소한 4개는 있어야 만들어져. 이때 4개 이상의 면으로 둘러싸인 입체도형을 다면체라고 해. 다면체에서 '다'는 '많다'라는 의미니까 다면체는 여러 개의 면으로 둘러싸인 도형이란 뜻으로 이해하면 돼. 다면체 중에서 면의 개수가 가장 적은 것은 각 면의 모양이 삼각형인 사면체야. 면이 다각형이 아닌 원이나 곡면으로 둘러싸여 있으면 다면체가 아니야. 따라서 원기둥, 원뿔, 구의 곡면이 있는 도형은 다면체가 아니야.

원기둥, 원뿔, 구는 회전하여 생기는 입체도형이야. 그래서 회전체라고 생각하면 돼. 회전체는 평면도형을 회전하여 만들어진 도형이기 때문에 옆면은 반드시 곡면으로 모여 있어.

직사각형을 회전시키면 원기둥이 되고, 직각삼각형의 한 변을 회전축으로 하여 직각삼각형을 회전시키면 원뿔이 만들어져. 구는 회전시키는 평면도형이 반원일 때 생기는 회전체야. 구는 옆면도 따로 없고 어느 방향으로 잘라도 단면이 원이니까 회전시킬 때 축이 되는 회전축도 무수히 많은 회전체야.

한눈에 정리

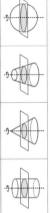

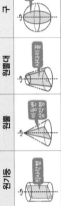

Tip
정다면체는 꼭짓점마다 모인 면의 개수가 모두 같고, 정사면체, 정육면체, 정팔면체, 정십이면체, 정이십면체의 5가지뿐이다.

이해 다각형으로만 둘러싸인 입체도형을 □□□라고 해.

각기둥   원기둥   다면체
원뿔   원뿔대   원기둥
원뿔대   각뿔대

해설 각기둥, 각뿔, 각뿔대를 다면체라고 하고, 원기둥, 원뿔, 원뿔대를 회전체라고 합니다.

각뿔대

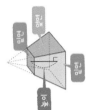

각뿔을 그 밑면에 평행한 평면으로 잘라서 생기는 두 다면체 중에서 각뿔이 아닌 다면체는 여러 개의 면으로 둘러싸인 도형이란 뜻으로 이해하면 돼. 다면체 중에서 면의 개수가 가장 적은 것은 각 면의 모양이 삼각형인 사면체야. 면이 다각형이 아닌 원이나 곡면으로 둘러싸여 있으면 다면체가 아니야. 밑면은 다각형이지만 옆면은 모두 사다리꼴이야.

원뿔대

회전체 중에 원뿔대는 원뿔을 그 밑면에 평행한 평면으로 잘랐을 때 생기는 두 입체도형 중에서 원뿔이 아닌 입체도형이야.

회전시킬 때 축이 되는 직선을 (모선, 회전축), 회전체의 옆면을 이루는 선분을 (모선, 회전축)이라고 한다.

해설 회전시킬 때 축이 되는 직선을 회전축, 회전체의 옆면을 이루는 선분을 모선이라고 합니다.

회전체

회전체는 평면도형을 한 직선을 축으로 하여 1회전 시킬 때 생기는 입체도형이야. 회전시킬 때 축이 되는 직선을 회전축, 회전체의 옆면을 이루는 선분을 모선이라고 해. 회전체에는 원기둥, 원뿔, 원뿔대, 구 등이 있어.

원기둥	원뿔	원뿔대	구

▲ 회전체를 회전축에 수직인 평면으로 자르면 그 단면은 항상 원이다.

원기둥	원뿔	원뿔대	구

▲ 회전체를 회전축을 포함하는 평면으로 자르면 그 단면은 모두 합동이고 회전축을 대칭축으로 하는 선대칭도형이다.

회전체를 회전축에 수직인 평면으로 자르면 그 단면은 항상 원이다. ○

회전체를 회전축을 포함하는 평면으로 자르면 그 단면은 항상 사각형이다. □

해설 회전체를 회전축에 수직인 평면으로 자르면 그 단면은 항상 원이고, 회전체를 회전축을 포함하는 평면으로 자르면 그 단면은 모두 합동이고 회전축을 대칭축으로 하는 선대칭도형입니다.

4회 4주차 ①

정보를 주고받는 매체

국어

매체: 대중에게 정보를 전달하는 기술 수단.

매체는 개인 사이에서 의사소통을 가능하게 해 주는 모든 주변 도구들을 말해. 일반적으로 매체는 멀티미디어와 관련되어 있지. 신문과 도서로 인한 사회 환경의 변화와 정보량이 증가로 활자를 매개로 하는 인쇄 매체 시대에서 전파 매체 시대로 발전해 왔어. 이러한 매체에 사용되는 언어는 매체를 통해 대중에게 접으로 드러나지 않게 전달되지. 이러한 익명성으로 인해 국어 훼손이 매우 심각해지고 비속어가 난무하고, 외계어가 증가하는 문제가 발생하고 있어. 또한 정보의 공유가 많아짐에 따라 저작권을 침해하는 경우도 늘어나고 있어.

저작권이란 창작물을 만든 사람이 노력과 가치를 인정하고, 만든 사람, 즉 저작자의 권리를 보호하는 것을 말해. 저작권이 만들어진 초기에는 지적 내용을 창작한 개인의 명성에 초점이 맞춰졌는데 사회의 급격한 발전으로 창작의 경제적 자원이라는 측면이 강조되게 되었어. 그래서 영화, 음악 등 문화 콘텐츠에 관한 저작권의 세계는 점점 복잡하게 이뤄지고 있어.

매체 환경 변화의 문제점과 태도

매체 환경 변화로 인한 문제점

매체 환경 변화가 가져오는 문제점은 첫째, 사생활 침해 문제야. 각 개인과 관련된 정보까지 네트워크를 통해 이용할 수 있게 되므로 개인 정보 보호가 힘들지. 둘째, 비인간화를 들 수 있어. 직접적인 의사소통보다 컴퓨터와 네트워크를 통한 화상 회의나 인공지능 로봇을 이용한 대화로 가는해졌거든. 셋째, 정보의 홍수 속에서 사람들이 이러한 판단력이 흐려지는 정보 공해 문제를 들 수 있어. 이러한 결과로 정보 부족과 빈곤층이 생기겠지? 그러면 정보 저작도 범부 저작권과 빈둥처럼 문명이 받아들일 거야.

저작권 보호를 위한 태도

창작자의 창작 노력에 대한 정당한 대가는 더 나은 창작의 밑거름이 돼. 그래서 저작권의 보호는 반드시 지켜져야 하지. 기술이 발전하면서 불법 복제가 늘어날 수 있기 때문에 무엇보다 이용자 자신의 저작물 보호 의식을 가져야 할 필요성이 있어. 기술 수준과 함께 국민들의 저작권 보호에 대한 의식 수준도 높아져야겠지?

저작권법은 무엇이야?

저작자를 보호하기 위해 만든 거야.

저작권법에 의해 보호받을 수 있는 저작물도 첫째, 장작물 이야야 해. 하늘 또는 예술의 범위에 속하여야 하고 둘째, 창작물 이야야 해. 멀티미디어의 기술의 발전에 의한 매체의 변화가 가져온 저작권법에 대한 심각한 문제를 제기하고 있어. 저작자가 투자한 노력, 즉 지적재산권에 대해서는 정당한 권리를 보호해야해.

특별한 경우를 제외하면 출처를 표시해야 해.

무료 이미지나 음원을 제외하고 저작권 보호를 위해서 다른 사람이 쓴 글이나 그림, 이미지, 음원 등을 가져와 쓸 사람에는 출처를 꼭 밝히면서 이용 방법과 조건을 지켜야 해, 영상의 경우에는 장면에 직접 넣기도 하는 엔딩 장면에 출처를 넣기도 해.

◎ 알맞은 내용에 ○표를 하세요.

(창작권 / 저작권)이란 창작물을 만든 사람의 노력과 가치를 인정하고, 만든 사람, 즉 저작자의 권리를 보호하는 것을 말한다.

해설 저작권이란 창작물을 만든 사람이 노력과 가치를 인정하고, 만든 사람, 즉 저작자의 권리를 보호하는 것을 말합니다.

◎ 다른 사람이 그린 그림을 이용하는 것에 대한 태도에 ○표를 하세요.

몇몇 친구들과 공유할 것이기 때문에 출처 표시는 굳이 안 해도 된다. □

출처를 꼭 밝히면서 저작권은 이용 방법과 조건을 지켜 써야 한다. ○

해설 다른 사람이 저작물을 꼭 밝히면서 이용 방법과 조건을 지켜 써야 합니다.

한눈에 정리

매체 → 뜻 → 대중에게 → 정 → 보 → 를 전달하는 기술 수단

저작권

저 작 권 → 뜻 / 저작권 창작의 예

창작물을 만든 사람의 노력과 가치를 인정하고, 만든 사람, 즉 저작자의 권리를 보호하는 것

저작권 창작의 예:
- 본인의 수익을 위해 인터넷 기사를 출처와 함께 쓴 경우
- 출처 표시 없이 뉴스 인터뷰를 그대로 가져와 과제를 한 경우
- MP3 음원을 유료 결제로 다운받은 것을 개인 SNS에 업로드한 경우
- 파일 공유 사이트에 저작권이 있는 영화를 올린 경우
- 실제 건축물을 축소한 모형을 만들어 올린 경우
- 저작자가 있는 그림을 다운받아 2차 저작물을 만든 경우

이해 만든 사람의 노력과 가치를 인정하고, 저작자의 권리를 보호하는 것을 □□□□이라고 해.

Tip 저작권은 주로 예술가나 출판업자 또는 소유 자들에 대하여, 관련 없이 그 저술을 모방하는 것으로부터 보호하기 위해 등장한 것입니다.

▲ 정답과 해설 58쪽

4주차
4회 ②
재미를 주는
연극과 영화

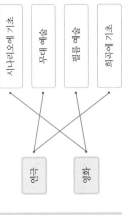

국어

연극: 배우가 대본에 따라 어떤 사건이나 인물을 말과 동작으로 관객에게 보여 주는 무대 예술.
영화: 필름을 연속적으로 촬영해 화면에 재현시킨 움직이는 영상 및 그 기술.

연극은 무대 위에서 등장인물이 말과 몸짓으로 대본에 있는 이야기를 관객에게 전하는 예술이야. 연극은 연기를 하는 사람인 배우, 연극을 관람하는 사람인 관객, 연극을 위해 쓴 대본으로 이루어져 있어. 그 외에도 조명, 분장, 음악, 무용, 무대 장치 등을 사용하기 때문에 종합 예술이라고도 해. 연극은 배우와 관객이 직접 만나기 때문에 장소와 등장인물 수에 제한이 있어. 배우의 연기가 관객에게 직접 전달되므로 배우가 직접 연기하는 예술이라고도 해.

영화는 스크린 위의 움직이는 영상과 음향으로 이루어진 예술을 말해. 영화는 연기를 하는 사람인 배우, 영화를 연출하는 감독, 영화를 위해서 쓴 시나리오로 이루어져 있어. 시각 매체이기 때문에 시각 정보를 전달하고, 음향을 포함한 영상에 이야기를 담은 것이라 할 수 있어. 연극과 달리 배우와 관객이 화면을 통해 만나고 장소와 등장인물 수에 제한이 거의 없어. 또, 동일한 장면을 다양한 장소에서 다수의 관객에게 전달할 수 있지. 카메라를 통해 전 달되므로 감독이 카메라 기법과 편집 기술이 내용 전달에 큰 부분을 차지하지. 그래서 영화는 감독 예술이라고 해.

연극과 영화의 구성 단계와 종류

5단계 구성

소설에도 발단, 전개, 위기, 절정, 결말의 단계가 있듯이 연극과 영화에도 '발단, 전개, 절정, 반전, 대단원'의 구성 단계가 있어. 시간적, 공간적 배경과 인물이 제시되고, 감독이 심마리가 나타나는 발단, 인물들 사이의 대립과 갈등이 점점 상승되는 단계로, 긴장이 고조되는 전개, 긴장과 위기감이 최고조에 이르면서 극적 장면이 나타나며, 해결의 실마리가 마련되는 절정, 그리고 해결의 상황으로 급속하게 기울어지는 반전, 사건과 갈등이 끝나고 주인공의 운명이 결정되는 대단원의 단계를 거쳐.

형식과 내용에 따른 갈래

연극을 형식에 따라 나누면 단막극은 1막으로 이루어진 극, 장막극은 2막 이상으로 이루어진 극을 말해. 내용에 따라서는 주인공이 불행으로 치닫는 결말로 비극과 유쾌한 분위기와 웃음으로 행복한 결말로 가는 희극이 있어. 또, 비극과 희극이 결합된 희비극으로 불행하던 사건이 전개 되다가 나중에는 행복하게 행복한 결말로 끝이 나지.

영화를 형식상에 따라 나누면 짧은 단편 영화와 긴 장편 영화가 있어. 내용에 따라서는 여성 영화, SF 영화(공상 과학 영화), 코미디 영화, 공포 영화, 판타지 영화, 무서진 영화, 애니메이션 영화 등 연극보다 훨씬 다양한 종류가 있어.

영화와 만화의 차이점은 뭐야?

영화나 시간에 따른 인물과 사물의 움직임을 필름을 통해 스크린 안에 나타낸다면 만화는 칸의 모양과 크기를 통해 다양하게 하여 공간에 나열된 정지된 이미지를 자유롭게 나타내는 거야.

또, 영화는 촬영된 이미지라면 만화는 수작업으로 만든 이전 이미지지. 그래서 영화는 촬영장의 상황이나 촬영 여건과 같은 제약이 따르지만 만화는 현실과 이미지 사이에 인과 관계가 있지 않아.

한눈에 정리

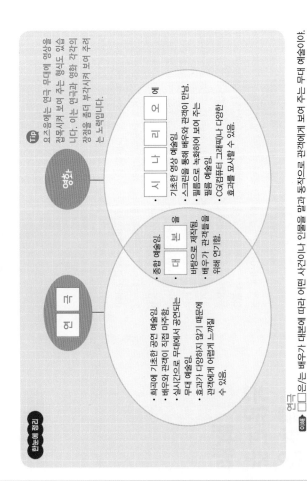

연극
- 희곡에 기초한 공연 예술임.
- 배우와 관객이 직접 마주함.
- 실시간으로 무대에서 공연되는 무대 예술임.
- 효과가 다양하지 않기 때문에 관객에게 어렵게 느껴질 수 있음.

대본
- 종합 예술임.
- 내용으로 제작됨.
- 배우가 관객들을 위해 연기함.

영화
- 기초한 영상 예술임.
- 스크린을 통해 녹화하여 보여 주는 필름 예술임.
- CG(컴퓨터 그래픽)나 다양한 효과를 묘사할 수 있음.

시나리오

TIP 요즘에는 연극 무대에 영상을 접목시켜 보여 주는 형식도 있습니다. 이는 연극과 영화 각각의 장점을 좀더 부각시켜 보여 주려는 노력입니다.

예시
□□은/는 배우가 대본에 따라 어떤 사건이나 인물을 말과 동작으로 관객에게 보여 주는 무대 예술이다.

◉ 알맞게 선으로 이으세요.

연극	시나리오에 기초
	무대 예술
영화	필름 예술
	희곡에 기초

해설 연극은 희곡에 기초한 무대 예술이고, 영화는 시나리오에 기초한 필름 예술입니다.

◉ 알맞은 내용에 ○표를 하세요.

형식에 따라 단막극, 장막극으로 나누고, 내용에 따라 희극, 비극, 희비극으로 나눌 수 있는 것은 (영화, **연극**)이(가)이다.

해설 영화는 형식이나 내용에 따라 단편 영화와 장편 영화로 나눌 수 있습니다.

◉ 알맞은 내용에 ○표를 하세요.

영화는 칸의 모양과 크기를 다양하게 하여 정지된 이미지를 나타낸다.	□
만화는 현실과 이미지 사이에 인과 관계가 있지 않다.	○

해설 영화는 촬영장의 상황이나 촬영 여건과 같은 제약이 따르는 인과 관계가 있지만 만화는 현실과 이미지 사이에 인과 관계가 있지 않습니다.

물체를 볼 수 있게 하는 빛

과학

아무것도 보이지 않는 어두운 방안에 무엇으로 한줄기 빛이 들어오면 주변이 보이기 시작하지? 이처럼 빛이 있어야 물체를 볼 수 있어.

태양처럼 스스로 빛을 내는 것을 광원이라고 해. 컴퓨터나 텔레비전의 화면이나 전등, 촛불, 반딧불이도 스스로 빛을 내므로 광원이야. 광원의 빛은 눈으로 바로 들어오기 때문에 볼 수가 있지.

그림 광원이 아닌 물체는 어떻게 볼 수 있을까? 대부분의 물체는 광원이 아니야. 그러므로 광원에서 나온 빛이 물체에 부딪쳤다가 반사되어 먼저 우리의 눈에 들어오면 그 물체를 볼 수가 있어. 예를 들어 전등이 켜는 광원에서 나온 빛이 지우개에서 반사된 후, 우리의 눈에 들어오면 우리는 그 지우개를 볼 수 있는 거지.

여러 가지 색을 나타내는 빛은 빨간색, 초록색, 파란색을 이용하면 만들 수 있어. 그래서 이 세 가지 색을 삼원색이라고 해. 빨간색과 초록색을 합하면 노란색이 만들어지고, 초록색과 파란색을 합하면 청록색이 만들어지지. 이렇게 서로 다른 색의 빛을 합하여 또 다른 색의 빛을 만드는 것을 빛의 합성이라고 해.

빛: 눈을 자극해서 물체를 볼 수 있게 하는 것.

물체를 보는 과정

광원을 보는 경우
광원인 촛불에서 나온 빛이 눈에 들어와서 촛불을 볼 수 있어.

광원이 아닌 물체를 보는 경우
촛불에서 나온 빛이 책에서 반사돼어서 눈에 들어오면 책을 볼 수 있어.

빛의 삼원색과 빛의 합성

빛의 삼원색
여러 가지 색을 만들 수 있는 기본이 되는 세 가지 색으로, 빨간색, 초록색, 파란색이야.

빛의 합성
서로 다른 색의 빛을 합하여 다른 색 빛을 만드는 것을 말해. 물론은 색을 여러 개 섞을수록 섞이면 어두워지지만 빛은 삼원색을 달리 여러 여러 색 섞을수록 섞으면 밝은 빛을 만들 색이 밝아져.

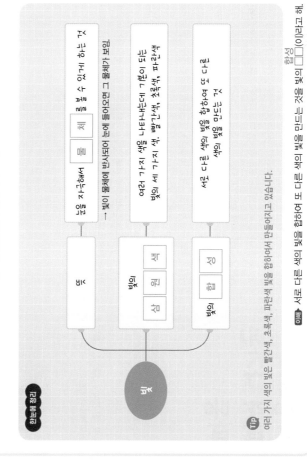

컴퓨터 모니터나 텔레비전 화면도 빛의 삼원색인 빨간색, 초록색 파란색, 빛의 세기를 조절하거나 색을 합성하식, 여러 가지 색을 만들어 내보내기 때문에 우리 눈에는 여러 가지 색을 표현된다.

물체의 색이 다르게 보이는 이유?

우리의 눈에 보이는 물체의 색은 그 물체가 반사하는 색이기 때문이야. 예를 들어 초록색 상자는 빛이 상자를 비추었을 때 초록색 빛만 반사하여 내보내기 때문에 우리 눈에는 초록색으로 보이는 것이지.

한눈에 정리

빛	눈을 자극해서 물체를 볼 수 있게 하는 것
빛의 삼원색	여러 가지 색을 나타내는데 기본이 되는 빛의 세 가지 색 빨간색 빛, 초록색, 파란색
빛의 합성	서로 다른 색의 빛을 합하여 다른 색의 빛을 만드는 것

→ 빛이 물체에 반사되어 눈에 들어오면 그 물체가 보임.

이해 여러 가지 색의 빛은 빨간색, 초록색, 파란색 빛을 합하여서 만들어지고 있습니다.
이해 서로 다른 색의 빛을 합하여 또 다른 색의 빛을 만드는 것을 빛의 □□(이)라고 해.

◉ 앞맞은 말에 ○표를 하세요.
태양처럼 스스로 빛을 내는 것을 (광원), 삼원 색 이라고 한다.
해설 광원은 태양이나 전등, 촛불과 같이 스스로 빛을 내는 것을 말합니다.

◉ 빛의 삼원색을 골라 모두 ○표를 하세요.

빨간색	초록색
파란색	검은색
노란색	
보라색	

해설 빛의 삼원색은 빨간색, 초록색, 파란색입니다.

◉ 빛의 합성에 대한 설명으로 앞맞은 것에 ○표를 하세요.

○ 텔레비전 화면은 빛을 합성하여 만든다.

□ 빛은 여러 가지 색을 섞을수록 색이 어두워진다.

해설 빛은 여러 가지 색을 섞을수록 색이 밝아집니다.

5회

4주차 ②

사방으로 퍼져 나가는 파동

잔잔한 연못에 돌을 던지면 돌이 떨어진 곳을 중심으로 물결이 주위로 퍼져 나가.

물결이 생겼다고 해서 물이 사방으로 직접 옮겨 가는 것이 아니라 물은 제자리에서 위아래로 움직이기만 하는 거야. 이때 사방으로 퍼져 나가는 움직임을 파동이라고 하고, 연못의 물처럼 파동을 전달하는 물질을 매질이라고 해.

조용한 방에서 큰소리를 내 봐. 내 목소리는 매질인 공기를 진동시키고 공기는 제자리에서 진동만 하고 소리의 파동이 퍼져 나가. 지진이 날 때에도 마찬가지야. 지진이 일어난 곳을 중심으로 제자리에 있지만 진동은 주위로 퍼져 나가지.

위에서 말한 연못의 물결과 매질은 물, 소리의 매질은 공기이고, 지진파의 매질은 땅이야.

파동의 종류에는 파동의 진행 방향과 매질의 진동 방향이 서로 수직인 횡파와 파동의 진행 방향과 매질의 진동 방향이 서로 나란한 종파가 있어. 물결파나 빛은 횡파이고, 소리는 종파야.

파동: 한 곳에서 만들어진 진동이 주위로 퍼져 나가는 것.

파동의 종류에는 횡파와 종파가 있습니다.

파동의 종류

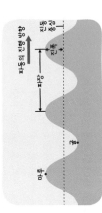

물결파에서 파동의 가장 높은 곳을 마루라고 하고, 가장 낮은 곳을 골이라고 해. 이때 마루와 바로 옆의 마루 사이의 거리를 파장이라고 하고, 진동의 중심에서 마루 또는 골까지의 거리를 진폭이라고 해.

파동의 종류

횡파
파동의 진행 방향과 매질의 진동 방향이 서로 수직인 파동을 말해.

종파
파동의 진행 방향과 매질의 진동 방향이 서로 나란한 파동을 말해. 음악이 나오는 스피커의 소리가 퍼지는 파동의 진행 방향과 매질의 진동 방향이 서로 나란한 종파야.

달에서는 소리가 안 나요?

소리는 매질이 해제, 고체, 기체일 때 모두 잘 전달돼. 해제인 물속에서 보트가 달리면 소리가 물 밖에서보다 더 크게 들리고, 고체인 땅바닥을 엎드려 두드리면 소리가 더 빨리 전달되지. 하지만 소리를 전달해 줄 매질인 공기가 없는 달에서는 소리가 나지 않아.

한눈에 정리

뜻	한 곳에서 만들어진 진 **동** 이 주위로 퍼져 나가는 것		
종류	마루	물결파의 파동에서 가장 높은 곳
	골	물결파의 파동에서 가장 낮은 곳
	파장	마루와 바로 옆의 마루 사이의 거리
	진폭	진동의 중심에서 마루 또는 골까지의 거리
	횡파	파동의 진행 방향과 매질의 진동 방향이 서로 수직인 파동
	종파	파동의 진행 방향과 매질의 진동 방향이 서로 나란한 파동

파동

이해 한 곳에서 만들어진 진동이 주위로 퍼져 나가는 것을 ☐☐(이)라고 해.

▶ 정답과 해설 60쪽

◉ 알맞은 말에 ○표를 하세요.

진동의 중심에서 마루 또는 골까지의 거리를 (마루 , **진폭**)(이)라고 한다.

해설 진폭은 진동의 중심에서 마루 또는 골까지의 거리를 말합니다.

◉ 다음에서 설명하는 파동의 종류는 무엇인지 쓰세요.

- 소리의 파동이다.
- 파동의 진행 방향과 매질의 진동 방향이 서로 나란하다.

㉠ 종파

해설 소리의 파동은 종파입니다.

◉ 파동에 대한 설명으로 알맞은 것에 ○표를 하세요.

파동은 매질이 직접 움직이는 것이다.	☐
마루와 바로 옆 마루 사이의 거리를 파장이라고 한다.	○

해설 파동은 매질이 직접 움직이는 것이 아니라 매질의 진동이 멀리 퍼져 나가는 것입니다.

4주차 | 확인 문제

▶ 정답과 해설 61쪽

4 생물 다양성에 대한 설명으로 알맞지 않은 것은 무엇인가요? (③) 〔과학〕

① 멸종하는 생물이 생기면 생물 다양성이 낮아진다.
② 한 종류의 생물만 사는 지역은 생물 다양성이 낮다.
③ 생물 다양성이 낮을수록 생태계는 안정적으로 유지된다.
④ 생태계의 종류에 따라 그곳에 서식하는 생물의 종류도 다르다.
⑤ 생태계 평형을 유지하는 생태계가 많으면 생물 다양성이 높아진다.

[해설] 생물 다양성이 높을수록 생태계는 안정적으로 유지된다.

5 다음은 생물의 분류 단계를 순서 없이 나열한 것입니다. 분류 단계가 가장 작은 것부터 순서대로 나열하세요. 〔과학〕

문, 과, 속, 강, 계, 종, 목

(종) → (속) → (과) → (목) → (강) → (문) → (계)

[해설] 생물이 분류 체계는 종<속<과<목<강<문<계로 나누는데 '계'에서 '종'으로 갈수록 공통점이 많아집니다.

6 생물 고유의 특징을 기준으로 주변의 생물을 분류하려고 할 때 다음 중 분류 기준으로 적절하지 않은 것은 무엇인가요? (②) 〔과학〕

① 서식지   ② 생김새   ③ 광합성 여부
④ 번식 방법   ⑤ 호흡 방법

[해설] 생김새는 보는 사람마다 기준이 달라질 수 있으므로 생물 분류에 적절하지 않습니다.

7 다음 중 ∠A의 외각을 바르게 표시한 것에 기호를 쓰세요. 〔수학〕

(④)

[해설] 다각형에서 안쪽의 각을 내각, 다각형에서 바깥쪽의 각을 외각이라고 합니다.

4주차 확인 문제

1 빈칸에 들어갈 알맞은 말을 쓰세요. 〔사회〕

정부 형태는 입법부와 행정부의 관계에 따라 ㉠ 와 대통령제로 구분할 수 있고, 의원 내각제에서는 의회 다수당의 대표가 ㉡ 이 되어 행정부인 내각을 구성한다.

(1) ㉠: (의원 내각제)   (2) ㉡: (총리)

[해설] 의원 내각제는 입부와 행정부가 융합된 정부 형태입니다.

2 우리나라의 정부 형태에 대해 잘못 말하지 않은 친구의 이름을 쓰세요. 〔사회〕

현수: 대통령이 국무를 임명해 행정부 행정부를 구성해.
지민: 의원은 행정부의 장관을 겸직할 수 있어.
소희: 국회는 행정부 수반인 대통령을 불신임할 수 있어.

(소희)

[해설] 국회는 대통령을 불신임할 수 없고, 대통령도 국회를 해산할 수 없습니다.

3 다음에서 설명하는 재판은 무엇인지 쓰세요. 〔사회〕

• 범죄가 일어났을 때 국가가 범죄의 유무를 정한다.
• 국가가 범죄의 행위의 정도를 결정하는 재판이다.
• 검사가 법원에 기소하면 재판이 시작된다.

(형사 재판)

[해설] 형사 재판은 검사가 피고인을 수사한 후 법원에 재판을 청구(기소)하면 재판이 시작됩니다.

4주차 | 확인 문제

8 오른쪽 그림의 원 O에서 다음을 기호로 나타내세요. »

(1) $\overarc{BC}$에 대한 중심각: (   )

(2) ∠AOC에 대한 호: (   )

9 다음에서 회전체가 아닌 것을 찾아 기호를 쓰세요. »

㉮ 원기둥   ㉯ 구   ㉰ 정사면체   ㉱ 원뿔

(㉰)

해설 정사면체는 면이 모두 삼각형으로 둘러싸인 다면체입니다.

10 저작권 침해의 예가 아닌 것은 무엇인가요? (⑤) »

① 출처 표시 없이 뉴스 인터뷰를 그대로 가져와 과제를 한 경우

② MP3 음원을 유료 결제로 다운받은 것을 개인 SNS에 업로드한 경우

③ 실제 건축물을 축소한 모형을 만들어 올린 경우

④ 파일 공유사이트에 저작권이 있는 영화를 올린 경우

⑤ 친구들과 함께 찍은 사진을 개인 SNS에 업로드한 경우

해설 친구들과 함께 찍은 사진을 개인 SNS에 업로드한 것은 저작권 침해에 해당 하지 않습니다.

11 연극과 영화 구성의 단계에 맞게 순서대로 기호를 쓰세요. »

㉮ 사건과 갈등이 풀나고 주인공의 운명이 결정된다.

㉯ 해결의 상황으로 급속하게 기울어지는 반전이 생긴다.

㉰ 인물들 사이의 대립과 갈등이 점점 상승되며 긴장이 고조된다.

㉱ 시간적, 공간적 배경과 인물이 제시되고, 갈등의 실마리가 나타난다.

㉲ 긴장과 위기감이 최고조에 이르면서 극적 장면이 나타나며, 해결의 실마리가 나타난다.

(㉱) → (㉰) → (㉲) → (㉯) → (㉮)

해설 연극과 영화에도 발단, 전개, 절정, 하강, 반전, 대단원의 구성 단계가 있습니다.

4주차 | 확인 문제

▶ 정답과 해설 62쪽

12 다음 중 연극과 영화의 공통점을 찾아 기호를 쓰세요. »

㉮ 배우와 관객이 직접 마주한다.

㉯ CG(컴퓨터 그래픽)나 다양한 효과를 묘사할 수 있다.

㉰ 종합예술로 대본을 바탕으로 제작된다.

(㉰)

해설 ㉮는 연극의 특징이고, ㉯는 영화의 특징이다.

13 광원에 해당하지 않는 것을 모두 찾아 기호를 쓰세요. »

㉮ 우유갑   ㉯ 태양   ㉰ 손전등

㉱ 반딧불이   ㉲ 달   ㉳ 안경

(㉮, ㉲, ㉳)

해설 우유갑, 달, 안경은 스스로 빛을 내지 못하므로 광원이 아닙니다.

14 다음 빈칸에 들어갈 알맞은 말을 쓰세요. »

빛과 같이 파동의 진동 방향과 매질의 진행 방향이 서로 수직인 파동은 ㉠ (이)라 하고, 스피커의 소리와 같이 파동이 진행 방향과 매질의 진동 방향이 서로 나란한 파동은 ㉡ (이)라고 한다.

(1) ㉠: (횡파)   (2) ㉡: (종파)

해설 횡파는 파동의 진행 방향과 매질의 진동 방향이 서로 수직이고, 종파는 파동이 진행 방향과 매질의 진동 방향이 서로 나란합니다.

15 그림은 파동의 요소를 나타낸 것입니다. 빈칸에 들어갈 알맞은 말을 쓰세요. »

(1) ㉠: (마루)   (2) ㉡: (파장)

(3) ㉢: (진폭)   (4) ㉣: (골)

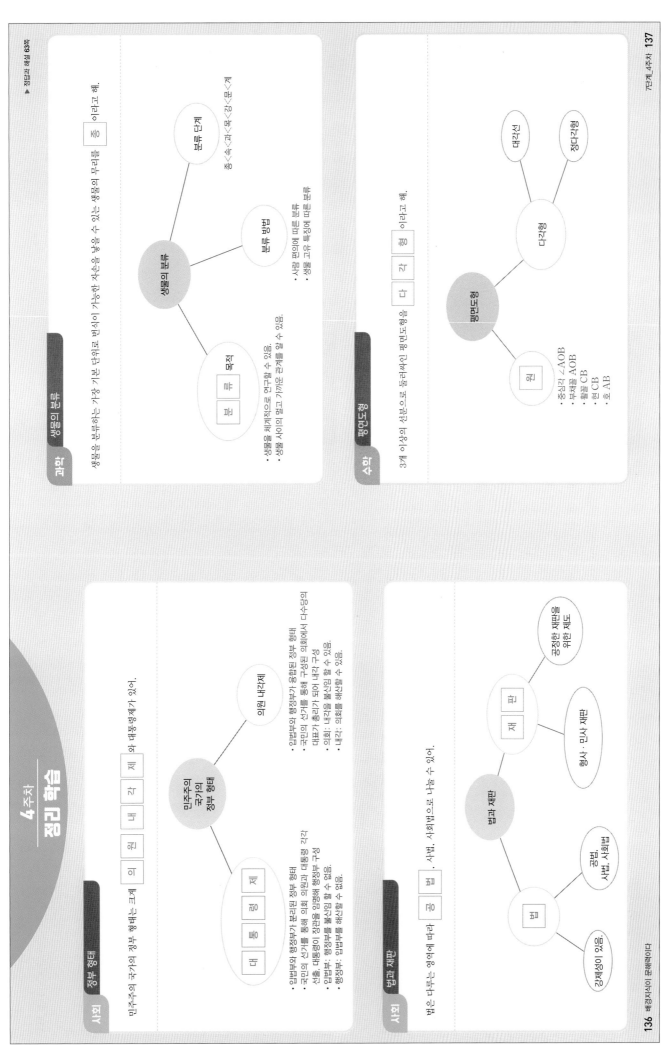

4주차 정리 학습

과학 — 생물의 분류

생물을 분류하는 가장 기본 단위로 번식이 가능한 자손을 낳을 수 있는 생물이 무리를 □종□ 이라고 해.

종<속<과<목<강<문<계

- **생물의 분류**
  - 분류 단계
  - 분류 방법
    - 사람 편의에 따른 분류
    - 생물 고유 특징에 따른 분류
  - 목적 / □분류□
    - 생물을 체계적으로 연구할 수 있음.
    - 생물 사이의 멀고 가까운 관계를 알 수 있음.

▶ 정답과 해설 63쪽

수학 — 평면도형

3개 이상의 선분으로 둘러싸인 평면도형을 □다각형□ 이라고 해.

- **평면도형**
  - 다각형
    - 대각선
    - 정다각형
  - 원
    - 중심각 $\angle AOB$
    - 부채꼴 AOB
    - 활꼴 CB
    - 현 CB
    - 호 AB

사회 — 정부 형태

민주주의 국가의 정부 형태는 크게 □이□원□내□각□제□ 와 대통령제가 있어.

- **민주주의 국가의 정부 형태**
  - 의원 내각제
    - 입법부와 행정부가 융합된 정부 형태
    - 국민의 선거를 통해 의회 구성원 의회에서 다수당의 대표가 총리가 되어 내각 구성
    - 의회: 내각을 불신임 할 수 있음.
    - 내각: 의회를 해산할 수 있음.
  - □대□통□령□제□
    - 입법부와 행정부가 분리된 정부 형태
    - 국민의 선거를 통해 의회 의원과 대통령 각각 선출 대통령이 장관을 임명해 행정부 구성
    - 입법부: 행정부를 불신임 할 수 없음.
    - 행정부: 의회를 해산할 수 없음.

사회 — 법과 재판

법이 다루는 영역에 따라 □공□법□, 사법, 사회법으로 나눌 수 있어.

- **법과 재판**
  - □재□판□
    - 공정한 재판을 위한 제도
    - 형사·민사 재판
  - □법□
    - 공법, 사법, 사회법
    - 강제성이 있음.

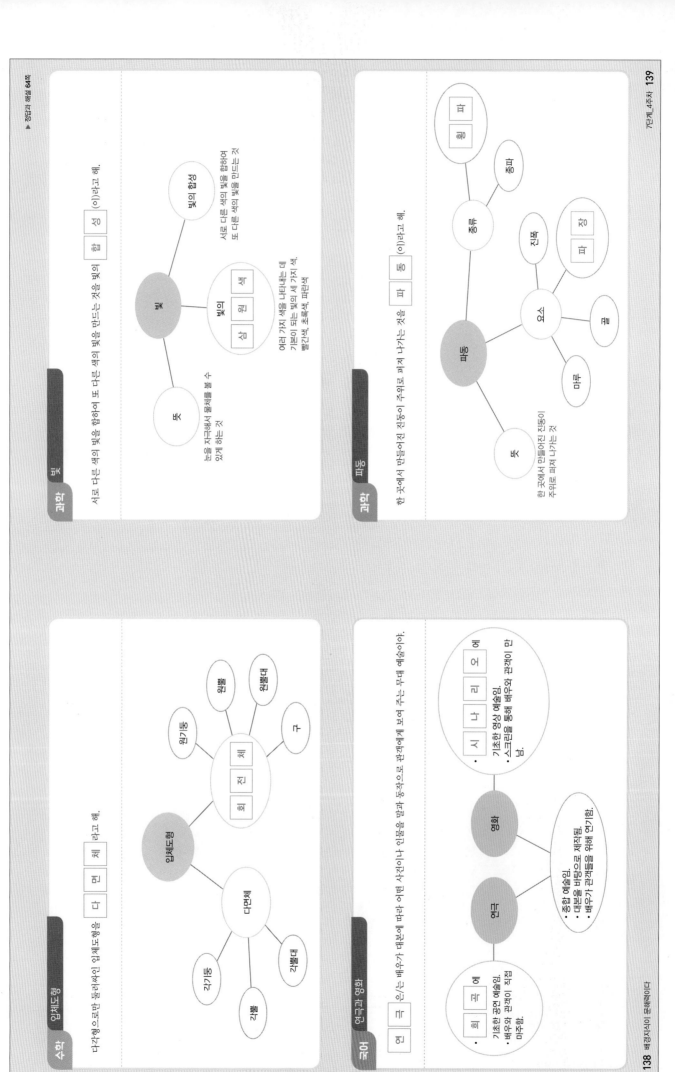

정답과 해설